George Eisen
Spielen im Schatten des Todes

George Eisen

Spielen im Schatten des Todes

Kinder im Holocaust

Aus dem Amerikanischen von
Friedrich Griese

Piper
München Zürich

Die Originalausgabe erschien 1988 unter dem Titel »Children and Play in the Holocaust« bei The University of Massachusetts Press, Amherst.

ISBN 3-492-03448-9

Gesetzt aus der Times-Antiqua
Gesamtherstellung: Jos. C. Huber KG, Dießen
Printed in Germany

Diese Studie widme ich dem Gedenken meiner Verwandten,
die im Holocaust umkamen.
Ich widme sie zugleich meinem Vater Ede
und meinen drei Töchtern Brie, Sivi und Talia.

Inhalt

Vorwort

Bisweilen läßt ein zufälliger Fund ein Buch entstehen, das fesselnder ist als dasjenige, welches der Historiker ursprünglich schreiben wollte. Bei der Sichtung von Material für meine Doktorarbeit, die ein ganz anderes Thema behandelte, stieß ich auf ein Tagebuch aus dem Wilnaer Ghetto, verfaßt von Zelig Kalmanowitch. Der Ton war überwiegend sachlich, aber es gab Ausnahmen. In der Passage, an der ich mich festlas, ging es um einen Spielplatz, der um das Jahr 1942 errichtet wurde, und um die zwiespältigen Gefühle, die das Nebeneinander von Spiel und Sport einerseits und Massenmord andererseits bei dem Tagebuchschreiber auslöste. Es war aus heutiger Sicht ein bedeutender Fund, denn dadurch sah ich die Tragödie der Kinder während des Holocaust in einem neuen Licht. Der Holocaust war mir bekannt, schon als Kind hatte ich immer wieder von ihm gehört. Damals allerdings hatten mich die Erzählungen über Kummer, Leid, Tod und Überlebenskampf nicht so sehr erschreckt, sie waren mir vielmehr befremdlich und rätselhaft vorgekommen und bei mir auf Unverständnis und Zweifel gestoßen.

Bis zu der Entdeckung dieses Tagebuchs war mir nicht klar geworden, daß ich als einer, der während des Holocaust geboren war, ebenfalls zu dessen Geschichte gehörte. In meiner Jugend war diese Tatsache für mich weder von besonderer Bedeutung, noch vermittelte sie mir ein Gefühl der Einzigartigkeit. In den Winkeln meiner Seele gab es jedoch immer eine Menge Fragen. Lag es am schmerzhaften Fehlen von Großeltern, Onkeln, Vettern und anderen Verwandten? Ich weiß noch, daß ich sie als Kind sehr vermißt habe. Vielleicht lag es an den Geschichten, die Vater und Mutter vom Überleben und Sterben in den

Straßen Budapests während des Krieges und im Konzentrationslager Mauthausen erzählten. Vielleicht lag es an der Geschichte meines Bruders, der als Zwölfjähriger den Mut hatte, von dem in Richtung Auschwitz rollenden Zug abzuspringen, während mein Vetter und meine Großmutter die Reise in das unausweichliche Ende fortsetzten. Gebannt lauschte ich diesen Erzählungen und bekam dabei – vielleicht unterbewußt – einen Sinn für Geschichte. Zudem vertraute meine Familie mir ein besonderes Vermächtnis an – eine Erbschaft des Erinnerns und Aufzeichnens, und ich bin ihnen dankbar für dieses Erbe.

Ich bin dankbar dafür, daß ich Gelegenheit und Zeit bekam, über Kinder im Holocaust zu schreiben. Die Arbeit an diesem Buch hat mich tiefgehend beschäftigt und war eine große Herausforderung – das Material, auf das ich zufällig stieß, war, so tragisch und faszinierend es auch war, bis dahin unerforscht. Ein Buch zu schreiben ist eine komplizierte und anspruchsvolle Aufgabe. Das wurde mir, während ich an den Recherchen und an der Niederschrift saß, mehr und mehr bewußt. Ich wurde menschlich und fachlich stark gefordert – einerseits vom Thema, andererseits von der Erkenntnis, daß ein umfassendes Verstehen des Holocaust nur durch einen wirklich interdisziplinären Ansatz möglich ist. Es war eine große Herausforderung, die Ungeheuerlichkeit der Tragödie zu begreifen und ein klares Bild von ihr zu vermitteln – und dabei auch noch Objektivität zu bewahren.

Objektivität verlangt, daß man eine Geschichte möglichst unparteiisch und mit abgewogenen Worten von beiden Seiten aus darstellt. Das Schicksal der Kinder im Holocaust läßt jedoch nur eine Seite gelten. Ihre Geschichte kann in der distanzierten Sprache der Historiker nicht angemessen vermittelt werden. Interessanterweise zeichneten sich bei denen, die ich vor der Veröffentlichung um ihr Urteil über meine Arbeit bat, zwei gegensätzliche Richtungen ab. Während ein amerikanischer Wissenschaftler eine gewisse Besorgnis äußerte, daß ich das Thema zu »sentimental« behandelt haben könnte, drückten europäische Gutachter ihre Bewunderung für die insgesamt zurückhaltende Darstellung aus. In diesen abweichenden Ansichten äußern sich nicht nur Unterschiede in der historiographischen Methode, hier zeigt sich vielmehr ein grundlegender Widerspruch zwischen demjenigen, der das Inferno durchlebt hat (und es waren viele Europäer, die das durchgemacht haben, unabhängig von Rasse und Nationalität), und dem Beobachter, für den nur die Fakten zählen. Das Höchste, was man sich in einer solchen Situation erhoffen kann, ist ein schwieriges Gleichgewicht zwischen unterbewußter Identifikation mit den Opfern und getreulicher Schilderung der Realität.

Die vielen Menschen, mit denen ich im Laufe meiner Arbeit zu tun hatte, waren überaus kooperativ. Ich fand neue Freunde, und bei alten Freunden entdeckte ich neue Qualitäten. Mir fehlen die Worte, so vielen Menschen für ihre wissenschaftliche und menschliche Unterstützung zu danken. Ohne ihre Zuwendung und Ermutigung hätte ich dieses Buch nicht schreiben können.

Seit ich damit begann, genoß ich die vorzügliche Unterstützung von Adair Klein und ihren Mitarbeitern in der Bibliothek des Simon Wiesenthal Center in Los Angeles. Sie haben mich bei meinen Recherchen sehr gefördert. Mit Bildmaterial versorgte mich Miriam Novich, die als Direktorin des Museums der Ghettokämpfer in Israel viel dazu beiträgt, die Erinnerung an den Holocaust wachzuhalten. Diane R. Spielman, die Archivleiterin des Leo Baeck-Instituts in New York, half mir, im Labyrinth der Archive unschätzbare Abkürzungen zu finden. Nicht minder hilfreich war der Archivar des YIVO-Instituts in New York. Viele Quellen wurden mir auch durch Sue Benny, die Leiterin der Fernleih-Abteilung der Bibliothek der California State Polytechnic University, zugänglich gemacht.

Unter den neuen Freundschaften und Bekanntschaften, die ich schloß, sind einige Überlebende des Holocaust. Sie halfen mir bereitwillig, trotz – oder wegen – ihrer Erfahrungen. Ihre Überzeugung, daß wir die Greuel jener Zeit für künftige Generationen zur Erinnerung bewahren müssen, ermutigte mich zum Weiterschreiben. Zu diesen Freunden gehören auch Wissenschaftler, die verstehen, wie wichtig das Thema dieses Buches ist. Es ist eine interessante Reihe von Persönlichkeiten, deren

Humanismus nur ihrer Hingabe entspricht. Edza (Esther) Millich ist eine gütige Frau, der ich für ihre Übersetzungen aus dem Jiddischen und Polnischen danke. Ein anderer freundlicher Mensch, den ich während meiner Recherchen kennenlernen durfte, ist Sidney Pearl. Er übersetzte ein stark beschädigtes jiddisches Flugblatt aus dem Lodzer Ghetto. Des weiteren wurde meine Arbeit sehr gefördert durch Paul Trepman aus Montreal, der mir aus Kanada wichtiges Material zukommen ließ, und Gabe Galgo aus New York. Besonderer Dank gebührt Gabriele Silten, die zu der Gruppe der Children Survivors of the Holocaust in Südkalifornien gehört. Sie steuerte nicht nur wertvolle Erinnerungen aus ihrer Lagerzeit bei, sondern war außerdem so freundlich, die Endfassung des Manuskripts auf Fehler durchzusehen. Wichtige Unterstützung und Ermutigung erfuhr ich von Sybil Milton, einer hervorragenden Kennerin und Historikerin des Holocaust, aus New York. Gleichermaßen Dank schulde ich Dr. Judith Kestenberg, deren Untersuchungen über die psychischen Traumata des Holocaust neue Gebiete erschlossen, die für mich bedeutsam sind, und Leland Holder, der viele der verblichenen Fotos, die in diesem Buch verwendet werden, aufbesserte. Besondere Erwähnung verdient die Hilfe und Ermutigung, die mir mein Freund Dr. Ferenc Zold zuteil werden ließ. Ein Humanist und Kenner von Geschichte und Literatur, hat er lange, wunderbare Gespräche mit mir geführt, für die ich ihm ebenso danke wie für sein Verständnis. Natürlich waren noch viele andere am Zustandekommen dieses Buches beteiligt – Überlebende des Holocaust, die zu Gesprächen bereit waren, Archivare, die mich mit Material versorgten, und Kollegen, die das Manuskript lasen. Ihnen allen ein freundlicher Dank.

Und schließlich muß ich auch meiner Familie einige Worte widmen, die so viel Zeit und Kraft aufgebracht hat, damit ich forschen und schreiben konnte. Die unschuldigen blauen Augen und das Lächeln meiner drei prächtigen Töchter Gabriella, Sivan und Talia ließen mich oft an die Augen der Millionen Kinder denken, die nie zurückkehrten. Ich las aus ihren Gesichtern – vielleicht war es auch nur Einbildung – die gleiche stumme Frage: Was hättest du getan, um uns zu schützen? Nach der

Lektüre zahlreicher Tagebücher und Zeugenaussagen habe ich oft darüber nachgegrübelt. Um ehrlich zu sein: Ich habe auf diese quälende Frage keine definitive Antwort.

Meiner Frau Cynthe ein paar Worte des Dankes für ihre Unterstützung zu sagen, würde ihrer Rolle bei der Entstehung dieses Buches nicht gerecht. Sie hat am Recherchieren und Schreiben von Anfang an teilgenommen und mich fortlaufend ermutigt, ob mit einer Tasse Kaffee oder mit freundlichem Zuspruch, aber was wichtiger war: Wenn ich nach langer Lektüre der beklemmenden Schilderungen des Holocaust Schutz brauchte, war sie für mich da mit ihrer Einfühlsamkeit und Fürsorglichkeit.

Prolog

»Gibt es dort auch Schulen und Spielplätze, Papa?«

Der Zug überquerte langsam die Grenze und nahm dann wieder Geschwindigkeit auf, einem unbekannten Ziel entgegen. »Noch reichte das Wasser für eine Weile aus«, sollte sich der einzige Überlebende dieses Transports später in seinen Memoiren erinnern:

»Ein Mädchen von etwa neun Jahren blickte zu seinem Vater auf und sagte: ›Gibt es dort auch Schulen und Spielplätze, Papa, wie zu Hause? Werden dort viele Kinder sein?‹

Einen Moment lang war es vollkommen still im Waggon – die durchdringende Stimme des Kindes hatte alle aus der Fassung gebracht. Dann sagte ihr Vater, während er ihr zärtlich durchs Haar fuhr: ›Ja, mein Schatz. Dort gibt es Schulen und Spielplätze ... alles, was du willst.‹«[1]

Wahrscheinlich hat dieses Mädchen selbst nach der langen Anreise zu den hohen Schornsteinen nicht begriffen, daß es keine Gelegenheit zum Spielen mehr haben würde. Tatsächlich kann keiner – weder der Tagebuchschreiber noch der Vater oder das Mädchen – etwas geahnt haben von Majdanek, wo es keinen Platz für Kinder gab und wo die Schornsteine, die schwarze Rauchwolken ausstießen, in diabolischer Weise das Ende des Weges bezeichneten.

Dieses Buch handelt nicht nur von diesem einen Kind, sondern von Millionen von Kindern, die alle spielen wollten und vielleicht auch noch kurz gespielt haben, aber als Kinder starben. Und es handelt von anderen, die zwar überlebt haben, aber in einer feindlichen Welt schnell erwachsen werden mußten. Im Spiegel des Spiels gibt dieses Buch denjenigen, die in unfaßlicher Zahl ermordet wurden, Gesichter, Taten und Worte. Es schildert, wie die jungen Menschen gespielt haben und wie die

Erwachsenen darüber dachten, wie sie sich verzweifelt bemühten, durch das Spiel den Anschein einer vertrauten, heilen Welt zu schaffen und Inseln der Kultur zu errichten, um die jungen Menschen vor einer plötzlich barbarisch gewordenen Welt zu bewahren. Es macht außerdem deutlich, wie die Kinder selbst diese Aktivitäten wahrnahmen und welche merkwürdigen Dimensionen das Spiel in ihrem Leben annahm.

Meine Untersuchung befaßt sich zwar vor allem mit den Erfahrungen während des Holocaust, doch lassen sich die Ergebnisse bis zu einem gewissen Grad verallgemeinern, denn es geht um grundlegende Aspekte des Spiels unter brutalen Umständen, unter Streß und unter unmenschlichen Bedingungen, um die Situation von Kindern im Krieg. Es ist, wie jeder Historiker und jeder Überlebende bezeugen kann, ein vielschichtiges und zugleich emotional aufwühlendes Thema, gibt es doch kaum etwas Erschütternderes als den Holocaust. Er stellt uns vor eindeutige und doch unbeantwortbare Fragen nach unserer Menschlichkeit, unseren Werten und unserer Leidensfähigkeit. Und er übersteigt durch sein Ausmaß das menschliche Vorstellungsvermögen. Hans Frank, einer der berüchtigten Kriegsverbrecher, die in Nürnberg abgeurteilt wurden, gestand in einer Anwandlung von Reue: »Man kann es nicht einfach ein Verbrechen nennen – Verbrechen ist ein zu schwaches Wort dafür. Diebstahl ist ein Verbrechen; einen Menschen zu töten ist ein Verbrechen – aber dies, dies übersteigt jede menschliche Vorstellung.«[2]

Die Schätzungen über die Zahl der jüdischen Kinder, die zwischen 1939 und 1945 umgekommen sind, schwanken. Die von einigen Historikern genannte Zahl von etwa einer Million erscheint im Vergleich zu der Gesamtzahl von sechs Millionen getöteter Juden allzu zurückhaltend. Man muß berücksichtigen, daß die Ostjuden, die Hauptopfer des Nazi-Völkermords, eine sehr viel höhere Fruchtbarkeitsrate hatten als die westlichen Juden – allein in Polen machten die Kinder ein Viertel der [jüdischen] Bevölkerung aus. Ferner hatten die Jungen unter allen für die Ausrottung vorgesehenen Gruppen die geringste Überlebenschance. Demnach dürfte die Zahl der kindlichen

Opfer weit höher gewesen sein und wohl eher bei anderthalb Millionen liegen. Für uns westliche Menschen, die wir es gewohnt sind, die Welt eher quantitativ als begrifflich zu erfassen, ist die Zahl von über einer Million ermordeter Kinder wohl zu schockierend, als daß wir sie verdauen könnten – allein die Zahl ist schon betäubend.

Vielleicht begreift man das Ausmaß der Katastrophe besser, wenn man sich klarmacht, daß von fünfzehntausend Kindern, die in Theresienstadt (Terezin), euphemistisch als Ghetto bezeichnet, in Wahrheit aber ein Konzentrationslager, eingeliefert wurden, nur etwa hundert überlebten.[3] Gliedert man diejenigen, die den Holocaust überstanden, nach ihrem Alter, so ist der Prozentsatz der jüdischen Kinder, die den Nazi-Völkermord überlebten, am geringsten. Aber diese nackten statistischen Angaben vermitteln natürlich nur ein unvollständiges Bild. Selbst wenn man alle verfügbaren Schilderungen heranzieht, bleibt das Leiden dieser Kinder unfaßbar.

In der Totalität des Holocaust stellt das kindliche Spiel nur einen begrenzten Ausschnitt der Wirklichkeit dar, und doch begegnet man denselben Schwierigkeiten und Problemen wie bei jedem anderen Aspekt dieser tragischen Zeit.[4] Man muß vor allem erkennen, daß es – mögen die zeitliche und die räumliche Distanz auch einen gewissen Schutz bieten – fast unmöglich ist, über den Holocaust zu schreiben, ohne dabei persönlich betroffen zu sein, und daß dies noch schwerer fällt, wenn es um Kinder geht. Das Leiden und Sterben von Millionen von Opfern hat einen tiefsitzenden Schock hinterlassen, dem die rationale Betrachtungsweise der Historiker nie ganz gerecht werden kann. Lawrence Langer drückt es treffend aus, wenn er gesteht: »Die monströse Unmenschlichkeit von Auschwitz drängt sich, auch wenn man sie in seinen Gedanken überwinden möchte, immer wieder ins Bewußtsein.«[5]

Des weiteren gibt das Nebeneinander von kindlichem Spiel und Holocaust dem ungeübten Beobachter einen verwirrenden Widerspruch auf. Ob dort, wo der Massenmord regiert, kindliches Spiel erlaubt sei, war damals eine ebenso brennende Frage wie heute; daß »ein Friedhof kein Ort der Belustigung ist«, war zum Beispiel für einen Großteil der Bevölkerung im Wilnaer Ghetto ein zentrales Problem. Der Massenmord stellt den Gipfel des Bösen dar, während sich im Spiel – zumindest nach der landläufigen Vorstellung – ein gewisses Maß von Unschuld und Glück ausdrückt. Tatsächlich scheint sich zwischen beiden auf den ersten Blick eine unüberbrückbare Kluft aufzutun. So verwirrend und zusammenhanglos die unmittelbare Nachbarschaft von brutalem Töten und kindlichem Spiel auch erscheinen mag, fällt sie doch neben den übrigen bizarren Absurditäten der Holocaust-Welt nicht aus dem Rahmen. Ein Gemälde von Malvina Schalkova, auf dem Kinder in Theresienstadt mit dem Leichenwagen spielen, vereint die Extreme und liefert eine schockierende, aber treffende Metapher für die Situation der Kinder in diesem Inferno. Während der Leichenwagen für die Vernichtung steht, befinden sich die Kinder in dem lebensbejahenden Akt des Spiels und drücken damit einen zähen Lebenswillen aus.

Zwei gegensätzliche Annahmen lassen das Spiel als etwas sehr Verwirrendes erscheinen: Einerseits soll es in vielfältiger Weise von der Realität gelöst sein, andererseits soll es eine Vielzahl von nützlichen Funktionen für das reale Leben erfüllen. Johan Huizinga, der sich als einer der ersten theoretisch mit dem Spiel befaßte, hat es definiert als »eine freie Handlung [...], die als ›nicht so gemeint‹ und außerhalb des gewöhnlichen Lebens stehend empfunden wird«.[6] Diese Definition enthält eine sehr romantische Sicht des kindlichen Spiels, drückt aber verbreitete Auffassungen aus. Nach der landläufigen Vorstellung denkt man bei dem Wort *Spiel* an eine sorglose Welt der Ausgelassenheit und Freude, an eine zweckfreie und logisch nicht begründete Aktivität – ein Bild, das sich kaum mit der grauenhaften Welt des Warschauer Ghettos vereinbaren läßt:

»Auf den Straßen wimmern Kinder, die vor Hunger sterben. Sie heulen, flehen, singen, jammern, zittern vor Kälte ohne Wäsche, ohne Kleidung, ohne Schuhe.

... vor Hunger geschwollene Kinder, verunstaltet, halb besinnungslos, im fünften Lebensjahr schon völlig erwachsen, düster und lebensüberdrüssig.«

Es ist fast unmöglich, den Gegensatz zwischen diesen beiden Welten vollständig zu überbrücken. Wohl keinem Buch dürfte es gelingen, den Antagonismus zwischen dem kindlichen Spiel und der Welt des bürokratisch organisierten Massenmords vollkommen aufzulösen. Der einzige Ausweg aus dieser Schwierigkeit dürfte in der Annahme liegen – im folgenden werden Beweise dafür vorgetragen –, daß das kindliche Spiel nicht von der Realität getrennt war. Vielmehr fand die Realität Ausdruck im Spielverhalten, das außerdem Fähigkeiten artikulierte, die für das Überleben notwendig waren.[8]

Zeit, Raum und Umwelt sind in allen Lebensbereichen ursprüngliche Faktoren für die menschlichen Erfahrungen des einzelnen. Hier ist ein klärendes Wort über die grundlegenden Unterschiede angebracht, die es zwischen verschiedenen Einrichtungen der Ausrottungsmaschine gab. Ghettos waren besonders charakteristisch für Osteuropa; im Westen dienten Durchgangslager dem Naziregime als Sammelpunkte für die Deportation in den Osten. In Polen und in den baltischen Staaten gab es eine relativ homogene jüdische Bevölkerung, die sich deutlicher abhob und daher verhältnismäßig leicht von der Landesbevölkerung zu trennen war. Auf der abschüssigen Bahn, die in die Vernichtung führte, waren die Ghettos und Lager für viele nur die erste und möglicherweise die »mildeste« Haftstation. Auch gab es zwischen den Ghettos Unterschiede, was die Härte der Verhältnisse und den Grund ihres Bestehens betrifft.

Im landläufigen Verständnis des Wortes »Ghetto« kommt nicht zum Ausdruck, was sich unter den Nazis an den damit bezeichneten Orten wirklich abspielte. Es bedeutete nicht eine größere Konzentration von Menschen an einem Ort, sondern das langsame Sterben Tausender durch Hunger, Zwangsarbeit und Krankheit. Was die Durchgangslager betrifft, so dienten sie der Zusammenfassung der Juden in Westeuropa, in Frankreich, Holland und Italien, wo die Unterschiede zwischen den Juden und der übrigen Bevölkerung sehr gering waren. Feste Lager für Zwangsarbeit waren der nächste und Vernichtungslager der letzte Schritt in der vollständigen Ausrottung der europäischen

Judenschaft. Auch diese beiden »Institutionen« unterschieden sich, was die Härte der Bedingungen und den Daseinszweck angeht. Es hatte demnach weitreichende Folgen für die Erfahrungen eines Häftlings und seine Überlebenschancen, wo er inhaftiert war. Benedikt Kautsky, selbst ein Häftling, erklärt dazu: »Wenn man über ein Lager spricht, so genügt es nicht, den Namen des Lagers zu nennen... Selbst wenn man dieselbe Periode betrachtet, so lebten die Häftlinge im gleichen Lager auf verschiedenen Planeten...«[9]

Spielen ist mehr als oberflächliche Beschäftigung; Kinder spielen immer, selbst unter den schwierigsten Bedingungen. Das kindliche Spiel unter dem Holocaust, das die schrecklichen Ereignisse reflektiert oder möglicherweise auf sie reagiert, könnte Dimensionen enthalten, die für den flüchtigen Beobachter nicht sofort erkennbar sind und die zu erfassen unsere Zivilisation nicht immer bereit oder fähig ist. Die Fähigkeit zu spielen war natürlich keine Überlebensgarantie. Die Arglosigkeit der jungen Menschen und ihr Wille, eine normale Welt zu schaffen beziehungsweise mit einer aus den Fugen geratenen Welt zurechtzukommen, läßt das Böse durchaus nicht harmloser erscheinen; vielmehr macht ihr Spiel durch den Kontrast die Tiefe und Komplexität des Bösen deutlich. Im Spiel wird das Drama des realen Lebens auf dem Erkenntnisniveau eines Kindes zusammengefaßt. Hier stoßen wir auch auf eine wichtige Unterscheidung zwischen dem Spiel der Kinder und der Erwachsenen. Unter der Naziherrschaft in Europa hatten sportliche, spielerische und erholsame Aktivitäten von Erwachsenen ihre herkömmliche Bedeutung verloren. Mit der Freude an der eigenen Betätigung und an der Beherrschung von Körper und Geist war es für die Erwachsenen schlagartig und unausweichlich vorbei.

Ein Anzeichen für diesen Wandel ist der Bericht über eine fünfundfünfzigjährige Frau, die sich Rotkohl in die Wangen gerieben hatte, um ihnen ein gesundes Aussehen zu verleihen, und die buchstäblich um ihr Leben lief, während ein SS-Arzt mit einer Stoppuhr die Zeit nahm, denn diejenigen, die zuletzt ans Ziel kamen, wurden fortgebracht und liquidiert. »Hier ging es wirklich ums Ganze«, erinnerte sich ein Überlebender in einem dokumentarischen Roman. »Der Magen dreht sich einem um, man bekommt kaum Luft, und doch rennt man unter dem Hämmern der verlogenen Musik um sein Leben.« Das andere Kennzeichen der damaligen Zeit ist das Singen und die Fröhlichkeit, »eine hektische Anspannung, mit der man sich auf die wenigen Vergnügungen stürzte, die das Ghetto bieten konnte, ein rasender Wunsch, schnell und wild zu leben, bevor das Ende kam.«[10]

Das kindliche Spiel folgt ganz bestimmten Regeln, die sich nicht unter allen Umständen der Rationalität der Erwachsenen beugen. Es kann sich selbst unter den widrigsten Bedingungen ein gewisses Maß an »Unschuld« bewahren. Man würde jedoch seiner wahren Natur nicht gerecht, würde man es als »leichtfertig«, »frivol« oder »übermütig« bezeichnen. Es ist in der Tat eines der Rätsel jener tragischen Zeit, daß die Kinder (wenn auch nur für einen flüchtigen Augenblick) spielten, daß sie von Freiheit träumten und versuchten, eine feindselige Welt zu verstehen, in der das erschreckendste Moment des Irrationalen dessen Rationalität war. Was ein Kind im Spiel erlebt, ist in sich sinnvoll, auch wenn sein Sinn und Zweck dem Kind nicht unmittelbar einsichtig sind. Um noch einmal Huizinga zu zitieren: »Spiel ist etwas Eigenes. Der Begriff Spiel als solcher ist von einer höheren Ordnung als der des Ernstes. Denn Ernst sucht Spiel auszuschließen, Spiel jedoch kann sehr wohl den Ernst einbeziehen.«[11]

Was Huizinga sagt, kann allerdings nur unter normalen Umständen gelten. Der Terror und die Grausamkeit der Nazizeit gingen jedoch weit über das menschliche Begriffsvermögen hinaus. Der Holocaust mit seinen extremen physischen und psychischen Belastungen wirkte sich so tiefgreifend auf die gesellschaftliche Situation aus, daß das Spiel oft von »Ernst« bestimmt war. Im Spiel mußte zwangsläufig der »Ernst« der allgemeinen Situation zum Ausdruck kommen. Verhaltensforscher haben beobachtet, daß das Spielverhalten von Kindern sehr stark von dem Rahmen geprägt wird, in dem das Spiel sich vollzieht, und daß an der Formulierung dieses Verhaltens nicht so sehr »Unterschiede der Persönlichkeit«, sondern vor allem Umweltfaktoren beteiligt sind.[12]

Diese Beobachtung scheint ihrerseits die in der modernen Fachliteratur immer wieder vorgetragene These zu bestätigen, daß die Welt des Spiels, der Unterhaltung und des Sports als ein »Mikrokosmos« der Gesamtgesellschaft betrachtet werden kann. Das Wesen des Spiels, seine Organisation, seine Ziele, seine Struktur und Funktion liefern aufschlußreiche Hinweise auf die Ghetto-Gesellschaft. Würde man das Spiel und die Rolle, die ihm von einzelnen und von der jüdischen Gemeinschaft zugedacht wurde, untersuchen, ergäbe sich ein ebenso vielseitiges und lebendiges Bild von den Verhältnissen und den individuellen Reaktionen während des Holocaust wie bei einer politischen, sozialen und ökonomischen Analyse. Unabhängig davon, welche Gültigkeit man dieser Interpretation des Spiels in Geschichte und Gesellschaft zumißt, geht aus den erhalten gebliebenen Beschreibungen unübersehbar hervor, daß spielerische Aktivitäten in Ghettos und Lagern und die mit ihnen einhergehenden Einstellungen ein Ausdruck der historischen, kulturellen, wirtschaftlichen und psychologischen Situation waren. Sie spiegelten zugleich die maßgebenden Werte einer traumatisierten Gesellschaft, die sich an den Rand der geistigen und physischen Vernichtung gedrängt sah. Das Organisieren spielerischer Aktivitäten für die Jugend konnte nur einen begrenzten Raum einnehmen; dennoch war es von fundamentaler Bedeutung, woran sich zeigt, daß Spielen mehr ist als ein flüchtiges und zufälliges Moment in der Geschichte.

Der Vernichtungsprozeß ließ im Verhalten der Opfer einen eigentümlichen menschlichen Wesenszug hervortreten – der Wille zu überleben brach sich Bahn und überlagerte alles andere. Allerorten, in Ghettos, Lagern und Verstecken, zeigten die Menschen, bevor ihr Schicksal sie ereilte, eine hartnäckige Entschlossenheit, ihre Henker zu überdauern. Eine der Äußerungen dieses verbissenen, alle herkömmlichen Annahmen umstoßenden Willens war die Organisation spielerischer Aktivitäten für die traumatisierte Jugend in Ghettos und Lagern. Diese

Betätigungen wurden zu einer Initiative des Überlebens, einem Mittel zur Verteidigung der geistigen Gesundheit und einer Demonstration des seelischen Widerstandes. Die Besatzungsbehörden hatten an der Kinderbetreuung in den Ghettos im allgemeinen kein direktes Interesse, traten diesen Bestrebungen in der Regel aber auch nicht entgegen. Indirekt konnten die Deutschen jedoch jeden Aspekt des Lebens in den Ghettos und Lagern effektiv kontrollieren, entschieden sie doch letzten Endes darüber, ob den jüdischen Gemeinschaften lebensnotwendige Dinge geliefert wurden oder nicht. Es erforderte Findigkeit, aber auch Opfer, Spiel- und Sportaktivitäten für die jungen Menschen zu organisieren. An den verzweifelten Bemühungen der Gemeinschaft in Ghettos und sogar in Konzentrationslagern, in vielen Fällen durch Spiel und Sport die moralische, geistige und physische Welt der Jugend wieder ins Gleichgewicht zu bringen, läßt sich das Bewußtsein davon ablesen, daß die Bedeutung spielerischer Aktivitäten über den bloßen Zeitvertreib hinausgeht. Diesen Aktivitäten wuchsen aus der Sicht der Erwachsenen Dimensionen zu, die man normalerweise nicht mit dem kindlichen Spiel in Verbindung bringt.

Wir können nicht umhin, angesichts des Leidens, des Hungers und der Vernichtung Spiel und Sport auch in einem Kontext mystischer Erfahrung zu sehen, die ewige Wahrheiten und kosmische Dimensionen vermittelte, welche im menschlichen Leid und Martyrium des Holocaust erfahren wurden. So hat sich denn auch die Literatur über diese Zeit bis vor kurzem vornehmlich mit diesen komplexen Fragen befaßt. Dabei ist die Frage, wie die Menschen mit der Last des Daseins fertig wurden und wie sie mit dem Grauen umgingen, quälend und schwierig, denn es geht nicht um eine abstrakte philosophische Debatte. Man kommt nicht um die Feststellung herum, daß das Überleben im Holocaust nicht einfacher war als das Sich-Abfinden mit dem Tod. Erst jetzt tauchen – vielleicht dank der distanzierenden Perspektive, die durch den zeitlichen Abstand möglich wurde – nach und nach Werke über Kunst, Musik und Fotografie im Holocaust auf. In diesen neueren Untersuchungen liegt der Schwerpunkt denn auch nicht mehr auf dem Holocaust selbst, sondern auf seinen Auswirkungen auf die Psyche, das Verhalten und die Reaktionen der Menschen.

Dieser Wandel ist höchst bedeutsam, denn mindestens ebenso wichtig wie die Entdeckung ewiger Wahrheiten ist die Beantwortung der Frage, wie Menschen in der »Hölle auf Erden«, wie es bei einem Autor heißt, existiert haben. Die Antworten vermögen uns bis zu einem gewissen Grad die Reaktionen von Menschen auf Greuel in unserer gegenwärtigen Welt zu erklären. Insofern zielt dieses Buch über den Holocaust hinaus und versucht eine Erklärung dafür zu finden, daß Kinder überhaupt in Kriegszeiten spielen. Meine Untersuchung gründet auf der Erkenntnis, daß es innerhalb der konzentrischen Kreise der Hölle zugleich ein verwickeltes Spektrum des Lebens gibt, aus dem in einer verschlungenen Stufenfolge der letzte Ausweg in den Tod führt.

Die Überzeugung, daß das Leben trotz seiner Erbärmlichkeit weitergehen müsse, war ebenso verbreitet wie die Angst vor der Auslöschung. Während des Holocaust wurden behelfsmäßige Spielplätze geschaffen, es wurde ein »Monat der Kinder« ausgerufen, es fanden Schachturniere, Spieltage und sportliche Wettbewerbe statt, und bisweilen gab es sogar Konzerte und eine Vielzahl von Theateraufführungen. Vor allem in einer Welt, die nicht durchweg von rationalen Regeln bestimmt war, waren diese Aktivitäten rational und notwendig. Sie bestätigten nur einen der tiefsten Antriebe des Menschen, das Bedürfnis, mit allen Mitteln einen Verteidigungsspielraum zu schaffen, besonders in einer Zeit, in der die Handlungsfreiheit extrem eingeschränkt ist. Eine Studie über die spielerischen Aktivitäten der Jugend und über die Bedeutung, die diese Aktivitäten für die Abschirmung der Kinder vor den Realitäten, die Stärkung der Moral und der Selbstachtung eines aufs Äußerste demoralisierten Volkes und die Förderung des Willens zum Überleben hatten, kann also bestenfalls einer tragischen Epoche eine menschliche Dimension verleihen.

Wenngleich die meisten Quellen dieses Buches die Geschichte des osteuropäischen Judentums in den Nazi-Ghettos und Konzentrationslagern beschreiben, reicht doch die Allgemeingültigkeit seiner Aussage über zeitliche und geographische Abgrenzungen hinaus. Es ist Ausdruck der Universalität kindlichen Leidens und kindlicher Reaktion in Kriegszeiten. Die systematische, zynische Tötung von Millionen Menschen ist schon schockierend genug, doch die brutale, unmenschliche Ausrottung von Kindern und die Grausamkeit, mit der sie vor ihrem letzten Martyrium behandelt wurden, sind geschichtlich ohne Beispiel. Das Leiden und die stumme Klage dieser Kinder lassen sich nicht verbergen; ihre flehentlichen Bitten, sie am Leben zu lassen, dringen unüberhörbar aus den Tagebüchern und den Erinnerungen derer, die überlebten.

Die erhaltenen Tagebücher und Dokumente muten uns als Überreste einer zum Untergang verurteilten Zivilisation sonderbar an. Immer wieder schimmert in ihnen durch die Düsterkeit einer Epoche der Niedertracht und des Elends die schwache Hoffnung auf eine bessere Zukunft und der unerschütterliche Glaube, daß die Welt im Grunde gut sei. Gewiß können diese Quellen nicht exakt die Erfahrungen all der Millionen Opfer wiedergeben, doch legen sie beredtes Zeugnis nicht nur von dem Grauen, sondern auch von den seltenen Augenblicken der Freude ab. Sie liefern wertvolle Aufschlüsse über die Meinungen und Ansichten von Menschen, die unbewußt wahrnahmen, daß ihr Ende unmittelbar bevorstand, und dennoch hartnäckig an ihrer Menschlichkeit festhielten. Ihre Entschlossenheit wird nirgendwo deutlicher als in den Worten von Mira Jakubowicz, der Aufseherin eines Ghetto-Spielplatzes, die mit dem Entschluß, bei ihren Schützlingen zu bleiben, ihr Schicksal besiegelte: »Ich halte es für meine Pflicht, hier im Ghetto [Warschau] zu bleiben... Sehen Sie denn nicht, wie sehr sie der Liebe, der Fürsorge und der Fröhlichkeit bedürfen? Sie haben nur noch so wenig Zeit.«[13]

Die Spiele der Kinder zu beschreiben war für Lagerinsassen oder Ghettobewohner verständlicherweise keine vordringliche Angelegenheit. Viele der Tagebücher und Dokumente wurden unter den schwierigsten Umständen verfaßt, und Dinge, die nicht unmittelbar mit der nackten Existenz zu tun hatten, wurden von den Fragen des Lebens und Überlebens in den Hintergrund gedrängt. In den Schriften äußern sich das Leid und der Schmerz einer Gemeinschaft, die sich über ihr Schicksal kaum Illusionen machte. Zugleich aber vermitteln uns diese Quellen herrliche Beschreibungen von spielenden Kindern und ihrem Verhalten, drückt sich in ihnen zaghaft der Glaube an eine ferne Zukunft aus. Sie sind ein Votum für den selbst unter widrigsten Umständen fortgesetzten Kampf ums Überleben, in dem das Spiel wie alle übrigen menschlichen Bestrebungen von großer Bedeutung war.

Systematisch werden die Reaktionen der Menschen auf den Massenmord erst seit relativ kurzer Zeit erforscht, doch die einschlägige Literatur wächst sehr rasch. Der Holocaust und seine Auswirkung auf die Gesellschaft sind bis heute nicht vollständig verstanden oder erklärt, und vielleicht ist eine solche vollständige Erklärung auch gar nicht möglich. Über die Erfahrungen von Kindern dürfte sich noch weniger Abschließendes sagen lassen, weil darüber sehr wenig geschrieben worden ist. Nur ganz wenige haben überlebt und ihre quälenden Erlebnisse schildern können, und sie haben sehr wenig Schriftliches hinterlassen. Es sind hauptsächlich vereinzelte Tagebücher, denen wir Genaueres über ihr tragisches Schicksal verdanken.

Auch was das Verhalten von Kindern und ihre emotionalen Reaktionen unter drastisch veränderten Lebensbedingungen betrifft, stehen wir vor einer gähnenden Leere, und dieser Mangel an Dokumenten gilt nicht nur für den Holocaust. Das Spiel als ein vermittelndes Medium ist nie in diesem Kontext untersucht und erforscht worden. Dem könnte man noch hinzufügen, daß Laborexperimente in kontrollierten, künstlich erzeugten Umwelten keine Grundlage für definitive Feststellungen bieten. Spielen ist eine einzigartige, schöpferische Manifestation einer Menschen wie Tieren innewohnenden Kraft. Wohl sind die Funktion und die Auswirkungen des Spiels eingehender untersucht worden, doch seine innere Quelle und Motivation sind bis heute ein Rätsel, über das man allenfalls Vermutungen anstellen kann. Handelt es sich um einen zweckfreien animalischen Instinkt oder um einen unbewußten Trieb, sich auf das Erwachsenenleben vorzubereiten? Ist das Spiel vielleicht gar ein Weg, auf dem eine Gesellschaft ihre Kultur weitergibt? Das sind völlig rhetorische Fragen, denn trotz der Bemühungen vieler Gesellschaftstheoretiker und Psychologen gibt es bis heute keine schlüssige Erklärung. Allenfalls kann man sagen – und das ist die Botschaft dieses Buches –, daß das Spiel ein Teilbereich des Lebens ist, in dem man den Ernstfall der Anpassung proben kann, auch die weitestgehende Anpassung, Sterben und Leiden zu akzeptieren, indem man sie in einem spielerischen Rahmen in Szene setzt. Zugleich vermag das Spiel aber auch eine Situation zu schaffen, in der das Kind ein gerade auf das Überleben ausgerichtetes Verhalten einüben kann.

Es sind viele, nach Tausenden zählende Bücher über den Holocaust geschrieben worden. Er ist mit historischer und philosophischer Logik und mit analytischem Scharfsinn zerlegt und wieder rekonstruiert worden, doch endgültige und abschließende Antworten sind nicht zu sehen. Eine Antwort kann und will auch diese Studie nicht liefern, doch vielleicht ergibt sich aus der interdisziplinären Untersuchung ein deutlicheres Bild des Lebens im Holocaust. Nur ein Zusammengehen von Geschichtsforschung, Psychologie und Anthropologie kann zu einem besseren Verständnis der bruchstückhaften und unvollständigen historischen Realität führen. Durch das Zusammenbringen der beiden Begriffe »Spiel« und »Holocaust« rückt dieses Buch die Tragödie des europäischen Judentums im allgemeinen und der Kinder im besonderen in ein neues, ungewohntes Licht. Es liefert ferner eine gewisse Erklärung für das Spiel als ein Mittel der sozialen und psychologischen Anpassung in Zeiten der Unfreiheit und Not. Es wird hoffentlich nicht das letzte Wort zu diesen Themen gewesen sein, denn über sie muß unbedingt geschrieben werden. »Alles muß gesagt werden. Alles!« bemerkte letzthin ein Überlebender. »Doch wir werden nie fähig sein, alles zu sagen.«

Das Kind im Holocaust

»Niemand wird je die Stimmen dieser Kinder vergessen können«

Die Erforschung des kindlichen Spiels im Holocaust ist keine Trivialisierung einer in der Menschheitsgeschichte beispiellosen Tragödie. Der Kontrast zwischen dem kindlichen Spiel und dem damaligen Grauen rückt nicht nur den Hunger, das Leiden und Sterben der Kinder deutlicher in den Blick, sondern wirft auch ein Licht auf die Ungeheuerlichkeit des Verbrechens. Mit dem Zweiten Weltkrieg wurde schließlich eine neue Dimension, eine Idee von schockierender Niederträchtigkeit in die Geschichte der modernen Kriegsführung hineingetragen. Erstmals wurde die Vernichtung einer wehrlosen, aus einer Vielzahl von Nationalitäten bestehenden Zivilbevölkerung zum erklärten Ziel. Die Verbrecher planten und betrieben ihre Ausrottungskampagne in so großem Stil, daß sie in ihren Ausmaßen für einen rational Denkenden unfaßbar ist. Hans Frank, einer der Architekten dieser Politik, der kurz vor seiner Hinrichtung Reue zeigte, äußerte sich noch nach dem Krieg voller Respekt darüber, daß es Hitler gelungen sei, »den Mord zur Massenproduktion zu machen«.

Es ist vielfach vermutet worden, daß diese Bemühungen ebensosehr auf Rassenideologie wie auf mißverstandener militärischer Notwendigkeit beruhten. Eines ist jedoch unstreitig: Unter den Kindern wurden nur Juden und Zigeuner als eine besondere Kategorie für die Massenvernichtung vorgesehen. »Sie werden als erste ausgerottet«, rief ein Ghetto-Historiker bekümmert aus. »Dies ist ohne Beispiel in der jüdischen Geschichte, sieht man ab vom Pharao, auf dessen Befehl hebräische Neugeborene in den Nil geworfen wurden.« Es ist, wie man hinzufügen könnte, ohne Beispiel in der Geschichte der Menschheit.

Die Erlebnisse jüdischer Kinder in dieser turbulenten Zeit und ihr letztliches Schicksal bilden nur einen Teil des Leidens und der großen Tragödie des Holocaust. Dennoch waren Kinder, erfaßt vom Sturmwind des Terrors, vielleicht eines der erklärtesten Ziele der Vernichtung, seit die Nazis mit ihren Maßnahmen begannen. Im Rahmen des Krieges wurde ein weiterer erbarmungsloser Krieg geführt, und seine ausgesuchten Opfer, Kinder und Jugendliche, wurden durch eine eigene Hölle getrieben.

Die Geschichte ihres Martyriums ist in der Tat das schockierendste und düsterste Kapitel der westlichen Zivilisation. Wenn man für einen Augenblick von ihren Leiden und Qualen absieht, die sich nicht quantifizieren lassen, so gibt allein schon die Zahl der Opfer einen brauchbaren Maßstab für das Ausmaß des an ihnen begangenen Verbrechens. Unabweisbar steigerten sich der Haß und der Terror, der sich, soweit man dem Terror überhaupt eine Steigerungsform geben kann, in noch größerem Maße als gegen jede andere ethnische oder rassische Gruppe gegen die Juden richtete, zu beispielloser Brutalität, wenn es um Kinder ging. Am schockierendsten war für alle das zwanghaft-automatische, beinahe unpersönliche Verhalten der Eroberer. Noah Zabludowicz, ein Zeuge im Eichmann-Prozeß, erinnerte sich an einen Akt von unbegreiflicher Grausamkeit:

»Einmal sah ich in Ciechanow einen SS-Offizier, der eine jüdische Mutter auf der Straße höflich ansprach, sie möge ihn versuchen lassen, ihr weinendes Baby zu beruhigen. Mit skeptischem Blick und zitternden Händen übergab ihm die Frau das Kind, woraufhin der Nazi das Köpfchen des Babys an der scharfen Kante des Rinnsteins zerschmetterte ...«[1]

Warum werden, so könnte man sich fragen, Szenen wie diese und ähnliche erörtert, wenn das eigentliche Thema dieses Buches das kindliche Spiel ist? Eine berechtigte Frage, wenn man bedenkt, daß die Greuel und die Inhumanität des Holocaust in Hunderten von Publikationen beschrieben worden sind. Doch bevor wir zum Hauptthema, der Analyse und dem Verstehen des kindlichen Spiels, kommen, muß unbedingt ein scharfes Bild der Umwelt entworfen werden, welche die Kinder in ihrer

Wahrnehmung und ihren Reaktionen prägte. Schließlich war ihr Spiel – genau wie alle anderen menschlichen Erfahrungen – Ausdruck und Ergebnis der gesellschaftlichen, psychologischen und wirtschaftlichen Bedingungen der bestehenden Gesellschaft.

Man erkennt, wenn man die erhaltenen Dokumente studiert und Zeugenaussagen liest, unschwer ein klares Muster in den deutschen Maßnahmen. Die militärische Präzision bei der Durchführung ihrer Ausrottungspläne und die entsetzliche Unbeteiligtheit, mit der SS-Offiziere und sogar Zivilbehörden sie ausführten, verraten analytisches Denken und sorgfältige Planung. Die Nazis verfolgten im Hinblick auf die jüdischen Kinder besondere Absichten. Für die Deutschen war es eine ideologische Notwendigkeit, daß die Juden einschließlich ihrer Kinder ausgerottet werden müßten. Die Behandlung der jungen Leute in Ghettos und Konzentrationslagern ergab sich aus dieser Überzeugung; nach der restlosen Ausbeutung der Bevölkerung sollte die ganze Rasse verschwinden, besonders schwangere Frauen und junge Menschen, die »biologischen Wurzeln des jüdischen Volkes«. Die Lösung der »Judenfrage« folgte also, dem abgrundtiefen Haß auf diese spezielle rassische Gruppe gehorchend, so irrational und krankhaft er auch war, einem vorbedachten Plan.

Dieser schmerzlich bekannte Vorgang umfaßte zwei räumlich und zeitlich einander überlappende Alternativen. Beide waren mit furchtbaren Folgen für die Kinder verbunden. Im ersten Falle begann und endete das letzte Martyrium mit einem einmaligen Akt, dem direkten Hinschlachten aller oder der meisten jüdischen Einwohner einer ganzen Stadt oder eines geographischen Bereichs. Bei der anderen Alternative, die sich zeitlich mit der ersten überschnitt, breiteten sich parallel zur direkten Ausrottung die Fangarme eines riesigen Netzes von Ghettos und Konzentrationslagern über ganz Europa aus. Die Pläne der Deutschen waren schließlich auch von der wirtschaftlichen Überlegung bestimmt, die Zivilbevölkerung in den besetzten Ländern auszubeuten. Gleichzeitig mit der Konzentration der jüdischen Bevölkerung in Ghettos und Lagern (oder ihr zeitlich vorausgehend) kam es zu Beschränkungen der bürgerlichen Freiheiten, zur gesellschaftlichen und kulturellen Absonderung und zur wirtschaftlichen Entrechtung.

Der Nazismus war mehr als eine abstrakte Ideologie. Er war ein folgenreiches System. Weil jüdische Kinder als »eine Gefahr für die Sicherheit des Staates« galten, war ihre Zukunft seit Beginn der Besatzung besiegelt. Für die SS war die Identität ihrer Opfer eine Abstraktion. Das Schicksal dieser Kinder und der eindeutige, kaltblütige und wohlüberlegte Plan der Nazis, sie systematisch zu vernichten, wurde, soweit Sprache das auszudrücken vermag, von dem SS-Offizier Otto Ohlendorf, Anführer eines der Vernichtungskommandos, mit erschreckender Gewandtheit und Knappheit zusammengefaßt. Im Nürnberger Kriegsverbrecherprozeß 1947 angeklagt, stellte er sachlich fest: »Mit diesem Befehl [zum Töten der jungen Menschen] sollte nicht nur eine vorläufige, sondern auch eine dauerhafte Sicherheit erreicht werden, denn die Kinder würden heranwachsen und, da man ihre Eltern getötet hatte, sicherlich keine geringere Gefahr darstellen als ihre Eltern.«[2]

Zahllose Kinder teilten infolge dieser Einstellung das Schicksal ihrer Eltern und wurden in den Jahren 1941/42 in mehreren Wellen von den Einsatzgruppen umgebracht. Diese Massaker galten hauptsächlich den Juden in den baltischen Staaten und in den besetzten Gebieten der Sowjetunion. Es gibt Schätzungen, wonach bis Ende 1942 über eine Million Juden von den Einsatzgruppen ermordet wurden, doch hat sich bislang niemand zu berechnen getraut, wie viele Kinder unter diesen ersten Opfern waren.

Die Methoden der SS, die Grausamkeit der Täter und die Würde und die Klagen der Opfer sind sowohl von den Henkern wie von den Opfern vielfach beschrieben worden. Kinder wurden eigens zur Hinrichtung zusammengetrieben und an ausgehobene Gräben geführt, wo man sie erschoß. Schon im Sommer 1943 standen drei SS-Leute in der befreiten Stadt Charkow vor einem sowjetischen Gericht, weil sie in diesem Gebiet Angehörige der Zivilbevölkerung getötet hatten. Zu ihren Opfern zählten jüdische Kinder im Alter zwischen sechs und zwölf

Jahren. »Ich trieb die Kinder an den Rand des Grabens«, sagte einer der Beteiligten aus, »wo ein anderer SS-Mann stand... Er erschoß sie mit seiner Maschinenpistole und stieß sie dann mit einem Fußtritt in den Graben. Die Kinder wußten, was sie erwartete, und versuchten wegzulaufen. Sie flehten die Henker an: ›Ich habe Angst! Lassen Sie mich am Leben, erschießen Sie mich nicht!‹«[3]

Dies sind wahrhaft grausige Schilderungen, doch die Geschichte des Holocaust hat kaum hellere Momente. Sie vermitteln zwar nicht das volle Ausmaß der Vernichtung, aber doch ein klares Bild von ihrem Wesen. Die massenhafte Erschießungskampagne war nur ein Teil der Antwort auf die »Judenfrage«. Man hielt es für geboten, sich einer Vielzahl von Methoden und Vorgehensweisen zu bedienen. Dem Plan der Nazis, die jüdische Bevölkerung zu dezimieren, entsprach die zwangsweise Herabsetzung der Fruchtbarkeitsrate durch Trennung der Geschlechter, Heiratsverbote und Zwangsabtreibungen. Die Nazi-Funktionäre, die einem unverstandenen Darwinismus huldigten, dem zufolge die »rassisch überlegenen« arischen Elemente zu fördern und gleichzeitig die »rassisch minderwertigen« Nationalitäten zu vernichten waren, wandten diese Methoden mit regelrechter Besessenheit an. Diese Programme wurden, wie so viele der irrationalen Aktivitäten der Deutschen, in ein wissenschaftliches Gewand gekleidet, um ihnen eine gewisse Respektabilität zu verleihen, doch ohne diese Verkleidung entpuppten sie sich als eine barbarische Form der Bevölkerungskontrolle. So wurden Frauen im litauischen Ghetto Schaulen (Siauliai) durch Bekanntmachung darauf hingewiesen, daß in einigen Wochen Zwangsabtreibungen stattfinden würden. Als dies nicht die erwarteten Resultate zeitigte, verhängte die SS für den Fall einer Kindsgeburt die Todesstrafe für die Mutter, das Neugeborene und die ganze Familie:

»Die Zeit ist abgelaufen, es ist die letzte Minute! Der 15. August [1943] ist nicht fern! Jüdische Frauen, bedenkt, daß danach im Ghettokrankenhaus keine Geburten mehr erlaubt sein werden. Bedenkt, daß nach dem 15. Geburten auch in Privathäusern verboten sein werden. Es wird eine strenge Überprüfung von Privatwohnungen vorgenommen. Ärzten, Hebammen und Schwestern wird es verboten sein, jüdischen Frauen Beistand zu leisten. Im Falle der Nichtbefolgung werden alle mit unnachsichtiger Strenge bestraft werden. Vergeßt nicht, in welche Gefahr ihr euch und eure Familie bringt! Wir warnen euch zum letzten Mal!«[4]

Ausgeburt einer niederträchtigen Gesinnung, sollte auf diese Weise der elementare Überlebensdrang gebrochen werden, doch mit Verfügungen allein ließ sich der Fortgang des Lebens, mochte es auch noch so schwer und hart sein, nicht aufhalten. Aus erhaltenen Tagebüchern geht hervor, daß verbotene Hochzeiten stattfanden und insgeheim Kinder geboren wurden. Abtreibung war jedoch nicht das letzte Wort im Nazi-System der Bevölkerungskontrolle. Deutsche Sicherheitskräfte und ihre einheimischen Mietlinge töteten schwangere Frauen, Säuglinge und alle nicht arbeitsfähigen Kinder.

Viele Kinder starben auf dem Weg in die Konzentrationslager, und die Überlebenden wurden gleich nach dem Eintreffen mit allen erdenklichen Mitteln beseitigt, weil sie aus deutscher Sicht die eingefahrene Routine in den Lagern störten. Rudolf Höß, der ehemalige Kommandant von Auschwitz, erklärte im übrigen: »Kleinere Kinder wurden auf alle Fälle vernichtet, da sie aufgrund ihres Alters nicht arbeitsfähig waren.« Eine Lagerinsassin hat in ihren Schriften die Kinder in vier Gruppen eingeteilt: diejenigen, die gleich nach der Ankunft vergast wurden; diejenigen, die im Mutterleib oder unmittelbar nach der Geburt ermordet wurden; diejenigen, die im Lager geboren und am Leben gelassen wurden (ein seltener Fall); und diejenigen, die groß genug waren, um als Erwachsene durchzugehen. Sehr oft wurden schwangere Frauen direkt in die Gaskammer oder zur Zwangsabtreibung in den Krankenblock geschickt. So ist es nicht verwunderlich, daß zumindest bis Ende 1943 im Vernichtungskomplex Auschwitz-Birkenau nur ein einziges jüdisches Kind zu finden war (im Frauenlager).

Nicht sehr viel anders als in Auschwitz-Birkenau war die Lage in Buchenwald. »Einmal sah ich einen vierjährigen Jungen, die traurigste Figur, die mir je begegnet war, abnorm in seiner körperlichen Erscheinung, seinem Verhalten und Reden«, hielt ein vierzehnjähriger Junge in seinem Tagebuch fest. »Er taumelte umher wie ein schwaches, verwundetes Tier und stieß in einem deutsch-polnisch-jiddischen Kauderwelsch Schreie aus. ›Das‹, sagte man mir, ›ist der kleine Kerl, den sie vor der SS verbergen. Sein Vater hat ihn mit hereingebracht... Bei jeder Inspektion knebeln sie den armen Teufel und verstecken ihn unter den Dielen. Was für ein Leben!‹«[5]

Auschwitz-Birkenau war allen Darstellungen zufolge der Inbegriff eines Todeslagers, aber es stand mit seinen Greueln nicht allein – auch vergleichsweise humane Lager hatten ihre eigenen psychologischen Foltermethoden. In Ghettos und Arbeitslagern veranstalteten die Besatzungsbehörden regelmäßige Durchsuchungen. Bei sorgfältig geplanten Razzien unter der Bezeichnung »Kinderreinigung« oder »Kinderaktion« wurden schwangere Frauen und kleine Kinder systematisch aufgegriffen und zu den Vernichtungsstätten befördert, wo man sie vergaste oder durch Massenerschießung tötete, und es bestand kaum eine Aussicht, dem zu entgehen. Weder die heitere Bergwelt von Le Souterraine in Frankreich noch die heruntergekommenen Ghettos im Osten boten den Gejagten eine sichere Zuflucht, weil der Haß der Jäger keine nationalen Grenzen kannte. Oft arbeiteten die Herren von der SS mit französischen Gendarmen, ukrainischen Soldaten oder litauischen Partisanen zusammen, um eine Handvoll Kinder zu ergreifen.

Der Fall des malerischen, kleinen französischen Dorfes bei Lyon zeigt, wie die Nazis vorgingen. In dem Kinderheim des stillen Dörfchens Izieu wurden am 6. April 1944 vierundvierzig Kinder von der Gestapo umzingelt. Sie arbeitete so zügig, daß die kleine Kolonie überrumpelt wurde. Ein Anwohner erinnerte sich später, daß die Kinder »wie Pakete« auf die Lastwagen geworfen wurden. »Alle im Dorf mochten sie – es waren Kinder.« Nur eines wurde freigelassen, weil es nicht jüdisch war. Das rettete ihm das Leben, denn die übrigen dreiundvierzig wurden unverzüglich nach Auschwitz deportiert und sogleich in die Gaskammern geschickt.

Tausend Meilen von Lyon entfernt, in Plaszow, einem Lager

bei Krakau, spielten sich während einer Kinderaktion ähnliche Szenen ab. Hier, in einer Mischung aus Arbeits- und Konzentrationslager, war es einigen verzweifelten Eltern gelungen, eine Handvoll Kinder hereinzuschmuggeln und zu verstecken. Die Kinder, die sich ihrer Gefährdung bewußt waren, taten alles, um unter den Häftlingen nicht aufzufallen und das normale Lagerleben nicht zu behindern. Gestützt auf die Erinnerungen von Überlebenden, hat Thomas Keneally die Atmosphäre am Tag der Razzia, die im Sommer 1944 stattfand, und die herzzerreißenden Szenen, die sich dort abspielten, in einem dokumentarischen Roman beschrieben. Die Aktion trug ausgerechnet die Bezeichnung »Gesundheitsaktion«. Der Zynismus, mit dem die SS-Offiziere ihre schauerliche Maßnahme planten und durchführten, findet nur in anderen Schilderungen ihrer Grausamkeit eine Parallele. Die Menschen mußten sich auf dem Kinderspielplatz versammeln, und während aus plärrenden Lautsprechern das sentimentale Lied »Mamatschi, kauf mir ein Pferdchen« erklang, wurden annähernd dreihundert Kinder ihren zitternden Eltern entrissen.[6]

Man hat behauptet, der Mensch sei unbegrenzt fähig, Scheußlichkeiten zu ertragen. Das Ausmaß der Barbarei, das uns im Holocaust vielfach entgegentritt, läßt uns an unserer eigenen menschlichen Natur zweifeln. Ein Zwölfjähriger schildert, wie im Ghetto von Lodz eine Entbindungsstation zerstört wird, in der seine Schwester soeben von einem Mädchen entbunden worden ist – ein anschauliches Beispiel nicht nur für diese Methoden, sondern auch für den Schock und das Trauma eines Kindes, das zum Zeugen des Kindermords wird:

»Als dann die nächste Gruppe von Patienten zu einem wartenden Lastwagen geführt wurde, sahen wir Esther... Sie stand da in ihrem rosa Nachthemd, bleich und angsterfüllt... Als kurz darauf der Lastwagen abfuhr, wußten wir, daß wir unsere geliebte Esther niemals wiedersehen würden... Es trat eine kurze Stille ein. Niemand konnte sich vorstellen, was weiter geschehen würde...

Plötzlich erschienen an einem Fenster des Obergeschosses zwei Deutsche und stießen es auf. Sekunden später wurde ein

1. Kleine Kinder beim Murmelspiel im Lodzer Ghetto, 1940–41. Den gelben Stern mußten alle tragen. (Aus dem Archiv des Simon Wiesenthal Center in Los Angeles, Kalif.)

nacktes Baby über den Fenstersims in den direkt darunter stehenden Lastwagen geworfen. Wir waren dermaßen geschockt, daß zunächst kaum einer von uns glauben konnte, daß es sich tatsächlich um ein lebendes neugeborenes Baby handelte...

Den SS-Leuten schien dieses mörderische Spiel Spaß zu machen... Der junge SS-Schlächter zog die Hülle von seinem Gewehr und spießte den erstbesten Säugling mit dem Bajonett auf. Das Blut des Kindes rann an der Klinge herab bis auf den Arm des Mörders...«[7]

Nicht alle Kinder wurden auf der Stelle getötet. Der Aufschub war jedoch kein Zeichen von Großzügigkeit, denn diejenigen, die nicht unverzüglich ermordet wurden, erhielten nur eine kurze Atempause vor dem Sterben. Während sich die Vernichtungsaktion hinauszögerte, betrieb man eine systematische Aushungerung, die sich speziell gegen die Kinder richtete. Über den ständigen physischen und psychischen Terror hinaus zogen die Besatzungsbehörden jüdisches Eigentum ein, verordneten sie das Tragen von Armbinden und das Aufnähen gelber »Judensterne« und veranlaßten die Vertreibung von Millionen aus ländlichen Gebieten und Kleinstädten in große Bevölkerungszentren oder Konzentrationslager. Durch diese letzte Maßnahme wurden faktisch Millionen von Menschen ghettoisiert.

Erste Versuche mit Ghettos unternahm die deutsche Verwaltung schon 1939, doch erst im Frühjahr 1940 entstand das erste regelrechte Ghetto in Lodz. Bald darauf wurden in Warschau, dem größten aller Ghettos, eine halbe Million Menschen eingesperrt. Binnen Jahresfrist entstanden große und kleine Ghettos, Lager und jüdische »Wohnbezirke«, und Hunderte solcher Einrichtungen wuchsen sich rasch zu einem eigenen Nazi-Imperium aus. Besonders unheilvolle Institutionen waren die sich über ganz Europa ausbreitenden Ghettos – Goebbels persönlich beliebte sie als »Todeskisten« zu definieren. Abraham Levin, ein Lehrer in Warschau, notierte am 18. Mai 1942 in seinem Tagebuch: »Wir sind unfähig, an der Natur, an der schönen Welt des Schöpfers Freude zu empfinden. Wir schmachten in einem Gefängnis, wie es niemand in der Menschheitsgeschichte erlebt hat.«[8]

Sozial und wirtschaftlich entwurzelt sowie psychisch geschwächt, waren die Zukunftsaussichten für die überwiegende Mehrheit der Ghettobewohner und besonders für Millionen von Kindern überaus bedrückend. Viele Kinder waren verwaist oder von ihren Eltern ausgesetzt, und ihr Kampf ums Überleben wurde nicht nur von Kälte, Hunger und Krankheit behindert, sondern auch durch die unnachgiebige Grausamkeit und Entschlossenheit, mit der die SS-Offiziere auf ihren Tod hinarbeiteten. Am unerbittlichsten peinigte die Kinder im Ghetto ohne Zweifel der Nahrungsmangel. Der Hunger, der das Ghetto seelisch und physisch knechtete, zerstörte den normalen Lebensrhythmus, beschleunigte das Altern und vernichtete seine Opfer. »Der schmerzlichste Wandel betraf die Gesichter«, klagte ein Zeitgenosse; »Gesichter, die durch das Elend, den Mangel an Nahrung, Vitaminen, Luft und Bewegung bis auf die Knochen abgemagert waren, Gesichter, die entstellt waren von erdrückenden Sorgen und Ängsten, von Unglück, Leid und Krankheit.«[9]

In Warschau und anderen Ghettos fielen 1941 Zehntausende von Kindern dem Hunger und der Krankheit zum Opfer. Die katastrophale Entwurzelung eines Großteils der osteuropäischen Juden schuf günstige Bedingungen für die deutschen Vernichtungspläne. Allein im Warschauer Ghetto befanden sich über 150.000 Flüchtlinge, fast ein Drittel der Gesamtbevölkerung. Die meisten von ihnen hausten in Behelfsunterkünften, deren Sanitäreinrichtungen versagten und die ohne Heizung und elementare Versorgungseinrichtungen waren. Ein Drittel dieser Flüchtlinge war unter fünfzehn. »Ich habe eine Flüchtlingsunterkunft besichtigt«, berichtet Mary Berg in ihrem Tagebuch. »Es ist ein heruntergekommenes Gebäude. Die Wände zwischen den einzelnen Räumen wurden eingerissen, so daß große Hallen entstanden; es gibt keine Toiletten; die sanitäre Installation wurde zerstört... Nackte, ungewaschene Kinder lagen teilnahmslos auf dem Boden.«[10]

Daß die Flüchtlinge ihre Kinder nicht einmal mit dem Notwendigsten versorgen konnten, wurde zu einem der tragischsten Aspekte ihrer traurigen Existenz. Der rasche Zerfall der schützenden Wände, die normalerweise das Kind umgeben, äußerte sich nicht nur in der rapiden Auflösung der Gemeinschaftsbande, speziell unter den Flüchtlingen, sondern auch in der Zerstörung der organisatorischen Grundeinheit der Gesellschaft, der Kernfamilie. Die Nazis legten es bewußt darauf an, durch Deportation, Hinrichtung und Einweisung von Vätern in Arbeitslager Familien auseinanderzureißen. Die in allen Ghettos ständig wachsende Zahl von Kindern ohne elterliche Aufsicht und von Waisenkindern ohne jegliche Unterstützung bezeugt eindeutig diese tragische Entwicklung. Die psychologisch schädlichste und am stärksten traumatisierende Erfahrung besteht für ein Kind in dem Gefühl, die engen Bindungen an Eltern und Angehörige zu verlieren. Viele Kinder, vollkommen verloren in einer fremden und hoffnungslosen Umwelt, lebten und starben auf den Straßen. »Es sind Waisenkinder, deren Eltern auf der Flucht oder bei der Typhusepidemie umgekommen sind«, schrieb Chaim Kaplan in Warschau. »Jeden Morgen sieht man ihre kleinen Körper erfroren in den Straßen des Ghettos liegen. Das ist zu einem gewohnten Anblick geworden.« Die Lage der Flüchtlinge im Warschauer Ghetto faßte ein Sozialbericht im Januar 1942 zusammen: »Hunger, Krankheit und Mangel sind ihre ständigen Begleiter, und der einzige Besucher in ihren Unterkünften ist der Tod.«[11]

Während der Hunger den Körper physisch zerstörte, war es das Ghetto selbst, das den Kindern jegliche Freiheit raubte. Die Wohnverhältnisse, verschärft durch eine unbeschreibliche Überfüllung, nahmen den Kindern jede Lebendigkeit. Aus den engen, schmutzigen Straßen, den verfallenen Mietshäusern und der wimmelnden Menge gab es kein Entrinnen. Ein Mädchen schrieb über das Warschauer Ghetto: »Meine Ohren sind erfüllt von dem betäubenden Lärm der Menge in den Straßen und von den Schreien der Menschen, die auf dem Gehsteig sterben.« Für viele bedeutete das Ghetto nicht nur Mangel an physischer Bewegungsfreiheit und Abgeschnittensein von dem Lebensnotwendigsten. »Wir sind abgeschnitten von der Welt der Bücher«, hielt ein Tagebuchschreiber fest. »Nichts gelangt zu uns, man hält die Schöpfungen des menschlichen Geistes von unserem Gefängnis fern. Nicht nur Lebensmittel und Fabrikwaren, auch Kulturgüter müssen in das Ghetto hineingeschmuggelt werden.«[12]

Auf allen Gebieten des menschlichen Lebens wurden Beschränkungen verfügt. Für die Kinder war die psychologische Unterdrückung ebenso schmerzhaft wie der Mangel an Nahrung und Wärme, denn sie knebelte den menschlichen Geist. Mit erschreckender Gründlichkeit und diabolischem Scharfblick sperrten die Deutschen die jüdische Bevölkerung von Parks, öffentlichen Gärten, Flußufern, Schwimmbädern und allen sonstigen Orten der Erholung aus – diese Verfügung stand unter den Maßnahmen der Besatzungsbehörden überall an vorderster Stelle. Eine Mutter aus dem Warschauer Ghetto erinnerte sich:

2. Der Tod eines Kindes im Warschauer Ghetto, 1940–41.
(Mit freundlicher Genehmigung des Museums der Ghettokämpfer, Israel)

»Mit Absicht hat man nicht einen einzigen Park, nicht einen einzigen Spielplatz oder öffentlichen Garten in das [als Ghetto vorgesehene] Gebiet einbezogen.« Ähnlich berichtet es ein Chronist aus dem Ghetto von Lodz: »Das Ghetto mit seinen rund fünfundachtzigtausend Bewohnern ist wahrscheinlich die einzige Stadt auf der Welt, in der es keine oder fast keine Blumen gibt.« Es gab daher Kinder, die in ihrem kurzen Leben nie einen Vergnügungspark oder auch nur einen Garten gesehen haben.[13]

Parallel zu diesen Beschränkungen fiel in fast allen Ghettos das Bildungswesen ähnlichen Verfügungen zum Opfer. Mit einem Federstrich wurden Schulen für ungesetzlich erklärt, und Hebräischunterricht wurde – speziell für Kinder – bei Todesstrafe verboten, vor allem in Polen und in den baltischen Staaten. Es bedurfte unzähliger Eingaben und dauerte fast zwei Jahre, doch am Ende ließen die Deutschen eine Wiederaufnahme des Schulwesens zu, begrenzt auf die Stufen der

Elementar- und der Gewerbeschule. In Kaunas (Kowno) waren die Schulen nur wenige Monate lang in Betrieb, dann blieben sie für immer geschlossen. Insgesamt konnte nur eine kleine Minderheit der jungen Menschen die wiedereröffneten Schulen besuchen, sei es, weil es den jüdischen Gemeindebehörden an Mitteln fehlte, sei es, weil viele von ihnen allein ihre ganze Familie ernähren mußten.

Die unmittelbaren Folgen dieser Erlasse bekamen Tausende von Kindern zu spüren, die ziellos umherstreunten, »dem demoralisierenden Einfluß der Straße ausgesetzt«. Isaiah Trunk, ein Verantwortlicher im Lodzer Ghetto, stellte bekümmert fest, daß für die Kinder kein Platz mehr war: »Sie sind aus den Wohnungen ausgeschlossen wegen der Überfüllung, aus den Schulen wegen der Erlasse, und nur die Straßen bieten ihnen einen Freiraum.«

Die Deutschen gaben sich darüber hinaus große Mühe, die Juden vollständig aus der deutschen Kultursphäre auszuschließen. In den Ghettos und Lagern waren Vorträge und Aufführungen von literarischen, musikalischen und sonstigen Kunstwerken, die auf arische Schriftsteller, Komponisten und Künstler zurückgeführt werden konnten, per Erlaß verboten. Es gab zwar einen gewissen Spielraum bei der Durchführung dieser Vorschriften, und es bestand auch eine gewisse Verwirrung darüber, wer denn als Arier zu gelten habe, doch im wesentlichen wurde überall die gleiche Ausschließung praktiziert. Um ein Beispiel anzuführen: In Westerbork war es den Juden zunächst verboten, bestimmte Werke aufzuführen, weil die Komponisten als Arier galten. Als die Deutschen dann im Stammbaum dieser Komponisten einen »Makel« entdeckten, durfte ihre Musik gespielt werden.

Waren die Deutschen in Holland noch einigermaßen zurückhaltend, so erfaßte die kulturelle Zensur in Polen auch andere Kunstformen. Im Frühjahr 1942 äußerte sich ein Beobachter erstaunt darüber, daß »jedes literarische, künstlerische oder musikalische Werk, das von einem Arier hervorgebracht oder komponiert wurde«, mit einem Aufführungsverbot belegt wurde. Im gleichen Jahr wurde das Symphonieorchester des

Ghettos aufgelöst, weil es Beethoven gespielt und damit eine Übertretung begangen hatte. In Lodz und Wilna gab es kein derartiges Verbot, doch mit der Beschlagnahmung der Musikinstrumente verschwanden Musik und Tanz praktisch gänzlich aus dem Ghettoleben.[14]

Diese Beschränkungen mögen kleinlich und aberwitzig erscheinen, doch verstärkten sie das Gefühl der Isolation und Gefangenschaft. Tausende von Kindern, die bis dahin lebensvoll, schöpferisch und fleißig waren, wurden eingemauert und von der Umwelt abgetrennt. Die Freiheitsberaubung war schwer erträglich, und sie spürten es deutlich. Ein Vierzehnjähriger aus dem polnischen Dörfchen Krajno drückte seinen Schmerz mit schlichten Worten aus: »Wenn es nur Freiheit gäbe, wäre alles prima.« Ähnlich dachte ein anderer Junge in Wilna nach der Verlegung ins Ghetto: »Ich habe das Gefühl, beraubt worden zu sein, meine Freiheit ist mir geraubt worden und mein Heim und die vertrauten Wilnaer Straßen, die ich so sehr liebe.«[15]

Es ist einigermaßen erstaunlich, daß Kinder unter diesen Bedingungen überhaupt gespielt haben. Schließlich waren ihre Chancen, das nackte Leben zu retten, gleich null. Angesichts der verschwindenden Chancen war es ein Wunder, daß sie überhaupt so lange am Leben blieben und manche sogar spielten, wenn auch nur für kurze Zeit. Der Aufschub, den sie genossen, ist kein Anzeichen mangelnder Entschlossenheit oder mangelnden Eifers bei den Deutschen – vielmehr belegen die historischen Quellen, daß die Deutschen den Überlebenswillen der von ihnen zum Tode Verurteilten nicht richtig eingeschätzt hatten. Von der Vitalität, der Findigkeit und dem Überlebenskampf der Kinder waren sogar ihre Henker überrascht.

Im Holocaust wurden die Kinder – zumindest seelisch – vorzeitig erwachsen, doch zugleich war die psychische Regression auf ein nahezu infantiles Verhalten ein verbreitetes Phänomen. Bedingt durch den Hunger und die Vielzahl der im Ghetto auftretenden Krankheiten, blieben die Kinder in ihrer körperlichen Entwicklung eindeutig zurück. Körperlich und seelisch wurden sie durch Schmerz und Leid geprägt. Die Kinder lebten

– und starben – in dem vollen Bewußtsein, daß ihr eigenes Handeln für ihre Mitmenschen folgenreich war. Ein fünfjähriges Mädchen, das mit seiner Familie bei einem Bauern in der Toskana in einem kleinen Raum versteckt lebte, hatte, als es von einem Fremden entdeckt wurde, plötzlich das Gefühl, »im Boden versinken zu müssen, ich hätte mich am liebsten ins Nichts aufgelöst«. Nachdem es zum Versteck der Familie gelaufen war, befand es sich in »höchster Panik, weil mir klar wurde, daß ich dadurch uns alle hätte verraten können, und das hätte für uns alle das Ende bedeutet«. Es wußte, daß Entdekkung »etwas Schreckliches bedeutete. Es bedeutete... es bedeutete das Schlimmste... Ich wußte, es war etwas Furchtbares.«[16]

Die Kinder lernten, wann und wo sie sich verstecken mußten und wie sie sich zu verhalten hatten, um ihre Eltern nicht zu gefährden. Ein zweijähriges Kind, dem man in einem Versteck ein Beruhigungsmittel geben wollte, sagte: »Ich werde nicht weinen. Ich weiß, die Gestapo ist oben.« Der ständig lauernde Tod war ein mächtiger Antrieb, am Leben zu bleiben und jede Gelegenheit zu nutzen, sich mit der Zukunft zu befassen. Rudashevski, der bereits zitierte Junge aus Wilna, drückte seine Ansicht vom Leben folgendermaßen aus: »Ich faßte einen Entschluß. Ich werde mit dem Morgen, nicht mit dem Heute leben. Und wenn von hundert Ghettokindern meines Alters zehn studieren können, dann muß ich zu den Glücklichen gehören... Studieren ist für mich noch wichtiger geworden als zuvor.« Der zähe Wille, zu überleben und der Zukunft mit Hoffnung zu begegnen, wurde zum Ziel vieler junger Menschen. Untereinander und vor allem in Waisenhäusern »zeigten sie eine bewegende Solidarität, indem sie ihr Essen miteinander teilten und ihren kranken Freunden unter schwierigen Bedingungen beistanden«. Sie erkannten, daß für Nahrung, warme Bekleidung und Sonnenschein auf diese Weise zwar kein mystischer Ersatz geschaffen wurde, man aber dennoch dem sich ausbreitenden Gefühl der Vergeblichkeit und Hoffnungslosigkeit mit moralischen Kräften entgegentreten konnte.[17]

Es gab verschiedene Möglichkeiten, sich den Razzien, die auf

Kinder veranstaltet wurden, zu entziehen. Da man wußte, daß sich mit dem Arbeiterstatus der Tod hinausschieben ließ, meldeten sich nicht wenige Kinder von acht oder neun Jahren für den Einsatz in Arbeitskompanien und Ghetto-Betrieben. Im Sommer 1943 waren beispielsweise im Ghetto Lodz 13.881 junge Menschen unter siebzehn Jahren beschäftigt. In vielen Familien mußten die jungen Leute das Ruder in die Hand nehmen, sei es, weil der Vater in ein Arbeitslager verschleppt worden war, sei es, weil die Erwachsenen durch den psychischen und materiellen Druck demoralisiert waren. Es ergab sich ganz von selbst. Wenn zwei Generationen in einer Familie zusammenbleiben konnten, erwarben oft die Kinder eine größere Geschicklichkeit in der Bewältigung der ungewohnten Anforderungen des Ghettodaseins als ihre Eltern, deren Selbstachtung und Widerstandswille durch die ständigen Demütigungen gebrochen wurde. Oft war aufgrund des körperlichen und geistigen Niedergangs eines Elternteils der Erwachsene vom Kind abhängig, und vielfach hing das Überleben des Kindes von seiner Fähigkeit ab, sich Handlungsfreiheit zu verschaffen. In vielen Familien sorgten die Kinder, die zum Teil noch nicht einmal zehn waren, für alle. Als Schmuggler wurden die Jungen bald zu einem wichtigen Bindeglied zwischen dem Ghetto und der Außenwelt – »die Ernährer«. Ihr Heldentum wurde in Liedern und Gedichten besungen:

»Über die Mauer, durch Löcher, am Posten vorbei,
durch den Stacheldraht, Ruinen und Zäune,
mutig, hungrig und entschlossen husche ich hindurch,
schnell wie eine Katze.«[18]

Die Deutschen verschätzten sich auch hinsichtlich der Reaktion der Gesamtgesellschaft. Wenn man alle verfügbaren Dokumente heranzieht, kann nicht im entferntesten die Rede davon sein, daß die jüdische Gemeinschaft den Gang der Ereignisse zu beeinflussen vermocht hätte. Unabhängig davon steht jedoch fest, daß die jüdische Gemeinschaft von den Vernichtungsplänen der Nazis und deren Verwirklichung völlig überrumpelt wurde. Die unmittelbaren Auswirkungen auf die Kinder, aber auch auf viele Erwachsene waren katastrophal, wie aus der folgenden Bemerkung eines führenden Politikers hervorgeht: »Sie waren einmal unsere Zukunft, diese zerrütteten kleinen Körper, die mit gebrochener Stimme um Brot betteln.«[19] Doch nach dem ersten Schock war die instinktive Reaktion in den gepeinigten jüdischen Gemeinschaften überall dieselbe: Bestehende Institutionen wurden umfunktioniert und neue geschaffen, um mit den neuen Aufgaben fertigzuwerden. Unter den vielen drängenden Problemen, vor denen sie standen, bekamen die Rettung der jungen Menschen, ihre Unterbringung und ihr Schutz den Vorrang. In Frankreich, Italien und anderen Ländern, wo die Bevölkerung relativ hilfreich war, wurden Hunger und Mangel nie zu einem akuten Problem. Hier galt die hauptsächliche Sorge der jüdischen Institutionen der Schwierigkeit, für die jungen Menschen eine erste Unterkunft zu finden. In den Ghettos und Lagern des Ostens galt es dagegen, die Jugend zunächst vor dem unmittelbar drohenden massenhaften Hungertod und den grassierenden Krankheiten zu bewahren. Aus den dramatischen Vorgängen im Ghetto entwickelte sich nach und nach ein Geist der Zusammenarbeit, der sich durchsetzte. Keine andere Frage hat die offizielle jüdische Führung, die unabhängigen Organisationen und die politischen Parteien so sehr geeint wie das Problem der verfolgten Kinder. Wenn es um die Kinder ging, spielten Klasse, Religion oder Ideologie keine Rolle mehr.

Tragischerweise brauchte es kostbare Zeit, sich von dem ersten Schock und Trauma zu erholen, und während dieser Zeit fielen Zehntausende von Kindern dem Hunger, der Krankheit oder der Kinderaktion zum Opfer. Als jedoch die Erstarrung wich, stellten sich die jüdischen Gemeinschaften überall, soweit die Verhältnisse es zuließen, auf das Rettungswerk ein. Die Erkenntnis der Dringlichkeit wurde durch Szenen unsäglichen Grauens geschärft. Im Frühjahr 1940 sah man in jedem Ghetto und auf allen Straßen Kinder in Lumpen, aufgetrieben von Hunger und von Krankheit gezeichnet. Ein noch schrecklicheres Bild bot sich einige Monate später auf der Grzybowska-Straße in

Warschau; Mary Berg, selbst erst sechzehn Jahre alt, beschreibt es:

»Man sieht viele fast nackte Kinder, deren Eltern gestorben sind und die in Lumpen auf den Straßen sitzen. Ihr Körper ist furchtbar ausgezehrt; durch die pergamentartige gelbe Haut kann man die Knochen sehen. Dies ist das erste Stadium des Skorbuts; im letzten Stadium dieser schrecklichen Krankheit ist derselbe kleine Körper aufgebläht und mit eiternden Wunden übersät. Manche dieser Kinder haben ihre Zehen verloren; sie werfen sich hin und her und stöhnen. Sie wirken nicht länger wie Menschen und ähneln eher Affen als Kindern. Sie betteln nicht mehr um Brot, sondern um den Tod.«[20]

Allein die Bevölkerungszahl des Warschauer Ghettos – eine halbe Million Juden, darunter über hunderttausend Kinder unter fünfzehn, in einer äußerst bedenklichen Lage – stellte den dortigen Judenrat vor beispiellose Probleme. In anderen Ghettos waren die Verhältnisse vielleicht nicht viel besser, doch es gab aufgrund örtlicher Bedingungen und der Qualität der Führung von Fall zu Fall abweichende Lösungen. Das Verhalten der Judenräte im besetzten Europa gilt als eines der umstrittensten Kapitel der jüdischen Geschichte. Unbeeindruckt von politischen Rivalitäten und zornigen Erinnerungen, die einem den Blick verstellen können, haben Zeitgenossen ebenso wie Historiker festgestellt, daß das Wirken dieser Räte tatsächlich Bestürzung und Empörung auslöste. Diese schändlichen Institutionen haben jedoch, wenn man ihre begrenzten Möglichkeiten bedenkt, echte Fürsorge und Zärtlichkeit für die kleinen »Knirpse« des Ghettos bewiesen. Selbst so berüchtigte Gestalten wie Chaim Rumkowski, der als Oberhaupt des Lodzer Judenrats (Ältester der Juden) allgemein »verachtet und von jedem Bewohner des Ghettos gehaßt« wurde, bemühten sich ernsthaft, das Los der verwaisten Kinder im Lodzer Ghetto zu verbessern.[21]

Adam Czerniakow vom Warschauer Judenrat, den Kaplan als einen »Trottel unter Trotteln« bezeichnet hat, kam den Waisenkindern unter ähnlichen Umständen zu Hilfe. Er hatte schon im Sommer 1940 erkannt, daß der Jugend dringend geholfen werden müsse. Die Nazibesatzung war noch kein Jahr alt und das Ghetto noch nicht von der Außenwelt abgeriegelt, doch allenthalben waren Anzeichen des geistigen und physischen Niedergangs unübersehbar. Was Emmanuel Ringelblum am 9. Mai 1940 in seinem Tagebuch festhielt, verrät die entsetzliche, verzweifelte Lage des jüdischen Kindes: »Ich möchte rauben. Ich möchte essen. Ich möchte ein Deutscher sein.« In seinem Hunger mochte dieses Kind kein Jude mehr sein. Einige Monate später trat Czerniakow mutig mit der Initiative hervor, in Zusammenarbeit mit Wohlfahrtsorganisationen eine Sammlung zugunsten der Kinder zu veranstalten: Die Idee des »Monats der Kinder« war geboren.

Daß diese Aktion mit dem gegenüber den Juden ausgesprochenen Verbot, Stadtparks und Spielplätze zu betreten, zeitlich zusammenfiel, ist kein bloßer Zufall. Kaplan, ebenso scharfzüngig wie scharfäugig, bemerkte über das Projekt des »Monats der Kinder«, daß »der philanthropische Lärm betäubend ist... Der allgemeine Eindruck: eine Dorfkirmes!« Doch die Menschen spendeten, besonders die einfachen Leute: »Die Sammler übergingen einen Anwohner namens Goldman, denn man wußte, daß er verarmt war. Dieser einfache Jude war sehr gekränkt... ›Wie ist das möglich‹, sagte er, ›da habe ich eine Gelegenheit, eine gute Tat zu tun, und man läßt mich nicht?‹... Da konnte das Komitee nicht anders, als seine Spende anzunehmen – zwei Arbeitstage im Monat.«[22] Ein Jahr später, im November 1941, wurde diese Aktion mit größerem Werbeaufwand wiederholt. Auf allen Mauern und Anschlagtafeln prangten Plakate, die den »Monat der Kinder« verkündeten, mit Parolen wie »Unsere Kinder dürfen nicht sterben« oder »Kinder sind heilig«. Im August 1942 sollte dieses Projekt weitergeführt werden, doch machten die im Juli jenes Jahres einsetzenden Massendeportationen das Vorhaben zunichte.

In anderen Ghettos mit autokratischen Führern kümmerten sich – mit unterschiedlichem Erfolg – vor allem die zentralen Verwaltungen um die Kinderfürsorge. Alle Ghettos hatten, auch wenn keines annähernd so groß war wie das von Warschau, ihre spezifischen Probleme. Einige wurden so sehr von Flüchtlingen überschwemmt, daß sie nicht die erforderlichen finanziellen Mittel aufbringen konnten, um das Los der jungen Menschen fühlbar zu lindern. So stieg beispielsweise in Lublin die Anzahl der zu ernährenden Kinder innerhalb weniger Monate von zweihundertachtundfünfzig auf über zweitausend. In Wilna und bis zu einem gewissen Grad auch in Lodz mußte die Ghettoverwaltung nach Wellen von Exekutionen, die in der unmittelbaren Umgebung stattfanden, mit einer wachsenden Zahl von Waisenkindern fertigwerden. Chaim Rumkowski nannte in einem Bericht über Lodz neben den Kindergärten für Kinder, deren Eltern beide beschäftigt waren, fünf Waisenhäuser und ein Säuglingsheim.[23]

Um wenigstens das noch zu retten, was von ihr übrig war, arbeitete die ganze Gemeinschaft zusammen, doch wurde schmerzhaft deutlich, daß der Kampf für das Kind eine mühselige Schlacht war. Ein Löffel Suppe oder ein Stück Brot konnten nicht ein Übel aufhalten, das stärker war als der Judenrat. Man gestand sich ein, daß die von den Gemeinschaftsküchen bereitgestellten Mahlzeiten nicht genügend nahrhaft waren, um die Menschen am Leben zu erhalten. »Die Hilfe verlängert bloß das Leiden«, bemerkte ein Chronist, »die von den Gemeinschaftsküchen versorgten Menschen [Kinder] sterben alle dahin.« Trotz aller Aufopferung blieb der Hunger letztlich der Herrscher des Ghettos und forderte unablässig seinen Tribut unter den jungen Menschen. Dennoch enthält die stille Würde, mit der die Kinder in den Ghettos dem Tod entgegensahen, ein gewisses Heldentum. Zur Beerdigung junger Hungeropfer schickten, wie ein Beteiligter sich erinnert, die Insassen eines Waisenhauses einen Kranz mit der Aufschrift: »Von verhungernden Kindern für verhungerte Kinder«.[24]

Der verzweifelte Kampf zur Rettung der Kinder wurde an zahlreichen Fronten geführt. Der tägliche Überlebenskampf forderte wirklich den ganzen Einfallsreichtum und die ganze Kraft, welche die Gemeinschaft aufbieten konnte. Aus dem breiten Spektrum der Reaktionen auf das Los der Kinder galt die besondere Aufmerksamkeit dem Spiel und den sportlichen

Aktivitäten. Das mag überraschend und sogar verwirrend erscheinen, bedenkt man die schweren Bedingungen, unter denen die Institutionen zu arbeiten hatten, und die den jungen Menschen unmittelbar drohende Lebensgefahr. Immer wieder stellte sich die quälende Frage, welchen Sinn das Spiel inmitten des physischen und geistigen Terrors haben könnte. Wir dürfen jedoch annehmen, daß nach der physischen Rettung der Kinder auch der Schutz ihrer geistigen, emotionalen und moralischen Welt eine besondere Bedeutung gewann. In einer verworrenen Welt des plötzlichen Wandels und des ständigen Terrors war die Wiederherstellung einer ohnehin nur unsicheren seelischen Ausgeglichenheit fast ebenso wichtig wie das physische Gleichgewicht. Beides konnte ohne das jeweils andere nicht richtig funktionieren.

Im Vergleich zu den Konzentrationslagern blieb den Ghettos (und einigen Durchgangslagern) zumindest eine gewisse Selbstverwaltung erhalten, die einen größeren Handlungsspielraum zuließ als in den Lagern. Die Ghettos waren mit Absicht in den heruntergekommensten Stadtvierteln eingerichtet worden, an Orten, die möglichst unwirtlich und abstoßend waren. Die Einsicht, daß das Spiel einen Schutz gegen diese allgegenwärtige Trostlosigkeit bieten könnte, schlug sich nieder in der Entscheidung Adam Czerniakows, eine Aktion zur Schaffung von Spielplätzen im Warschauer Ghetto zu starten. Leider kam diese Initiative erst wenige Wochen vor dem Beginn der Zerstörung des Ghettos im Frühjahr 1942 zustande. Angesichts der finanziellen, politischen und psychologischen Machtlosigkeit des Judenrats können wir die Entschlossenheit, mit der er seine Sorgen und Kräfte der Errichtung von Spielplätzen widmete, nur bewundern, so wie sie auch von seinen Zeitgenossen bewundert wurde.

Czerniakow war entweder kühn oder verzweifelt – die Unterscheidung fällt oftmals schwer. Dennoch zeigt sich an seinem Entschluß, welche Bedeutung die Gemeinschaft dem Spiel als einer psychologischen Waffe beimaß, die zur Stärkung der Moral der Erwachsenen und zur Errichtung eines Schutzwalls um die Kinder beitragen sollte. Tatsächlich benötigten alle eine kurze psychologische Atempause, nach der sie der Realität besser standhalten konnten. Möglicherweise schuf die Idee eine Traumwelt (nicht eine Ausflucht), dank derer die jungen Menschen die reale Welt meistern und begreifen konnten. Yitshok Rudashevski, der Junge aus dem Wilnaer Ghetto, dessen Eindrücke schon angeführt wurden, schreibt: »Ich laufe durch die kalte, traurige kleine Ghettostraße... um so rasch wie möglich einzuschlafen, denn im Schlaf träumt man, hat man süßere Hoffnungen als im Wachzustand.«[25]

Das Spiel und die Gemeinschaft

»Balsam für die Wunden. Die Straße lächelt!«

Die Ghettos und Arbeitslager der von den Nazis beherrschten Länder Europas müssen für den unvorbereiteten Besucher ein erschütterndes Erlebnis gewesen sein – eine düstere, abweisende Szenerie, in der es keine Blumen, ja nicht einmal Vögel gab. Ein lärmendes, verwirrendes Gewimmel von Menschen, boten sie einen Anblick unsäglichen Grauens und Elends, und die Allgegenwart des Todes war etwas vollkommen Normales. »Ich schaue mich um. Ein unheimlicher Verkehr«, schrieb ein Beobachter aus Warschau, »ein Sausen, Gedränge, Stöhnen, Weinen, Gezänk... Vor allen Dingen die furchtbare Bevölkerungsdichte in den Straßen, die nirgends in Europa ihresgleichen findet. Die fatale Übervölkerung macht sich besonders auf der Straße bemerkbar; hier reiben sich die Leute geradezu aneinander, es ist unmöglich, unbehindert die Straße zu passieren.«[1]

Die Akteure in dieser schaurigen Szenerie menschlichen Gewimmels waren die kleinen Kinder, die »barfuß, mit nackten Knien und zerrissenen Kleidern stumm weinend in den Straßen stehen«. Das Bild wird vervollständigt durch alte, baufällige Häuser, Ruinen, die von den Verwüstungen des Krieges übriggeblieben sind, Staub, Rauch und den stechenden Geruch brennenden Abfalls. Die Ghettos befanden sich in den ältesten, heruntergekommensten Stadtteilen, in Bezirken, so ein Augenzeuge, »die schon seit Jahren ein Schandfleck waren«. Dies war aus deutscher Sicht eine ideale Voraussetzung für eine ungewöhnlich hohe Sterblichkeit, war es doch eines der Hauptziele, daß die Ghettobewohner starben. Es war zugleich Bestandteil einer psychologischen Kriegsführung, die darauf zielte, die Bevölkerung zu demütigen und seelisch zu unterwerfen.

Ein recht zutreffendes Bild liefert uns ein Einheimischer, nach

3. »Die Fäkalienfahrer«. Kinder ziehen den Jauchewagen im Lodzer Ghetto, 1940–41. (Aus dem Archiv des Simon Wiesenthal Center in Los Angeles, Kalif.)

dessen Worten Lodz unter allen polnischen Städten diejenige von »beleidigendster Häßlichkeit« war, und das Ghetto, im Balut-Bezirk gelegen, befand sich im grauenhaftesten Zustand. Sämtliche Sanitäreinrichtungen versagten, da sie nicht auf eine so hohe Bevölkerungsdichte ausgelegt waren, und die menschlichen Exkremente mußten mit Wagen abgefahren werden, die von Kindern durch die verstopften Straßen gezogen wurden. In Hinterhöfen und auf leeren Bombengrundstücken brannten Berge von Abfall. Ein deutscher Offizier bemerkte, daß über dem Ghetto »ein unbeschreiblicher Gestank« lag, durch den es sich von allen anderen Bezirken unterschied. Andere Ghettos hatten mit vergleichbaren Verhältnissen zu kämpfen. Die Bedingungen waren gesundheitsschädlich; die Überfüllung bot einen fruchtbaren Nährboden für Krankheiten und war eine nicht versiegende Quelle körperlicher und seelischer Qualen.[2]

Das Ghetto war eine Welt für sich. Mit seinem Elend und

seinem Schmerz von der Welt abgeschnitten, betrachteten es Außenstehende, wenn sie einen Blick hineinwerfen konnten, mit ungläubigem Staunen. Stanislaw Rózycki, der ein Ghetto-Tagebuch führte, berichtet von den Menschen auf der »arischen« Seite, die »neugierig auf das erbarmungswürdige Bild starren, das diese zerlumpten Horden [von Kindern] boten«. Nichts konnte den trostlosen Anblick aufhellen, denn es gab keine Bäume, keinen Grashalm. Rózycki, der im Warschauer Ghetto nach Parks, Gärten oder Blumen suchte, mußte zugeben: »So etwas gibt es hier nicht. Vergebens sucht man nach Spuren von Grünanlagen – all das ist auf eine raffinierte Weise ausgeschaltet, abgeschnitten worden.« Warschau war als ein von jeglichem Grün entblößtes Ghetto besonders berüchtigt, doch anderswo war es nicht besser. Ein Junge in Theresienstadt, der in der Ferne die einladenden Bergwiesen und die sanften Hügel ausmachen konnte, bringt das stille Sichabfinden mit einer Welt ohne Schönheit zum Ausdruck, in der »keine Schmetterlinge leben«. Im Wilnaer Ghetto wuchs nur ein einziger Baum. In einem viel gesungenen Lied heißt es gefühlvoll:

»Für sie die Parks und Boulevards,
für mich ein Ort des Elend.«[3]

Es wurde bereits erwähnt – und wir werden nochmals darauf zurückkommen –, daß Militärgouverneure und Vertreter der Zivilverwaltung in allen von den Nazis besetzten Ländern die jüdische Gemeinschaft mit einer Fülle von Erlassen von allen Parks, Spielplätzen, Schwimmbädern und sonstigen Erholungs- und Kulturstätten ausschlossen. Diese Verfügungen waren Bestandteil einer vorsätzlich betriebenen psychologischen Demütigung und physischen Repression. Wie Chaim Kaplan am 29. Juli 1940, noch vor der vollständigen Abriegelung des Ghettos, in seinem Tagebuch festhielt, wurde von Stadtkommandant Leist, dem militärischen Befehlshaber in Warschau, »eine Anordnung erlassen, die den Juden das Betreten der Stadtparks und der städtischen Promenaden verbot«. Während diese Maßnahmen bei den Erwachsenen die Demoralisierung und das Gefühl der

4. »Juden im Park unerwünscht.« In Amsterdam unterstreichen grinsende Arier, was das Schild besagt, 1942. (Mit freundlicher Genehmigung des Museums der Ghettokämpfer, Israel)

Hilflosigkeit verstärkten, bedeuteten sie für die Kinder ein ungeheures physisches und psychisches Trauma. Zwei Monate später war Kaplan, kaum verwunderlich, noch immer über die Auswirkungen dieses Erlasses bestürzt:

»Überall, wo ein Baum gepflanzt oder eine Bank aufgestellt wurde, ist es jüdischen Kindern verboten, sich zu vergnügen. Es tut einem im Herzen weh, wenn man den Kummer unserer Kinder sieht. Kinder, die nicht wissen, was sündigen heißt, müssen draußen bleiben, während andere Kinder ihres Alters in einem halbleeren Park umhertollen.«[4]

Ein Problem war auch die Frage, was mit öffentlichen Anlagen geschehen solle, die in jüdischen Wohnbezirken lagen, und mancherorts befaßten sich auch die jüdischen Institutionen mit ihr. Pläne mußten der SS-Verwaltung vorgelegt werden, die etwa noch verbliebene Hoffnungen durchkreuzte: Die betreffenden Parks wurden entweder geschlossen oder aus der Ghettofläche herausgenommen. Auch beliebte, jüdisch geprägte Einrichtungen für Kinder wurden vor der vollständigen Ghettoisierung von ähnlichen Maßnahmen betroffen: *Makkabi*-Sportvereine, Pfadfinderorganisationen und andere Gruppen wurden verboten. Klubs, Verbände, Sportvereine, Besuche in Museen und Zoos oder die Teilnahme an sportlichen Ereignissen – das alles sollte es für jüdische Kinder nicht mehr geben. Gleich zu Beginn der Besatzungszeit wurden alle rein jüdischen Vereinigungen aufgelöst. In Holland erging beispielsweise die folgende strenge offizielle Warnung: »So mancher Jude wird es mit seinem Leben bezahlen, daß er diesen Erlaß auf die leichte Schulter nimmt.« Einige Jahre später, 1943, zog die mit den Nazis kollaborierende französische Regierung nach und löste die jüdische Pfadfinderbewegung per Gesetz auf.[5]

Die bitteren Konsequenzen dieser Politik lassen sich erst in individuellen Situationen nachvollziehen. Aus heutiger Sicht ist das längst vergangene Geschichte, doch für jemanden wie Éva Székely, die im Sommer 1941 vierzehn Jahre alt und direkt davon betroffen war, muß es ein tiefer Schock gewesen sein. Als Teilnehmerin an einem 400-Meter-Brustschwimmen wurde sie unmittelbar vor Beginn des Wettkampfs vom Startblock zurückgerufen. Zwar konnte sie 1948 bei der Londoner Olympiade die Goldmedaille gewinnen, doch damals in Budapest war es für sie ein tiefer Schmerz. Die begabte Schwimmerin war nur eines von Millionen Kindern in ganz Europa, die mit solchen Demütigungen fertigwerden mußten.[6]

Diese Ausschlußmaßnahmen in den besetzten Gebieten folgten einem vorhersagbaren Muster, das zuerst in Deutschland und anschließend in Österreich angewandt worden war. Die Juden wurden ausgesondert und durften nach 1938 weder Parks noch Spielplätze und ähnliche Einrichtungen benutzen. In Warschau war Adam Czerniakow von diesem Erlaß so alarmiert, daß er in seinem wöchentlichen Bericht an die Behörden »gegen das Verbot der Benutzung von Parks« protestierte. Trotz seiner vorsichtigen Formulierungen erhielt er von der Nazi-Verwaltung einen scharfen Verweis, der ihn sogleich auf die Tatsache verwies, daß es zwischen Siegern und Besiegten einen wie auch immer gearteten Dialog nicht geben konnte. »Sie nehmen sich heraus, an den Befehlen von Stadtkommandant Leist Kritik zu üben«, wurde Czerniakow in einem Antwortschreiben vorgehalten. »Ich darf Sie darauf hinweisen, daß eine Wiederholung solchen Gebarens mit strengsten Maßnahmen beantwortet werden wird.«[7]

Dieser umstrittene Mann wird in diesem Buch des öfteren zitiert werden, und daher erscheint es angebracht, ihn ein wenig näher zu charakterisieren. 1939 übernahm Czerniakow die Führung der jüdischen Gemeinschaft in Warschau, die mehr als eine halbe Million Menschen zählte. Oft als inkompetent und erfolglos hingestellt, verkörperte er in Wirklichkeit beides: die Hilflosigkeit der Juden angesichts der mächtigsten Todesmaschine, die die westliche Zivilisation je gesehen hat, und als Repräsentant des Ghettos ihre Würde und Ehre. In Verhandlungen mit der Nazi-Verwaltung betonte er mehrfach, wenn die Stadtparks den Juden verwehrt seien, müsse das Ghetto einen eigenen Park haben. Seine Behördengespräche über die Einbeziehung des Krasinski-Parks glichen ebenso wie andere Unterhandlungen, die er mit den Deutschen hatte, einem Wechselbad von Hoffnung und Verzweiflung. Bald erhielt er Zusicherungen, bald eine schroffe Ablehnung. Folgt man verschiedenen Eintragungen in seinen Tagebüchern, dann trifft ihn wohl keine Schuld daran, daß der Park letztlich aus dem Ghetto herausgenommen wurde. Seine Anstrengungen zeugen von tiefer Sorge wegen des Verlusts an Grünflächen und wegen des Mangels an Betätigungsmöglichkeiten und frischer Luft für die Jüngsten, einer Sorge, die zum Ausdruck brachte, was die gesamte jüdische Gemeinschaft empfand, die mit Recht beunruhigt war über die demoralisierende Atmosphäre, die gesundheitsfeindlichen Bedingungen und das Fehlen eines Betätigungsfeldes für die schöpferische Energie der Kinder.[8]

Befürchtungen dieser Art wurden auch andernorts geäußert. Die offizielle Chronik des Lodzer Ghettos ging 1942 eigens auf das traurige Los der Kinder hinter den »Mauern« ein:

»Unmittelbar hinter der Außenabgrenzung des Ghettos, am Stacheldrahtzaun auf der Urzednica-Straße, ist wie im letzten Jahr ein Rummelplatz aufgebaut worden. Die Hauptattraktion, die einzige, die man sehen kann, ist ein Kettenkarussell. Jeden

Tag pilgern die Kinder des Ghettos zu dieser Ecke und blicken sehnsüchtig auf das Treiben auf der anderen Seite des Zauns. Auch auf der anderen Seite sind es überwiegend Kinder, die umhertollen und in die kleinen aufgehängten Boote des Karussells klettern. Ein Rundfunkverstärker verbreitet Grammophonmusik. Die Ghettokinder haben nie ein Karussell gesehen und selten Musik gehört. Sie lauschen und starren auf eine seltsame, fremdartige Welt, wo die Kinder in einer Art Wolkenkuckucksheim leben. Ein Karussell, das sie fast berühren können, nur der Stacheldraht hält sie fern. Kinder sind Kinder, auf beiden Seiten des Stacheldrahts – und doch sind sie ganz verschieden.«[9]

Schon eine flüchtige Untersuchung würde zeigen, daß der Aufenthalt in Ghettos und Lagern zur Schwächung von Körper und Seele führt. Für die Erwachsenen war es schwierig und schmerzhaft, sich an ihre neue Umgebung anzupassen, doch ob es ihnen gelang, sich gegen das Böse zu wehren, hing weitgehend von ihren eigenen Kräften ab. Die Kinder dagegen waren, was die Schaffung auch nur des Anscheins einer Welt betraf, wie sie sie jenseits des Stacheldrahts zurückgelassen hatten, ganz auf die Fähigkeiten und Kräfte der Erwachsenen angewiesen. Die aber waren in ihren Möglichkeiten und Mitteln sehr eingeengt, was nur ein Ausdruck ihrer allgemeinen Ohnmacht war. Einer der wenigen Bereiche, wo sie trotz der verfügten Beschränkungen etwas tun konnten, war das Errichten von Parks, Spielplätzen, Klubs und sonstigen Spielgelegenheiten. Freilich fielen solche Projekte stets in jene wiederkehrenden Phasen, in denen der Naziterror ein wenig nachließ und sich das Ghettoleben ein wenig stabilisierte. Die Eltern, die Erzieher, die politischen Aktivisten und die Verantwortlichen der jüdischen Gemeinschaft erkannten in seltener Einhelligkeit, daß das Spiel die Kinder ein wenig gegen die negativen Auswirkungen des Ghettodaseins abschirmen könnte.

Die Gesundheit ihrer Kinder war die nächstliegende und größte Sorge für Eltern, die als erste erkannten, daß Parks und Gärten, die den Kindern frische Luft, Bewegung und Spielmöglichkeiten bieten, von lebenserhaltender Bedeutung sind. Eine Mutter, die zu den ganz wenigen gehörte, die in dieser Beziehung überhaupt eine Wahl hatten, lehnte es ab, ihren Sohn in die Schule des Lagers Theresienstadt zu schicken. »Ich konnte für Josef zwischen der Schule und der Arbeit auf dem Bauernhof wählen«, erklärte sie später. »Ich entschied mich für den Bauernhof. Dort würde er frische Luft, Bewegung und mehr zu essen haben. Falls wir bis zur Befreiung durchhielten, würde für seine Bildung noch reichlich Zeit zur Verfügung stehen.«[10] Dieser Fall war natürlich eher die Ausnahme als die Regel. In anderen Ghettos blieb vielen Eltern kaum eine Wahl.

In Warschau und anderen Ghettos Osteuropas waren die Verhältnisse, was Versorgung und Umwelt betraf, sehr viel schlimmer. In den Anfängen der Ghettoisierung – zumindest bis zur vollständigen Einschließung des Ghettos (um 1939/40) – nahmen Mütter bereitwillig schwere Strafen auf sich, um ihre Kinder heimlich in das verbotene Paradies der Stadtparks auszuführen. Man kann ihre Entschlossenheit nur bewundern; wenn sie durch die Ghettotore schlüpften und draußen ihre Armbinden abnahmen, setzten die Mütter sich und ihre Kinder der Gefahr der sofortigen Verhaftung aus. Es war eine nervenaufreibende Erfahrung, denn selbst wenn sie mit List ihre Identität zeitweilig verbergen konnten, blieb doch die seelische Belastung. Janina David erinnert sich an die Ausflüge, die sie als kleines Mädchen im Frühjahr oder Sommer 1940 in die Warschauer Stadtparks machte: »Mutter bestand darauf, in den Park zu gehen. Wir brauchten frische Luft, und die würden wir auch bekommen... In den Parks ermunterte mich meine Mutter immer wieder, doch mit anderen Kindern zu spielen, aber ich war zu schüchtern. Ich erfaßte instinktiv, daß wir nichts mehr miteinander gemein hatten.«[11] Einige Monate später wurden diese verbotenen Ausflüge in die Stadtparks durch die hermetische Abriegelung des Warschauer Ghettos unterbunden.

Wenngleich frische Luft, Parkanlagen und körperliche Bewegung für manche Eltern, besonders für die wohlhabenden und gebildeten, gleichbedeutend waren mit Gesundheit und folglich mit Überleben, stahl sich doch nur eine Minderheit aus dem

Ghetto heraus, um diese Vorzüge zu genießen. Die unteren Schichten hatten weder das Bewußtsein noch die Hartnäckigkeit, sich in die Grünanlagen zu schleichen. Wo die Beschaffung der täglichen Nahrung zu einem zermürbenden Kampf wurde, waren Parkbesuche nicht gerade eine vordringliche Angelegenheit, und angesichts der vollständigen Abschottung von den benachbarten Gemeinschaften mußten die Ghettobewohner sich in die Beschränkungen ihrer erbärmlichen Welt fügen. Die meisten Kinder kamen nie aus dem Ghetto heraus und gewöhnten sich rasch an das trostlose Dasein dort. Rachel Auerbach, die in ihren Beschreibungen des Warschauer Ghettos oft Eindrücke aus dem Alltag seiner Bewohner schilderte, schrieb über eine Mutter, »die auf unserem Küchentisch zufällig ein paar Fliederzweige entdeckte und darum bettelte, nur einen Zweig entleihen zu dürfen, um ihn ihrem kleinen Kind zu zeigen, das in seinem kurzen Leben noch nie Flieder oder gar eine Blume gesehen hatte«.[12]

Die Fähigkeit von Kindern und Erwachsenen, sich an die abnormen Situationen anzupassen, die der Holocaust schuf, ist eine der wunderbaren Seiten der menschlichen Seele und ein eindrucksvoller Beleg für das unausrottbare Bedürfnis, auch zerrütteten Lebensverhältnissen zu einem Stück Normalität zu verhelfen. Der stets aufmerksame Kaplan beobachtete in Warschau, daß »jüdische Mütter sich bereits an ihr Unglück gewöhnt haben und sich, um ihren Babys nicht das Sonnenlicht vorzuenthalten, mit ihren Wiegen überall dort aufstellen, wo die Sonne hinscheint, sei es ein öffentlicher Platz, ein unbebautes Grundstück oder ein Bürgersteig«. Ähnlich reagierten Mütter in Bialystok, die, wie es in einem Memorandum des Judenrats heißt, »ihre demonstrativen Spaziergänge mit ihren bunten Kinderwagen auf Straßen machten, die von außen her einzusehen waren«. Das könnte ein Fehler sein, überlegte der Judenrat in einem Aufruf, denn es könnte die SS und die Sicherheitspolizei veranlassen, eine Kinderaktion durchzuführen.[13]

In den überfüllten Wohnbezirken, wo sich oft acht oder zehn Menschen in ein Zimmer teilen mußten, standen als Spielplätze nur die vollgestopften, schmutzigen Hinterhöfe und zerbombte

Häuser zur Verfügung. In Warschau gab es auf dem Gebiet des Ghettos keinen einzigen Park. In Bialystok kam auf fünfunddreißigtausend Einwohner nur ein kleiner öffentlicher Spielplatz. Jeder freie Fleck wurde, um die Not der hungernden Gemeinschaft zu lindern, als Gemüsegarten genutzt. Andererseits wurden »die Häuser mit flachen Dächern in Stadtstrände verwandelt«, wie die junge Mary Berg in ihrem Tagebuch notierte. Viele Bewohner »zahlten entweder für den Luxus, in einem kleinen umfriedeten Bereich zu sitzen und ein Sonnenbad zu nehmen«, oder sie nutzten schließlich, wie Berg selbst, die Dächer, »wo die Luft rein ist... und ich an die weite Welt, an ferne Länder, an Freiheit denke«. Im Sommer 1941 entwickelte sich ein lebhafter Handel mit freien Flächen; private Grundstücke, von einfallsreichen Besitzern in öffentliche Gärten verwandelt, wurden zu einem kostbaren Handelsgut und als Freiluftcafés für die Erwachsenen sowie als Spielplätze für die Kinder vermietet. Kaplan, dem die sich ausbreitenden Gärten im Ghetto auffielen, äußerte sich über das neue Phänomen mit einem gewissen Sarkasmus:

»Steht in ihnen ein Baum? Nicht unbedingt. Gibt es dort weite offene Flächen und Freiheit? Nichts dergleichen. Verwüstete, verlassene Grundstücke, umgeben von hohen Mauern auf der Rückseite von Hinterhöfen oder eingezwängt in den Raum zwischen den Häusern der Umfassungsmauer, wurden in »Parks« verwandelt. Sie sind voll von Müttern mit ihren Kindern. Für den Platz, eine Kinderwiege aufzustellen, zahlen sie fünfzig Zloty im Monat, und wenn ein weiteres Familienmitglied das Kind begleitet oder besucht, muß es zusätzliches Eintrittsgeld bezahlen. Alte Menschen und Invaliden, die sich entspannen und die »Schönheiten der Natur« genießen möchten, zahlen zwei Zloty am Tag. Die unbeschäftigten jungen Menschen spielen dort und erfüllen den Garten mit Fröhlichkeit und Unbeschwertheit.«[14]

Es bedurfte der ganzen menschlichen Einbildungskraft, um in den neugeschaffenen Einrichtungen »Parks« im herkömmlichen Wortsinn zu sehen. Sie stifteten außerdem Uneinigkeit innerhalb der Gemeinschaft, wie Ringelblum im Mai 1941 entrüstet in seinem Tagebuch festhält: »Die Kinder der Reichen können sie natürlich nutzen, denn die Gebühr reicht von dreißig-vierzig bis siebzig Zloty im Monat. Die armen Kinder sehen nie ein Stück Rasen. Handel mit frischer Luft?« Da Arbeiter in einem Ghetto-Betrieb nicht einmal sechs Zloty am Tag verdienten, konstatierte er zu Recht, daß nur die Wohlhabenden ihre Kinder auf diese Spielplätze schicken konnten. Doch bei aller Ungerechtigkeit boten die »Parks« solchen Eltern, die von der Wichtigkeit der körperlichen Betätigung und des Spiels überzeugt waren und es sich leisten konnten, eine Alternative. Als die Behörden den einzigen Park, der ursprünglich zum Ghetto gehörte, den Krasinski-Park, aus diesem Bereich ausgliederten, waren 150.000 Kinder plötzlich ohne einen öffentlichen Spielplatz.

Janina David entstammte einer relativ wohlhabenden Familie, die es sich leisten konnte, sie für drei Nachmittage pro Woche in einem gemieteten »Park« anzumelden. Sie erinnert sich lebhaft an die Zeit, die sie als Kind auf dem teuren privaten Spielplatz verbrachte:

»Der Eintrittspreis war hoch... Aber Mutter gab nicht nach. Es war gefährlich, den ganzen Tag auf der Straße zu sein, der Hof war zu klein und zu voll, und der Gestank der Müllhaufen wurde langsam unerträglich. Der Spielplatz war auch so überfüllt, daß wir nicht herumlaufen konnten, aber es gab immerhin ein paar Bäume und ein bißchen Gras, und sogar ein paar Blumen blieben eine Zeitlang am Leben... Es gab genug Platz für ein Netzballspiel, aber wenn man mitspielen wollte, mußte man sich immer anstellen. Mutter erlaubte mir nicht, ein Buch zum Lesen mitzunehmen. Ich sollte dort nur spielen und mich körperlich austoben.«[15]

In Warschau wurden die Schulen, die zuvor durch Militärdekrete geschlossen worden waren, im Frühjahr 1941 – in anderen Ghettos etwas später – zumindest teilweise wiedereröffnet. Unter schwierigsten Bedingungen heimlich betrieben, konnten diese Ghetto-Schulen jedoch nur einen Bruchteil der Jugend aufnehmen. Die meisten Kinder streunten ohne Aufsicht in den Straßen umher, sich selbst überlassen, weil sie entweder Waisen waren oder beide Eltern von früh bis spät arbeiteten. Die

Aufgabe, diese »Straßenknirpse« zu organisieren und ihnen eine erträgliche Umwelt zu schaffen, fiel einem in vielen Ghettos bestehenden Geflecht von Selbsthilfeorganisationen zu, darunter verschiedene Jugendverbände und Parteien, religiöse Vereinigungen und – speziell in Warschau – Wohnblock- und Hofkomitees.

In Zusammenarbeit mit Wohlfahrtsverbänden wie CENTOS (Hilfszentrale für Kinder und Waisen), YYGA (Jüdische soziale Selbsthilfevereinigung), ZOT (Gesellschaft für die Erhaltung der Gesundheit) und ZTOS (Jüdischer Verband für Sozialfürsorge) waren diese Gruppen wohl die entscheidenden Basisorganisationen der Kinderfürsorge. Ihre Stärke lag in der Vertrautheit mit den Bedürfnissen ihrer Klientel, und sie dürften das wichtigste Bindeglied zwischen der offiziellen Führung und den Massen gewesen sein. Jede Gruppe bezog jung und alt in ihre Aktivitäten ein und bildete so einen Mikrokosmos der Gemeinschaft. Tagebuchschreiber rühmten sie besonders dafür, daß sie in den staubigen Hinterhöfen Pflanzungen anlegten und pflegten und Bänke, Liegestühle sowie Sandkisten aufstellten. Diese Höfe erfüllten im Ghetto eine wichtige soziale Funktion und wurden zu Gemeinschaftszentren für die Anwohner. Vornehmlich für die Kinder geschaffen und dementsprechend als »Kinderecken« bezeichnet, wurden sie zum Spielen von den jungen Menschen aufgesucht, die sich mit den Älteren und Invaliden in den Sonnenschein teilten und den Anblick des Himmels genossen, der sie an die »offenen Weiten der knospenden Natur außerhalb der Mauer« erinnerte.[16]

Die Komitees, die sich anfangs nur mit grundlegenden Aufgaben der Wohlfahrtspflege befassen sollten, waren bald gezwungen, sich mit allen Aspekten des Lebens ihrer Klientel auseinanderzusetzen. Es waren politisch aktive junge Leute aus der zionistischen und der *Bund*-Bewegung, die sich um die täglichen Aufgaben und die Sonderaktivitäten der Komitees kümmerten: Sie betrieben Suppenküchen, versorgten die Kinder in ad hoc eingerichteten Pflegestellen, organisierten spielerische Aktivitäten in Kindergärten und unterrichteten die jungen Menschen. In fast jedem Hof gab es einen Kindergarten – »wenn es auch in

Wirklichkeit nur ein Name war, der an eine glücklichere Vergangenheit erinnerte«. Bernard Goldstein, ein bedeutender Führer des *Bund* in Polen, schilderte eine rührende Hinterhofszene:

»In einem Winkel des Hofes hat eine Schar Kinder einen Kreis gebildet, klatscht in die Hände, singt eine einfache Melodie und tanzt. Ihre Aufmerksamkeit ist ganz auf ein vierzehn- oder fünfzehnjähriges Mädchen gerichtet, das sie beim Spiel anleitet... Dieser Kindergarten wurde von einem jungen Mitglied unseres *Skif* geführt.«[17]

Während in Warschau riesige, um einen Hof gruppierte Mietskasernen typisch waren, herrschten in Lublin, Lodz, Wilna, Krakau und andernorts völlig andere Wohnverhältnisse, so daß hier die Blockkomitees weniger einflußreich und nicht so stark an der Kinderfürsorge beteiligt waren wie in der polnischen Hauptstadt. Neben den Judenräten, die in ihrem Zuständigkeitsbereich die politischen Aktivitäten überwachten oder begrenzten, gab es eine Vielzahl von Jugendbewegungen, angefangen von den Traditionalisten über die Zionisten bis zu den Sozialisten (z.B. *Tsukunft, Skif, Dror, Gordonia, Shomer Hatzair* und *Hehalutz*), die das einzige halbwegs selbständige Netzwerk von Einrichtungen für Kinder betrieben. Diese politischen Gruppen, die anfangs nur die eigenen Mitglieder schützen und versorgen wollten, betrieben bald allgemeine Sozialarbeit. Ähnlich wie andernorts war es das erklärte Ziel der Blockkomitees in Sosnowitz, »Brot für die Hungernden zu beschaffen«. Die überforderte Bürokratie des Judenrats wurde jedoch, wie sich bald zeigte, mit den täglichen Problemen der Massen nicht fertig, und die Blockkomitees waren gezwungen, sich auch um die Schaffung und Führung von Erziehungs- und Spieleinrichtungen zu kümmern.

Was die politischen Bewegungen betrifft, war der *Bund* wohl die am besten organisierte und disziplinierteste Gruppe. Ihm gelang es, seine Strukturen über die Zeit der militärischen Auseinandersetzungen hinwegzuretten, und so nahm er schon bald nach Beginn der deutschen Besatzung in Polen und den baltischen Staaten seine Tätigkeit auf. Die Jugendverbände

Tsukunft und *Skif* und der Verband für körperliche Ertüchtigung, *Morgenstern*, wurden dank der Bemühungen tatkräftiger Anführer wieder aktiv. Der letztere brachte Kinder zu rhythmischer Gymnastik und sportlichen Aktivitäten zusammen, während *Tsukunft* und *Skif* sich um den Betrieb von Sommerlagern für Kinder kümmerten.

Es waren alles andere als idyllische Bedingungen, unter denen die Organisationen tätig wurden. In den heißen Sommermonaten sprossen in den Ruinen Warschaus Tageslager wie Pilze aus dem Boden. Angeleitet von Lehrern und Jugendberatern, kamen Kinder zu Spiel, Gesang und Tanz zusammen. Angesichts der brütenden Hitze in den überfüllten Wohnungen sprach vieles für diese Lager, doch wurde auf allen verfügbaren freien Flächen Abfall verbrannt, »und die Tageslager der Kinder wurden von den schwelenden Müllhaufen in einen übelriechenden Nebel gehüllt«.[18] Trotz seines schlechten Rufes war das Lodzer Ghetto in einer günstigeren Lage als viele andere Ghettos, weil es den kleinen, teilweise ländlichen Vorort Marysin umfaßte, wo verschiedene Jugendgruppen mit dem Segen des lebhaften Rumkowski Sommerlager und Kinderheime errichten konnten. Ende Juli 1941 waren dort über fünfzehnhundert Kinder untergebracht. Außerdem gab es ein Tageslager für vier- bis siebenjährige Kinder bis in den Herbst 1942 hinein, als die gesamte Kolonie von Soldaten umstellt und ihre Bewohner in das Vernichtungslager Chelmno verschleppt wurden. Die Kindergärten, Waisenhäuser und Privatwohnungen des Ghettos wurden gleichzeitig von der Polizei durchkämmt, und nach dieser Razzia gab es praktisch keine Kinder unter zehn Jahren mehr in der Stadt.

Nominell unter der Ägide des Judenrats tätig und von verschiedenen Selbsthilfeorganisationen unterstützt, bemühten sich zahlreiche Einrichtungen und Heime für Kinder, soweit die Verhältnisse es zuließen, eine gewisse Normalität herzustellen. Da Nahrungsmittel die begehrtesten Güter im Ghettodasein waren, drehte sich alles um sie. Suppenküchen entwickelten sich notgedrungen zu Jugendzentren, in denen neben Nahrung auch Bildung und Unterhaltung geboten wurden.

5. Ein Kinderspielplatz in Marysin, Lodzer Ghetto, 1941–42. (Mit freundlicher Genehmigung des Museums der Ghettokämpfer, Israel)

Das Hilfszentrum für Kinder und Waisen (CENTOS) und die Gesellschaft zur Erhaltung der Gesundheit (ZOT) waren die aktivsten und wirksamsten Selbsthilfegruppen in Polen, die sich direkt um die Organisierung spielerischer Aktivitäten für Kinder kümmerten. In Warschau umfaßte CENTOS über hundert Einrichtungen, die fast ein Viertel der Kinder (25.000) des Ghettos versorgten. Sie finanzierten, als Abteilungen der Kinder- und Gesundheitsfürsorge des Judenrats agierend, nicht nur die zwanzig Suppenküchen, sondern außerdem rund fünfzig ganzjährig betriebene Tagesstätten und Klubs, in denen neben der Ernährung auch Erziehung, Kultur und Unterhaltung geboten wurde, um, wie es ein Erzieher ausdrückte, »ein wenig Festlichkeit in das schreckliche Leben« der Kinder zu bringen. CENTOS, schon an der Schaffung von »Kinderecken« beteiligt, gründete sogar ein ständiges Marionettentheater, um die ihm anvertrauten Kinder zu unterhalten. In diesen und ähnlichen Einrichtungen wurden Kinder in Kunst, Musik und Tanz unterrichtet, und ihr regulärer Stundenplan umfaßte auch das Spielen. In den Satzungen dreier derartiger Institutionen in Warschau, die offenbar zu CENTOS gehörten, finden sich mehrere eindeutige Hinweise auf diesen Zweck:

»3. Angesichts dieser unsicheren Zeiten möchten wir unsere Kinder schützen, indem wir sie zu Aktivitäten ermutigen...
5. Wir sollten alles tun, um den Kindern Aktivitäten zu ermöglichen, die ihnen ein Höchstmaß an Freude und Glück bieten...«

Zur Verwirklichung der Satzungsziele wurde von den Erziehern ein Bewußtsein für den Wert der Natur, des Spiels, der Hygiene und der körperlichen Betätigung verlangt:

»5. Wir müssen den Kindern ein ästhetisches Gefühl für ihre Umgebung vermitteln... ihre Aufmerksamkeit auf wachsende Pflanzen lenken, die sie der Natur näherbringen und ihnen ästhetische Erfahrungen vermitteln könnten...
11. Wir müssen die Kinder mit Spielen aller Art bekanntmachen.
12. Mindestens fünf Minuten sollten, vorzugsweise vor einer Mahlzeit, der Gymnastik gewidmet sein.
13. Man sollte bei allen passenden Gelegenheiten Unterhaltung und Kinderfeste organisieren.«[19]

Erzieherische und spielerische Aktivitäten ergänzten einander sowohl in den Einrichtungen der Kinderfürsorge als auch im Schulwesen. Erst 1941 kam es nach längeren Bemühungen zu regulärem Unterricht, wenn auch nur auf Grundschulniveau, und zur Wiedereröffnung des jüdischen Schulwesens in Warschau und anderen Ghettos. Kamen diese Bemühungen auch nur einem Teil der jungen Menschen zugute, so standen die Schulen außerdem angesichts der Bedingungen im Ghetto vor fast unüberwindlichen Problemen. Eines der größten Probleme für die neugeschaffenen Institutionen bestand darin, geeignete Örtlichkeiten zu finden, nicht nur für die erzieherischen Aufgaben, sondern auch für Spiel und Sport.

Aus der Sicht der Erzieher in den Ghettos waren Spiel und Sport wichtig, wenn es darum ging, die schädlichen Einflüsse der elenden Umgebung zu bekämpfen; die geistige und körperliche Gesundheit der Kinder war entscheidend für ihre Lern- und Entwicklungsfähigkeit. Zugleich galt das Spiel als ein wichtiger Bestandteil des normalen Wachstumsprozesses, denn es »bildet die Fähigkeiten von Leib und Seele aus«. Die Überzeugung, daß Spiel und körperliche Betätigung für Psyche und Gesundheit von Vorteil seien, veranlaßte Erzieher und Spielplatzpersonal zu enger Zusammenarbeit. Waisenhäuser und Schulen sprachen – speziell in Warschau – ihre Spielprogramme mit den Spielplätzen und Kinderecken ab, so daß »jede Klasse einen [Spielplatz] besuchen konnte«.

Waren Sport und Spiel schon unter normalen Bedingungen wichtig, so lernten Erzieher und Verwalter rasch, das Spiel unter außergewöhnlichen seelischen und körperlichen Belastungen als ein Mittel der Erholung und des therapeutischen Eingriffs zu nutzen. Im Wilnaer Ghetto sah ein Kindergartenbesucher Kinder »tanzen und singen... [sie] machen einen guten Eindruck, sind sauber gekleidet und gewaschen. Auch das ist eines der Wunder des Ghettos.« In den Waisenhäusern befanden sich diejenigen Kinder des Ghettos, die vermutlich am stärksten von allen traumatisiert waren, und die wirksamste Methode, an diese Kinder heranzukommen, sahen die Erzieher im Spiel. Das berühmteste Waisenhaus, Dom Sierot, leitete Janusz Korczak, ein international angesehener Erzieher, Kinderarzt und Schriftsteller. Daß er es auf unerklärliche Weise schaffte, inmitten des Todes eine brüchige, oft von Zerstörung bedrohte Insel zu schaffen, ist eine der unvergänglichen Geschichten des Holocaust. Der »alte Doktor«, wic man ihn liebevoll nannte, war unverrückbar von der wiederherstellenden Kraft des Spiels überzeugt. Durch unermüdliche Eingaben, Warnungen und Drohungen erreichte er vom Judenrat und anderen, daß sie sich für seine Schützlinge einsetzten. In einem seiner zahlreichen Appelle schrieb er 1940: »Fröhlich spielen und tummeln sich die Kinder, die erst vor kurzer Zeit mit Wunden an erfrorenen Händen und Füßen, hin- und hergestoßen, hungrig und erschöpft, hierher gekommen sind...«[20]

Die offizielle jüdische Führung – die Judenräte – war über die Misere der Kinder unterrichtet und gewillt, etwas dagegen zu tun. In vieler Hinsicht machtlos und mit Nöten konfrontiert, derer sie nicht Herr zu werden vermochten, hatten die Judenräte gleichwohl die Freiheit, über ihre finanziellen Mittel, so begrenzt sie auch waren, zu verfügen. Anfangs gab es im Judenrat keine spezielle Organisation, die für Kinderfürsorge, Erziehung und spielerische Aktivitäten zuständig war. In einigen Fällen nahmen sich führende jüdische Wohlfahrtsorganisationen mit finanzieller Unterstützung des Judenrats dieser Aufgaben an. Bedingt durch die wachsenden Nöte innerhalb der Gemeinschaft, verwandelten sich diese Institutionen jedoch spontan in halbautonome Abteilungen des Judenrats. Auch wenn sich, wie in allen Großbürokratien, ihre Zuständigkeitsbereiche oft überlappten, wurden die Gesundheits-, Sozial-, Bildungs-, Kultur- und Sportabteilungen mit der Organisation spielerischer Aktivitäten in den Ghettos betraut.

War das jüdische Leben vor der vollständigen physischen Absonderung der Juden sehr stark durch amtliche Erlasse eingeschränkt, so gab es in den neugeschaffenen Ghettos und Lagern in Fragen der Kultur und Unterhaltung eine gewisse Unabhängigkeit. Heinz Auerswald, der deutsche Kommissar für den jüdischen Wohnbezirk in Warschau, stellte in einem Bericht ganz unverfroren die Überlegung an, daß »den Juden bislang in sogenannten kulturellen Aktivitäten die weitestgehende Freiheit gewährt wird... All diese Maßnahmen haben ein gewisses Vertrauen hervorgerufen, das nötig ist, wenn ihre wirtschaftliche Kapazität für unsere Zwecke genutzt werden soll.«[21] Tatsächlich gab es keine speziellen Verfügungen gegen die Errichtung von Spielplätzen, das Anlegen von Parks oder das Organisieren spielerischer Aktivitäten innerhalb der Ghettos. Der Bau dreier öffentlicher Spielplätze im Warschauer Ghetto begann im Frühjahr 1942 und fiel zeitlich zusammen mit einer gewissen wirtschaftlichen und psychologischen Stabilisierung innerhalb des Ghettos während einer zeitweiligen Milderung des deutschen Terrors. Welche Ereignisse zu der Entscheidung Czerniakows führten, diese Projekte in Angriff zu nehmen, läßt sich nicht genau rekonstruieren. Sie waren jedenfalls nach ihrer Fertigstellung beeindruckend. Und wenn man den Erinnerungen eines Überlebenden glauben darf, war der Spielplatz vor dem Gemeinschaftsgebäude wohl die fortschrittlichste Einrichtung ihrer Art in ganz Warschau.

Doch wie dem auch sein mag, ohne die Zusammenarbeit eines Großteils der Ghettobevölkerung hätten angesichts der äußerst begrenzten Mittel weder Czerniakow noch andere Führer der Gemeinschaft erfolgreich sein können. Es grenzte an ein Wunder, was auf dem Gebiet der Jugendwohlfahrt erreicht wurde. Mary Berg hat in einem Tagebucheintrag vom 6. Mai 1942 eines der bemerkenswerten Beispiele eines solchen Gemeinschaftsgeistes beschrieben. Die jungen Leute ihrer Kunstschule im Warschauer Ghetto beschlossen, eine attraktivere Umgebung für das Spiel zu schaffen.

»Gestern führte Professor Greifenberg alle Studenten seiner Klasse an unserer Schule in den kleinen Park gegenüber dem Gemeinschaftsgebäude. Dieser Park befindet sich auf einem Grundstück, auf dem vorher ein zerbombtes Haus stand, und die Toporol-Gärtner haben dort Gras und Blumen ausgesät. Jetzt breitet sich dort Grün aus. Jüdische Handwerker haben Schaukeln, Bänke usw. gebaut. Die Schüler unserer Schule machten sich daran, eine der Mauern des zerstörten Hauses mit einem Fresko von Tierbildern zu bemalen.«[22]

Der Bau von Spielplätzen und die Schaffung von Spielmöglichkeiten für die vom Grauen gepackte Jugend der Ghettos war ein komplexes Unterfangen. Es hat den Anschein, daß viele führende Persönlichkeiten, die aus der Mittelschicht stammten und gebildet waren, wissenschaftlich und intuitiv die praktische und geistige Bedeutung von Parks und Grünflächen im trostlosen Leben der Ghettobewohner verstanden. Ihre Ansichten beruhten auf der Überzeugung, daß Spielplätze und Aktivitäten geistige und körperliche Gesundheit, einen psychologischen Puffer, soziale Stabilität und Ordnung angesichts der Krise bieten könnten.

Es ist nicht überflüssig, nochmals daran zu erinnern, daß Ghettos – und dies gilt um so mehr für Lager – keine Orte waren, wo sich gesund leben ließ. Ein Historiker aus Lodz bemerkte: »Wegen der Unterernährung lernten Kleinkinder spät gehen und sprechen, und größere Kinder hörten auf zu wachsen.« Auch angesichts der Zahlen zur Kindersterblichkeit, besonders der Todesfälle aufgrund von Tuberkulose, wird die Bedeutung, die man inmitten von Schmutz und Gestank diesen Grünflächen beimaß, ohne weiteres verständlich. Sie sollten inmitten der häßlichen Schuttberge als »Lungen für das Ghetto« dienen, seine Luft und den Geist seiner Jugend reinigen. Zitieren wir nochmals Kaplan, der die darüber in der Gemeinschaft herrschende Ansicht recht gut wiedergibt: »Es ist jetzt drei Jahre her, daß wir Gras wachsen und Blumen blühen gesehen haben. Schon bevor man uns ins Ghetto steckte, war es uns verboten, die Stadtparks zu betreten. In den Parks gab es Raum und Weite.«[23]

Die für das Gesundheitswesen Verantwortlichen in Wilna teilten die Meinung ihrer Kollegen in Warschau. Um die Skrofulose einzudämmen, wurde angeordnet, daß Kindergruppen sich so lange wie möglich in frischer Luft und im Sonnenlicht aufhalten sollten. Als Ersatz für Parks, für die kein Raum verfügbar war, wurden in der Nähe des Ghettozauns kleine Blumenbeete angelegt, »wo die Kinder spielen und gelegentlich eine Blume pflücken konnten«. Mit zäher Entschlossenheit konnten Ghettobehörden bei den Nazi-Offizieren erreichen, daß sie den Kindern Ausflüge in die benachbarten Wälder erlaubten. Als Aufsicht nahmen Ärzte und Lehrer an diesen Wanderungen teil.

Eine wichtige Frage für die jüdischen Selbstverwaltungen war auch das psychische Wohlergehen der Kinder und Erwachsenen. So bestand ein weiterer gewichtiger Grund für die Schaffung von Spielplätzen darin, »den Ghettokindern ein Gefühl von Freiheit zu geben«, wie es ein junger Beobachter ausdrückte. Der Spielplatz sollte zu einer kleinen Oase des Friedens werden, und die Spiele sollten, indem sie den Kindern seltene Momente der Freude verschafften, symbolische Mauern gegen die Härte und Widerwärtigkeit der Realität errichten. Der bestimmende Impuls dahinter war die der Heiligung des Lebens entspringende Entschlossenheit der Massen, mit allen Mitteln am Leben zu bleiben – *zu iberlebn*, wie sie auf Jiddisch sagten. Dieser Geist stärkte die Überzeugung, daß ein Volk, das unter so entsetzlichen Umständen fähig war, zu lachen und schöpferisch zu sein, auch imstande sein würde, seine Unterdrücker zu überdauern. Kaplan, der die Befreiung nicht mehr erlebte, drückte es so aus: »Eine Nation, die unter so entsetzlichen Bedingungen wie diesen leben kann, ohne ihren Verstand zu verlieren, ohne Selbstmord zu begehen, und die trotzdem lachen kann, wird sicher überleben.«[24]

Das kindliche Spiel bildete einen Teil dieses Überlebenskampfes. Ghettoverantwortliche und Erzieher hofften, das Spiel werde die Kinder wie mit einem Schutzmantel umgeben, einem seelischen Zufluchtsort, von dem aus die Wunden des Ghettos nicht so entsetzlich erscheinen würden. Daß damit dem Spiel eine sehr romantische, fast mythische Macht zugeschrieben wurde, ist beinahe nebensächlich. Die Bedeutung von Mythen beruht nicht darauf, daß sie wahr oder falsch sind, sondern darauf, daß sie da sind, wenn Menschen sie brauchen. Bei all seinen positiven Wirkungen vermochte das Spiel am wirklichen Leben kaum etwas zu ändern. Tatsächlich waren die schützenden Wände, die man gegen die Realität errichtete, zerbrechliche Schöpfungen, die nur wenige Augenblicke echter Freude und eine kurze Atempause angesichts einer bedrückenden Umwelt gewähren konnten.

Die Verzweiflung, mit der die Führer der jüdischen Gemeinschaft an der Bedeutung des Spiels festhielten, konnte nur einem Gefühl der Ohnmacht angesichts der Probleme der Jugend entspringen. Chaim Rumkowski, Oberhaupt des Lodzer Judenrats und früher selbst einmal Leiter eines Waisenhauses, schien echte Zuneigung für die Kinder des Lodzer Ghettos an den Tag zu legen. Im Frühjahr 1941 inspizierte er persönlich verschiedene Standorte für einen dauerhaften Spielplatz, weil der bisherige für Gemüsegärten genutzt werden sollte. Der neue Platz sollte über tausend Kindern Raum bieten und die verschiedensten Betätigungen erlauben. Zu seiner Eröffnung wurde von der Erziehungsabteilung am 4. Mai 1941 eigens ein Appell an die Kinder gerichtet:

6. Chaim Rumkowski und seine Frau nehmen in Marysin, Lodzer Ghetto, eine Kinderparade ab, 1940–41. (Aus dem Archiv des Simon Wiesenthal Center in Los Angeles, Kalif.)

»Kinder! Um den schwachen und entkräfteten Insassen des Ghettos ein wenig Erholung, den Genuß von etwas frischer Luft zu ermöglichen und das Erscheinungsbild des Ghettos insgesamt zu verbessern, errichten wir einen Park mit offenen Rasenflächen und Plätzen und Bänken für alle. Diese Flächen und Plätze müssen vor Vandalismus bewahrt bleiben, beschädigt nicht die Bänke, zertrampelt nicht das Gras und die bepflanzten Flächen und reißt auch nicht die Bäume heraus oder brecht Zweige ab. Das wäre nämlich sehr ungerecht gegenüber euren Brüdern und Schwestern. Auch würde es unseren tüchtigen Handwerker, der sie angelegt hat, sowie Herrn Rumkowski, den Vorsitzenden, betrüben.«[25]

Rumkowski hat kein schriftliches Vermächtnis hinterlassen, und es sind die – überwiegend negativen – Stimmen und Urteile anderer, durch die wir von seinen Aktionen wissen. Czerniakow dagegen hat seine ganz persönlichen Überlegungen zu vielen Themen in seinem Tagebuch festgehalten. Sein emotional aufgeladener Ton läßt erkennen, daß die mißliche Lage der jungen Menschen ihn schmerzlich berührte. 1942 traf er – mittlerweile waren wohl schon 50.000 Kinder umgekommen – bei der Eröffnung eines Spielplatzes mit Vertretern der im Ghetto umherstreifenden Banden zusammen: »Es sind lebende Skelette aus den Reihen der Straßenbettler... Sie sprachen mit mir wie Erwachsene, diese achtjährigen Bürger. Ich schäme mich, es zu gestehen, doch ich habe geweint, wie ich lange nicht geweint habe.«[26]

Was Czerniakow dazu trieb, die Spielplätze zu errichten, ist nicht schwer zu verstehen. Es ist unverkennbar, daß er die Kinder liebte. Ein knapper Eintrag verrät zudem, daß er tiefes Mitleid mit den Müttern empfand, die mit ihren Babys »in den Ruinen des zerbombten Krankenhauses« saßen. Schließlich wies Warschau drei Park-Spielplatz-Komplexe auf: an der Grzybowska-, der Nalewki- und der Nowolipki-Straße. Czerniakow sah darin eine Glanzleistung seiner Administration und tat alles, um sie mit entsprechendem Zeremoniell zu eröffnen. In Gegenwart hoher Nazi-Vertreter, eingeladener Erzieher und Eltern sorgten bei den Eröffnungen das jüdische Polizeiorchester, Chöre, Tanzgruppen und Turner für Unterhaltung, und anschließend wurden Sirupbonbons an die Kinder verteilt.

Die Nutzung wurde mit den Schulen und Tagesstätten so abgestimmt, daß jede Klasse zweimal in der Woche einen Spielplatz besuchen konnte. Ein Überlebender sagte rückblikkend: »Für kurze Stunden konnten die Kleinen die Ängste vergessen, die sie ebenso wie ihre Eltern empfanden, und wieder Kinder sein.« Die Schützlinge von Janusz Korczak waren oft in diesen Parks, und wenn sie in geordneter Formation hereinmarschierten, bildete der »alte Doktor« die Nachhut. Die Spielplatzaufseher und deren Helfer empfingen die Kinder mit Lächeln und Lachen. »Lacht! Lacht!« forderte eine Aufseherin ihre Helfer auf. »Wir müssen unsere Kinder in Gelächter baden.«[27]

Bereitete es den Ghettoräten große Schwierigkeiten, für die Kinder eine halbwegs erträgliche Umwelt zu schaffen, so war es ein noch größeres Wunder, daß es in Auschwitz, Bergen-Belsen und anderen Lagern (besonders bemerkenswert sind darunter Theresienstadt und Westerbork) ein rudimentäres System der Kinderfürsorge gab. Die Lager Westerbork und Theresienstadt nahmen im Reich der Nazi-Lager eine paradoxe und dabei einzigartige Stellung ein. In beiden fand sich, auch wenn sie keine Tötungseinrichtungen besaßen, ein Großteil der Schrekken und Grausamkeiten der Konzentrationslager. Westerbork diente unter dem Befehl von Obersturmführer Albert Gemmeker, einem ziemlich launischen SS-Offizier, der gelegentlich sogar menschlich sein konnte, als Durchgangslager für holländische Juden auf dem Wege nach Auschwitz und Bergen-Belsen. Theresienstadt, eine alte Festungsstadt in Böhmen, war das Geistesprodukt von Reinhard Heydrich, der der Welt ein »Musterghetto« präsentieren wollte. In Wahrheit erfüllte es jedoch für deutsche, tschechische und dänische Juden eine ähnliche Funktion wie Westerbork. Beide Lager besaßen eine begrenzte Selbstverwaltung, die wiederum ein umfangreiches Programm der Jugendwohlfahrt erlaubte. Trotz der spärlichen finanziellen Mittel, des Nahrungsmangels und der ständigen Furcht vor den Transporten (die von dort nach Auschwitz gingen) gelang es den Erwachsenen in beiden Lagern, eine regelrechte Oase für die Jugend zu schaffen. Auch spricht manches dafür, daß die Besatzungsbehörden spielerische Aktivitäten duldeten, wenngleich sie nicht gerade altruistisch dachten. Sie sahen darin wohl ein Ventil zur Beschwichtigung der erregten Bevölkerung. Philip Mechanicus, ein scharfsichtiger Beobachter in Westerbork, notierte sarkastisch:

»Der Kommandant [Gemmecker] hat gesagt, nach seiner Ansicht bräuchten Juden, die den ganzen Tag arbeiten, Entspannung... Ist der Obersturmführer ein so guter Psychologe, daß er dieses Gesetz des Lebens kennt und es hier in Kraft gesetzt hat? Oder ist er bloß ein brutaler Egoist, der den Juden erlaubt, sich zu seinem Amüsement zu amüsieren, und ihnen gleichzeitig etwas gibt?«

In sich gekehrt und bescheiden, bekannt als der Mann mit der Baskenmütze und der Pfeife, war Mechanicus ein erfahrener Journalist, ein europäischer Literat; er kam in Auschwitz um.

7. Junge Leute tanzen im Lager Westerbork, 1942–43. (Mit freundlicher Genehmigung des Rijksinstituut voor Oorlogsdocumentatie)

Sein Tagebuch schildert die seltsame soziokulturelle Welt von Westerbork, das sporadische Interesse an Konzerten, Parties, Revuen, Sport und spielerischen Aktivitäten und am Ende die bestürzende Erkenntnis, daß »Westerbork ein anderes Wort für Hölle war«. Er schrieb 1943:

»Der Spielplatz ist fertig: vier Wippen, zwei Recks und ein Sandkasten. Ich habe jetzt das Gefühl, irgendwo in der Wildnis in einem ziemlich primitiven kleinen Hotel zu leben, wo man sich bemüht hat, auch für die Kinder etwas zu veranstalten. Die Wachen schauen den ganzen Tag von ihrem Turm auf den Sandkasten und die spielenden Kinder herab. Einer von ihnen wird später bestimmt ein Buch mit dem Titel schreiben ›Die jüdischen Kinder im Sandkasten und ich‹.«[28]

Es ist vielleicht von Interesse, hier ein weiteres Beispiel für deutsche »Großzügigkeit« im Hinblick auf das kindliche Spiel einzuflechten. Der Kommandant des Rigaer Ghettos, Karl Wilhelm Krause, von dem bekannt war, daß er eigenhändig

Insassen erschoß, war, was die Kinderbetreuung betraf, bemerkenswert großzügig. Er besaß die schizophrene Denkweise, die man so häufig bei SS-Leuten antraf. Wie pervers er war, mag man daraus ersehen, daß er erlaubte, in unmittelbarer Nähe der Galgen einen rudimentären Spielplatz zu errichten. Oft sah man den Kommandanten nach Hinrichtungen an den Sandkasten treten und Schokolade und Bonbons an die spielenden Kinder verteilen; er ließ sich gern »Onkel Krause« nennen. Einem ehemaligen Ballettlehrer befahl er, den jungen Ghettoinsassen Gymnastik- und Ballettunterricht zu erteilen. Möglicherweise ist es dem wohltätigen Kommandanten nie als widersinnig erschienen, daß er das Ghetto regelmäßig durchkämmen ließ und die gleichen Kinder in Vernichtungslager schickte.[29]

Auch die drei aufeinanderfolgenden SS-Kommandanten von Theresienstadt duldeten die Freizeitbeschäftigungen der Jugend, solange das Spiel nicht mit der Disziplin oder der Arbeit in Konflikt geriet. Aus vielen von Kindern gemalten Bildern, die uns erhalten geblieben sind, ist abzulesen, daß die Gedanken ihrer Schöpfer um die seltenen Momente der Freude kreisten, die ihnen das Spiel zu verschaffen vermochte. Die Morgengymnastik, die täglichen Spielzeiten und sportlichen Wettbewerbe dienten der von der Jugendfürsorge angestrebten Erziehung. Außerdem sollten Sport und Spiel die Gesundheit und die Moral der Jugend fördern. Die Kinder stürzten sich in diese Beschäftigungen mit einer Heftigkeit und Verzweiflung, die wohl von dem klaren Bewußtsein der Vergänglichkeit einer zerbrechlichen Gegenwart genährt wurde. Die Spiele schufen eine angeregte Atmosphäre nicht nur für die Jugend, sondern auch für die Erwachsenen. Der Besuch dieser Veranstaltungen gab der älteren Generation, deren scharf abgegrenzte Welt auf den tödlichen Fahrplan der Deportationszüge ausgerichtet war, die Gelegenheit, einer Realität zu entrinnen, auf die sie keinen Einfluß hatte.

Theresienstadt war innerhalb des Ghettosystems der Nazis in mancher Hinsicht anomal. Die Kinder wurden – zumindest in den Kinderheimen – besser ernährt und untergebracht als die Erwachsenen. Die meisten von ihnen lebten in Kollektiven

(Heimen) unter der Obhut eines sehr engagierten Personals. Dies war einer der Gründe dafür, daß sie nicht der Demoralisierung erlagen, die man in anderen Ghettos und Lagern beobachtete. »Jedes Heim hatte seine Mannschaft, seinen Wimpel und seine Tracht.« Abends drehte sich das Gespräch immer wieder um die Spiele des Tages. Der Soziologe H. G. Adler, ein Lagerinsasse, erklärte:

»Aus den Verästelungen des Lagerbetriebes konnte sich kein Individuum lösen, so lange es hier weilte, es wäre denn durch den Tod. Auch wer sich an nichts, sei es gut oder böse, beteiligte, wer nur rein als Opfer erschien, war unentrinnbar leidend und, bevor er sich dessen versah, bald auch handelnd hundertmal einbezogen. Darum war das Lager eine Zwangsgemeinschaft.«[30]

Man kann jedoch nicht umhin, kurz auf die tragische Gestalt von Freddy Hirsch einzugehen, der, ehedem Sportlehrer in einem deutschen *Makkabi*-Verein, die treibende Kraft hinter den Jugendaktivitäten in Theresienstadt war. Von dort zusammen mit mehreren tausend Insassen in den Vernichtungskomplex Auschwitz-Birkenau deportiert, gelang es ihm, inmitten dieser Hölle eine kleine Oase für die Kinder zu schaffen. Als »Leiter des Kinder-Tagesheims« im sogenannten Familienlager war er dafür verantwortlich, daß ein Spielplatz errichtet und spielerische Aktivitäten organisiert wurden.

Das Familienlager war eine der teuflischsten Erfindungen der Nazis. Von Adolf Eichmann ersonnen, entstand es im Herbst 1943 und nahm viertausend tschechische Juden auf, die aus Theresienstadt deportiert worden waren. Um von der »Todesfabrik« abzulenken und keine Panik hervorzurufen, wurden die Deportierten von den Wachen zunächst gut behandelt und durften ein ausführliches Bildungs- und Unterhaltungsprogramm einführen. Um die Täuschung zu vollenden, wurde ein inhaftierter Künstler beauftragt, »die Baracken der Kinder nach ihren [deutschen] Angaben mit Disneys Schneewittchen und den sieben Zwergen in Riesengröße an den Innenwänden« auszuschmücken. Der Anblick von Kindern, die ungehindert spielten und offensichtlich nicht auf dem Weg ins Krematorium waren, sorgte bei den regulären Lagerhäftlingen für Verblüffung – das hatte es in der Geschichte von Auschwitz noch nicht gegeben. »Verwundert beobachtete ich durch den Drahtzaun, wie sie ihr neues, vorübergehendes Leben organisierten«, erinnerte sich Rudolf Vrba, ein alterfahrener Auschwitz-Insasse. »Ich sah sie im Schatten des Krematoriums eine Baracke für die Kinder, eine regelrechte Kindertagesstätte errichten. Ich sah einen blonden, athletischen Mann von etwa dreißig [Freddy Hirsch], der erst Spiele und dann Schulstunden organisierte.«[31] Doch in Wirklichkeit gab es kein Entrinnen von Auschwitz. Sechs Monate später wurde das gesamte Familienlager in die Gaskammern geschickt, und Freddy Hirsch vergiftete sich.

Das Familienlager war nicht die einzige Einrichtung im Komplex Auschwitz-Birkenau, wo einige Kinder, besonders nach 1944, wenn auch nur für kurze Zeit, bleiben durften. So wurden im Herbst 1944 zwanzig Kinder im Alter zwischen sechs und zwölf Jahren Tuberkuloseexperimenten und anderen pseudowissenschaftlichen Untersuchungen in der Baracke 11 des Blocks B1 im Lager Birkenau unterworfen. Es war bemerkenswert, daß man diese Kinder und daneben mehrere Dutzend Zwillinge unter der Aufsicht des berüchtigten Dr. Mengele am Leben ließ. Ihre Baracken waren beheizt, und ihr Essen war fast ausreichend. Polnische Krankenschwestern, die sich um sie kümmern sollten, behüteten sie mit mütterlicher Zärtlichkeit, möglicherweise im Gedanken an ihre eigenen Kinder, die längst den Weg zu den Schornsteinen angetreten hatten, aus denen schwarzer Rauch quoll. Die Krankenschwestern erinnerten sich an kleine Verse und Spiele, eines der wenigen Mittel, die ihnen noch zu Gebote standen, um ein Lächeln auf die mageren Gesichter der jungen Häftlinge zu zaubern. Sie sangen ihnen Lieder vor, trösteten sie in ihrer Verlassenheit und brachten ihnen Spiele bei.

Der Leidensweg dieser zwanzig Kinder endete nicht in Birkenau. Dieses Reich des Todes und der dort tobende Terror hatten eine schreckliche Macht über seine Opfer. In das Konzentrationslager Neuengamme bei Hamburg verlegt, wurden die Kinder peinigenden und, wie sich herausstellte, wertlosen medizinischen Versuchen unterworfen, in deren Gefolge die meisten von ihnen schwer erkrankten. Ihre Qual und ihr tragisches Schicksal hat Günther Schwarberg in seinem Buch *Der SS-Arzt und die Kinder* eindringlich geschildert.

Ein weniger bekanntes Kapitel aus der damaligen Zeit ist das Bemühen der erwachsenen Häftlinge, die Kinder am Leben zu erhalten und ihre letzten Stunden aufzuhellen. Wegen der Kinder, die ihnen fremd waren, wurde ein ganzes Lager zu Tränen gerührt. Sogar einige SS-Leute ließen sich von ihren Leiden bewegen. Inmitten der surrealistischen Landschaft menschlichen Elends bewahrten die Lagerhäftlinge ihre Humanität, indem sie Mitleid und Solidarität mit den leidenden Kindern bewiesen. Vollkommen machtlos und selbst in Not, ließen sie den kleinen Häftlingen insgeheim Süßigkeiten und selbstgemachte Holzspielsachen zukommen – Pferde, Autos, einen Wagen, eine Puppe in einer Wiege. Die Kinder gingen, ihre einfachen Spielsachen in der Hand, in den unausweichlichen Tod – die SS-Leute hängten sie, wie ein Häftling beobachtete, »wie Bilder an den Haken einer Wand auf«.[32]

Kurz sollen auch die Durchgangs- und Sammellager erwähnt werden, die in Frankreich entstanden, nachdem das Land vor den Nazis kapituliert hatte. Zunächst befanden sich dort Juden fremder Herkunft, die auf Drängen der Deutschen von der französischen Polizei eingesperrt worden waren. Auf der Grundlage des französischen Rechts, das humanitärer Hilfe nicht entgegenstand, wurde den Kindern in so berüchtigten Lagern wie Gurs, Rivesaltes und Drancy geholfen. Ein freiwilliger Helfer aus der Schweiz beschrieb das Lager Camp des Milles als einen Ort der Trübsal und Verzweiflung. Es gab dort »keinerlei Bewegung, der tägliche Hofgang für die Erwachsenen war abgeschafft, es gab keine Spielplätze für die Kinder«. »Wandernde Teams« von Sozialarbeitern – Vertreter von französisch-jüdischen Verbänden, freiwillige Helfer aus neutralen Ländern und die Quäker – bemühten sich, das Leiden der Kinder zu lindern: In aller Eile wurden Krabbelstuben, Kindergärten und Spielplätze organisiert, und sogar das Kalorienangebot wurde gesteigert. Diese Maßnahmen sollten den Kindern das Leben erleichtern, doch das kostbarste Gut, das Leben selbst, konnten sie ihnen nicht sichern.[33]

Untersucht man die Ziele und Zwecke des kindlichen Spiels, so wird deutlich, daß die Aktivitäten von den Erwachsenen wohl recht idealistisch gesehen wurden, andererseits aber doch bestimmte praktische Vorteile zu bieten schienen. Auf den ersten Blick wirkte es absurd, ja beinahe wahnhaft, Spielplätze zu errichten, besonders zu einem Zeitpunkt, da bereits Tausende umgekommen waren. Doch ebenso wie gewisse kulturelle Aktivitäten wurden die Spielplätze zum Bestandteil einer Kampagne für die Erhaltung einer Gemeinschaft, die, einst ein gesunder, lebendiger Organismus, moralisch gedemütigt und physisch dezimiert worden war. Die Worte Bernard Goldsteins geben Aufschluß über die damals herrschende Atmosphäre: »Um uns gegen das Gefühl der Hilflosigkeit, das uns überkam, zu wehren«, schrieb er nach dem Krieg, »versuchten wir, all die Vorkriegseinrichtungen wiederaufzubauen und zu stärken, um wenigstens die Illusion eines Lebens wie früher zu schaffen.«[34]

Obwohl der Anblick spielender Kinder keine totale Abschirmung gegen die ringsum herrschende Realität bieten konnte und sollte, gab er der bedrängten Bevölkerung dennoch Auftrieb. Es ging um eine Art psychologischen Abwehrmechanismus, der mehr war als bloße Flucht vor der Realität. Die Bemühungen um die Schaffung von Spielgelegenheiten gehörten in der Tat zu den wenigen Fällen, in denen die Gemeinschaft aktiv werden und eine Realität für sich selbst gestalten konnte, mochte der Zweck auch noch so begrenzt sein. Vordergründig ging es um die Sanftheit und Unschuld des kindlichen Spiels, doch dahinter steckte der tägliche Kampf der vielen, die sich mit innerer Stärke und Intelligenz eine etwas erträglichere Welt schufen.

Das kindliche Spiel vermochte die seelische Anpassung der Erwachsenen an die neuen Anforderungen des Ghettolebens nicht nur zu erleichtern, sondern sogar zu fördern. Spielmöglichkeiten zu schaffen war Teil eines bewußten Fluchtmechanismus, mit dessen Hilfe die Erwachsenen versuchten, sowohl die physischen Mauern des Ghettos als auch die mentalen Mauern des Terrors geistig zu überwinden. Ein merkwürdiger Glanz zeigte sich auf den gequälten Gesichtern der Eltern, wenn sie beobachteten, wie ihre Kinder spielten, Gedichte aufsagten oder sangen. In Warschau bildeten mehrere junge Mädchen eine Akrobatengruppe und »führten eine verwegene Nummer auf«, bei der ihre Eltern »den Atem anhielten«. Andere Eltern erlebten beim Lag Ba'omer-Fest im Mai 1942, dem von Czerniakow ausgerufenen Tag des Kindes, wie die reinen und strahlenden Gesichter von Hunderten von Kindern in den Herzen der Eltern die Hoffnung entzündeten, »daß diese unschuldigen kleinen Wesen eine bessere Zukunft erleben mögen...«. Zukunftshoffnung ist sicher eine der Empfindungen, die den Menschen große Kraft haben vermitteln können, besonders dann, wenn die Gegenwart so trostlos ist. Ein Ghetto-Verantwortlicher aus Wilna hat ähnliche Empfindungen zum Ausdruck gebracht:

»Väter und Mütter, die von früh bis spät arbeiten mußten, waren die hingebungsvollsten Teilnehmer an Kinderfesten und Feiertagen, die einen Gefühlsüberschwang, fast eine religiöse Trance auslösten. In den Liedern und Gedichten ihrer Kinder fanden sie ihre eigene Traurigkeit und ihre eigenen Hoffnungen ausgedrückt... In solchen Augenblicken fürchtete man, andere anzuschauen, aus Angst, in den Augen des anderen das unausweichliche kommende Verhängnis zu lesen.«[35]

Es war nur eine kleine Erleichterung in einem Meer des Terrors. Dennoch betrachtete man es insgeheim als eine Investition in die Zukunft. Diese Kinder garantierten, daß das Volk die Ghettos und Konzentrationslager überleben würde. Sie erzeugten mit ihrem Spiel eine hohe Moral, Mitleid und sogar einen Funken Hoffnung auf eine bessere Zukunft. Für Rudolf Vrba in Auschwitz war der Anblick der gerade angekommenen Kinder und ihres spielerischen Treibens im Familienlager ein Anlaß der »Verwunderung, Begeisterung, Nostalgie... Und irgendwie war dieser Anblick gut für meine Moral, obwohl ich den schrecklichen Verdacht hatte, daß diese Kinder sterben würden.«[36]

Viele Führer der jüdischen Gemeinschaft hatten den Eindruck, daß die traditionellen Strukturen sozialer Stabilität und

Ordnung von Zerfall bedroht waren – und das waren sie tatsächlich. Czerniakow muß jedoch erkannt haben, daß der Anblick spielender Kinder auf die angespannte, erregte Ghettobevölkerung in Zeiten der Not beruhigend wirkte. Der Anblick lächelnder Kinder bei der Eröffnung des Spielplatzes an der Grzybowska-Straße, die nur einen Monat vor der Liquidierung des Warschauer Ghettos stattfand, wirkte sich auf die verängstigten Menschen positiver aus als Dutzende von beruhigenden Reden des Vorsitzenden. In seinem Tagebuch hielt Czerniakow fest: »Die Zeremonie machte auf die Anwesenden einen großartigen Eindruck. Balsam für die Wunden. Die Straße lächelt!«

Im Kern waren die Spielplätze Beleg eines aktiven, bewußten Bemühens, eine gequälte Gemeinschaft sozialpsychologisch zu beeinflussen. Czerniakow in Warschau ebenso wie Jacob Gens in Wilna benutzten Spielplätze, um die Moral aufrechtzuerhalten und einer Panik entgegenzuwirken. Ob sie nun gute Psychologen waren oder lediglich verzweifelte Männer, läßt sich nicht entscheiden. Doch Freud hat gesagt, daß niemand an seinen eigenen Tod glaubt und man noch in der letzten Sekunde auf einen Aufschub hofft. Was von Czerniakows Bemühungen drei Tage vor Beginn der endgültigen Vertreibung von über dreihunderttausend Juden aus Warschau letztlich zu halten ist, muß die Geschichte vor dem Hintergrund einer ganz und gar verzweifelten Zeit beantworten. Die Spielplätze wurden zu seiner letzten Hoffnung, um den sozialen und psychologischen Zusammenbruch des Ghettos aufzuhalten. »Unglaubliche Panik in der Stadt«, schrieb Czerniakow lakonisch am 19. Juli 1942. »Ich fuhr durch die Straßen des ganzen Wohnbezirks. Ich besuchte drei Spielplätze. Ich weiß nicht, ob es mir gelungen ist, die Bevölkerung zu beruhigen, aber ich tat mein Bestes.«[37]

Die jüdischen Lagerverwaltungen und Ghettoräte standen vor zahlreichen Problemen, und eines der dringlichsten war die Kontrolle der Kinderbanden, die unbeaufsichtigt durch die Straßen beziehungsweise Lager streiften. Aus Westerbork berichteten Augenzeugen und Überlebende, daß die jungen Menschen, mit Erwachsenen zusammengepfercht, schlicht und einfach Amok liefen, von ihren Eltern verflucht und verabscheut. Verderblich wirkte sich die ungezügelte, das ganze Lagerleben durchdringende Promiskuität auf die Moral der Kinder aus. Noch verheerender wirkte jedoch, daß es in ihrem Leben überhaupt nichts Beständiges gab. Bettnässen, verschiedene nervöse Störungen und überhöhter Blutdruck waren Symptome, die bei vielen auftraten. Zu dem ausdrücklichen Zweck, in das chaotische Leben der Lagerkinder eine gewisse Ordnung zu bringen, wurden Schulen, eine Tagesstätte und – ab September 1943 – ein kleiner Spielplatz mit Wippen, Recks, Schaukeln und einem Sandkasten eingerichtet.[38]

Überall im besetzten Osteuropa wirkte sich die bereits erwähnte Schließung der Schulen erschreckend gleich auf die soziale Welt der Kinder aus. Zusätzlich wurde das »Jugendproblem« durch die ständig wachsende Zahl von Waisen verschärft, eine Folge der hohen Sterblichkeit unter den Flüchtlingen. Das im Untergrund aufgebaute Bildungssystem konnte nur eine kleine Minderheit der Jugend erfassen. Die überwältigende Mehrheit der Kinder blieb ohne moralische Führung und physische Versorgung. Angesichts der weitgehend demoralisierten Jugend wurde es schwierig, die Ordnung aufrechtzuerhalten. »Regelrechte Schlachten zwischen Kinderbanden« waren in Warschau an der Tagesordnung. In Wilna wurden vierzig Kinder im Alter zwischen fünf und fünfzehn Jahren wegen verschiedener Vergehen ins Ghetto-Gefängnis gesperrt. Besonders schwierig war es, mit der wachsenden Zahl von Waisenkindern fertigzuwerden, und man mußte eine spezielle Gruppe zur Bekämpfung der Jugendkriminalität aufstellen. Einen stärkeren Anstoß zur Schaffung von Spielplätzen und zur Organisierung von Aktivitäten unter Aufsicht gab die einfache Überlegung, daß Spiel und Sport ein heilsames Abwehrmittel gegen Verbrechen und Krankheit seien. Es war natürlich nicht nur die Kriminalität dieser Kinder, was den Umgang mit ihnen für die Gesellschaft so schwierig machte, und die jüdische Polizei ging im allgemeinen verständnisvoll mit ihnen um. Ein sehr viel ernsteres Problem war das massenhafte Auftreten von Banden »unproduktiver« Kinder, die den Organen der jüdischen Gemeinschaft wirklich angst machten. Deren Befürchtungen waren in der prekären Situation des Ghettos vermutlich gerechtfertigt, konnte doch die Existenz von unbeaufsichtigten Jugendbanden, die auf den Straßen herumlungerten, eine gewaltsame Reaktion der Deutschen gegen alle Kinder, d. h. eine Kinderaktion, auslösen.

Man eröffnete Spielplätze und organisierte Spieltage in dem bewußten Bemühen, Raum, Zeit und Verhalten unter Kontrolle zu bringen. In eben dieser Absicht beschloß der Judenrat von Bialystok im Sommer 1942, einen Spielplatz für Kinder bis zu sieben Jahren zu schaffen. In diesem Park wurden Suppe und Brot an die Kinder ausgegeben, und er bot ihnen ganztägige Spielgelegenheiten. Aus dem Protokoll des Judenrats wie auch aus seiner Ankündigung ging indes klar hervor, daß ein Motiv zur Schaffung des Parks auch darin bestand, »provozierend bunte Kinderwagen« und unbeaufsichtigt herumlungernde Kinder aus dem Straßenbild zu verbannen. In Warschau war es, um noch einmal Janina David zu zitieren, »gefährlich, den ganzen Tag auf der Straße zu sein«, und das nicht nur während der Sonderaktionen, sondern jederzeit, denn immer wieder gab es Razzien, bei denen das Ghetto nach Kindern und Älteren durchkämmt wurde. Überall war man vorsichtig. Der Vorsitzende des Lodzer Judenrats ordnete an, nicht nur Tagesstätten für Kleinkinder zu schaffen, sondern auch Jugendhäuser in Verbindung mit Werkstätten, wo Kinder von acht und neun Jahren arbeiten mußten.[39] Die Erziehungsabteilung des Judenrates setzte die Kinder des Ghettos in einem Aufruf von der Eröffnung eines Spielplatzes in Kenntnis und richtete zugleich eine deutliche Warnung an sie:

»Wir rufen euch ferner auf, nicht in den Straßen herumzulungern – ›verhaltet euch sittsam‹. Haltet euch nicht in der Nähe des Drahtzauns auf... Wer es nicht vermeiden kann, in die Nähe des Drahtzauns zu kommen, sollte sich beeilen und nicht neugierig auf das sein, was auf der anderen Seite geschieht.

Kinder! Wir sind überzeugt, daß ihr unseren väterlichen Rat befolgen und außerdem eure Verwandten dazu bewegen werdet, gleiches zu tun, denn es ist zu unserem eigenen Vorteil. Wir werden dadurch mit Gottes Hilfe viel Unglück von uns abwenden.«[40]

Gleichzeitig sollte durch diese Maßnahmen jenen Eltern, die wegen ihrer Arbeit zwölf bis vierzehn Stunden täglich von zu Hause fort waren, die dringend benötigte Kinderbetreuung gesichert werden. Doch unausweichlich geriet man in die Widersprüche der irrationalen Verhältnisse. Einerseits wollten die Judenräte vermeiden, den Zorn der deutschen Behörden dadurch zu erregen, daß sie Kinder in auffälliger Zahl auf den Straßen des Ghettos herumlaufen ließen, doch andererseits drohte eine nicht minder schwere Gefahr, wenn man sie in Kindergärten und Tagesstätten zusammenfaßte. Solche Sammelpunkte würden es der Polizei (der SS oder der Gestapo) nur erleichtern, eine Kinderaktion durchzuführen. Viele Eltern verwehrten deshalb ihren Kindern die wenn auch geringe Chance, irgendwo zu spielen. Die Kleinen blieben oft viele Stunden lang allein, in der Wohnung versteckt oder mit bestimmten Anweisungen für den Fall einer Kinderaktion versehen. Die Befürchtungen waren nach den bereits erwähnten Razzien auf Kinderheime in Lodz und anderswo wohlbegründet. Als die Zeit der Deportationen kam, wurden Kindergärten und Spielplätze zu einer Falle. Aus diesem Grund beschloß der Ghettorat von Schaulen (Litauen), keine Kindergärten zu schaffen. Es wäre, so das Protokoll einer geheimen Sitzung, gefährlich, »würde man im Ghetto Kinder und ein Kinderheim finden«.[41]

In etlichen Fällen schufen die Nazibehörden selbst Kinderheime, um Kinder aus ihren Verstecken hervorzulocken und anschließend zu deportieren. In Plaszow verfügte der gefürchtete Lagerkommandant Amon Göth die Errichtung einer speziellen Unterkunft für Kinder und eines Spielplatzes für fast dreihundert Kinder, die auf verschiedenen Wegen ins Lager geschmuggelt worden waren. Betreuungs- und Aufsichtspersonal fand man unter den Lagerinsassen, und rings um den gesamten Komplex wurden Rasenflächen und Blumenbeete angelegt. Es war ein herrlicher Anblick, ein Wunder für einige der Kinder, die hier »zum erstenmal in ihrem kurzen Leben eine Blume sahen«. Einige Wochen später dauerte es dann nur

8. »Die Liquidation von Dr. Korczaks Waisenhaus.« Bleistiftzeichnung von Halina Olomucka, 1942–43. (Mit freundlicher Genehmigung des Musée des Deux Guerres Mondiales Paris – BDIC, Universités de Paris)

wenige Stunden, die gleichen Kinder einzusammeln und zur Vernichtung abzutransportieren. In der polnischen Kleinstadt Wisnieze-Nowy wurden die Juden des Ortes durch Bekanntmachung aufgefordert, ihre Kinder in ein »Kinderhaus« zu bringen. Da die Eltern den Deutschen nicht trauten, lehnten sie es ab, ihre Kinder in diese Falle zu schicken. Auch Kinder ließen sich durch diesen Trick nicht täuschen. »Ich verstand schon«, erinnerte sich ein Siebenjähriger nach der Befreiung, »daß die Deutschen die jüdischen Kinder in dieses ›Kinderhaus‹ locken wollten, um uns dann alle zu erschießen. Alle Kinder sprachen davon.«[42]

Einrichtungen der Kinderbetreuung waren für die Deutschen leichte und bevorzugte Ziele von Razzien. Was mit Janusz Korczaks Waisenhaus geschah, ist oft und oft geschildert worden. Während das Haus von deutschen und ukrainischen Polizisten umstellt war, marschierten zweihundert Kinder heraus, gewaschen und sauber gekleidet, zu dem Umschlagplatz, von wo aus sie deportiert wurden. Sie sangen. Der »alte Doktor« ging der Prozession voran, ohne Hut, mit gebrochenem und gebeugtem Körper, doch erhobenen Hauptes. Man flehte ihn an, in Warschau zu bleiben und seine Kinder ihrem Schicksal zu überlassen, doch Korczak lehnte ab. »Ich werde diese Prozession nie vergessen«, schrieb Nachum Remba, der beobachtete, wie sie der Reihe nach in den Zug stiegen, der sie nach Treblinka und in den Tod brachte. Remba vergoß bittere Tränen über die Hilflosigkeit der Juden.[43]

Es gibt in der Geschichte nicht viele Beispiele für ausgleichende Gerechtigkeit, und besonders wenige in der Geschichte des Holocaust. Einen Tag bevor er seinem gewundenen Lebensweg mit Gift ein Ende setzte, mußte Czerniakow eine letzte Demütigung erdulden. Als die Vernichtung des Warschauer Ghettos begann, mußte er, wie eine kurze Notiz in seinem Tagebuch belegt, erleben, daß genau gegenüber dem Gemeinschaftsgebäude Kinder von dem Spielplatz weggeschleppt wurden, der sein Stolz und seine Freude war.

Die Erzieher, die in Waisenhäusern und Tagesstätten mit ihren kleinen Schützlingen sangen und spielten und »sie in ein Märchenland entführten«, wurden ihrerseits von quälenden Fragen heimgesucht und vom Gewicht ihrer Verantwortung niedergedrückt. »Wir setzten uns erst am Abend... zusammen und diskutierten diese Möglichkeit [der Kinderaktion]. Umgeben von den Spielsachen und Bildern der Kinder, fragten wir uns mit zitternder Stimme wieder und wieder: Was wird geschehen, wenn sie sie holen kommen?... Was würden wir den Müttern sagen?« Die Rabbiner, zu diesem Fall um ein religiöses Urteil gebeten, konnten den von ihrem Gewissen geplagten Lehrern weder Handlungsrichtlinien noch Trost vermitteln. Auch die selber tief verzweifelten Eltern konnten den Erziehern nicht helfen, hatten doch auch sie an einer unendlichen Bürde zu tragen. Eine Mutter, die zu einem Arbeitskommando gehörte, das die Habseligkeiten von deportierten Familien fortzuschaffen hatte, erinnerte sich: »Kleine Puppen, Spielzeugpferde, -katzen und -hunde starrten mich an... Mehrfach sind wir beim Anblick des Kinderspielzeugs in hysterisches Weinen ausgebrochen. Unsere Hände und Beine versagten uns den Dienst, wir konnten nicht arbeiten.«[44]

Die Frage des Spielens warf ein moralisches Dilemma auf, das die jüdischen Gemeinschaften in zwei Lager spaltete. Es war schwer zu entscheiden, ob Spiel, Sport (sogar Wettkämpfe) und gelegentliche Belustigung angesichts von Vernichtung, Tod und Leiden ihre Berechtigung hatten. Einerseits wurde in Ghettos und Lagern ausdrücklich versucht, das Leben der jungen Menschen aus den bereits dargelegten Gründen durch spielerische Aktivitäten zu bereichern. Andererseits lehnten weite Teile der Bevölkerung ostentative Fröhlichkeit mit der Begründung ab, daß »ein Friedhof kein Ort der Belustigung« sei. Angesichts des Leidens, des Kummers und des ständigen Terrors ist diese Zurückhaltung verständlich. Sie entsprang einem religiösen und moralischen Widerstand gegen jede Form von Feiern, und sie war eine Reaktion gegen die Errichtung von Spielplätzen, deren festliche Eröffnung und organisierte Spieltage. In einer leidenschaftlichen Auseinandersetzung legte die Kommission für religiöse Angelegenheiten in Warschau Czerniakow eine Petition vor, in der ein Verbot von »Feiern oder musikalischen und Gesangsdarbietungen« während der traditionellen Trauerwochen gefordert wurde. »Ich sagte zu Eckerman, der diese Auffassung teilte«, schrieb Czerniakow in seinem typisch knappen Stil im Juli 1942, »was ich oft wiederhole, daß ›man seine Uhr nicht mit Tränen aufziehen kann‹ (Dickens). Worauf er erwiderte, daß eine jüdische Uhr gerade mit Tränen aufgezogen werden könne.«[45] Wie man einige Tage später einer weiteren Notiz entnehmen kann, ließ Czerniakow sich von der religiösen Opposition nicht schrecken und führte ein Festprogramm für 600 Kinder durch.

Mochte das religiöse Argument gegen Belustigungen auch bedeutsam sein – nicht minder gewichtig war der moralische Zweifel, ob Spielen in Zeiten allgemeinen und individuellen Unglücks angebracht sei, und auch er entzweite die Menschen. Um die Frage zu beantworten, woher dieser Widerstand sowohl bei religiös wie bei weltlich orientierten Kreisen stammte, muß auf die Tatsache verwiesen werden, daß in vielen Ghettos und Lagern unter den Erwachsenen teils wegen und teils trotz der düsteren Zukunft und der bedrückenden Hoffnungslosigkeit eine entschieden »hedonistische« Stimmung aufkam. Selbst der strenge Moralist Kaplan mußte zugeben: »Es herrscht große Frivolität im Ghetto, um die Sorgen ein wenig zu lindern.« Einerseits führte das zur Gewissenserforschung, andererseits zu Streit innerhalb der Ghettogemeinschaft. Es gab keinen Aspekt des Lebens, der nicht von dem Kummer geprägt gewesen wäre. So beobachtete Mechanicus im Lager Westerbork, daß

»viele deutsche und holländische Juden es ablehnen, in die Revue zu gehen, die ersteren, weil sie finden, daß zwischen dem ›Spaß‹ und der Tragödie der Transporte ein schmerzlicher Kontrast besteht, die letzteren, weil sie sich nicht vergnügen können, während ihre Verwandten, ihre Frauen, ihre Männer oder ihre Kinder ein unbekanntes Schicksal erdulden, freudlos, trostlos, alles entbehrend.«

Ähnliche Empfindungen beobachtete Mechanicus gegenüber allen Formen der Belustigung, sowohl bei Erwachsenen wie bei Kindern. »In den Familien werden Gesellschaftsspiele gespielt, Monopoly und dergleichen«, schrieb er 1943, »aber gedämpft. Untergründig ist der Kummer stets gegenwärtig – immer wieder kommt das Gespräch auf Angehörige, die nach Polen deportiert wurden.«[46]

In der Gefangenengemeinschaft eines Ghettos oder Lagers waren alle Lebensäußerungen der Kritik ausgesetzt, auch das kindliche Spiel. Holländische Juden, die von Westerbork nach Bergen-Belsen deportiert wurden, begingen 1944 den Geburtstag ihrer Königin, indem sie Festlichkeiten für die Kinder organisierten. Dies entsprang bei den Erwachsenen sehr wahrscheinlich dem verzweifelten Bemühen, eine Vergangenheit, an der ihr Herz hing, noch einmal wiederaufleben zu lassen und den Kindern eine kleine Freude zu machen. Es war auch eine trotzige Geste angesichts der Unterdrückung, und möglicherweise hat sie sowohl bei Erwachsenen wie bei Kindern die Moral gehoben. Freilich dürfen wir darüber nicht das grausige Geschehen vergessen, das sich gleichzeitig abspielte: In Bergen-Belsen starben tagtäglich Tausende an Unterernährung, Erschöpfung und Typhus. Hanna Levy-Haas, eine aus Jugoslawien stammende Intellektuelle, die sich stark in der Jugendfürsorge engagiert hatte, konnte ihr Entsetzen nicht verbergen. »Wie konnten sie nur in einer Zeit wie dieser an so etwas denken? ... Ich glaubte, meinen Augen nicht trauen zu dürfen«, klagte sie in ihrem Tagebuch.[47]

Das Ausmaß der Tragödie zwang Erzieher und Verantwortliche in allen von den Nazis besetzten Ländern, sich mit diesem Problem auseinanderzusetzen. In Wilna, wo die Bevölkerung in der Frage der Unterhaltung sehr geteilter Meinung war, ordnete die Ghettoführung zum ersten Jahrestag der Ghettogründung einen Trauertag an, an dem zum Zeichen des Protests und der Trauer alle Spiele und sportlichen Betätigungen verboten waren. Zelig Kalmanowitch hielt in seinem Tagebuch fest: »Spielen und singen sind verboten. Nicht einmal auf dem Sportplatz wird gespielt.« Die Sonderkommandos der Nazis gingen mit der jüdischen Gemeinschaft von Wilna besonders rücksichtslos um. Mehr als die Hälfte der Bevölkerung wurde gleich zu Beginn der Besatzungszeit umgebracht, und später gab es häufig »Aktionen«. Unter diesen Umständen war alles, was nach Freude und Fröhlichkeit aussah, auch das kindliche Spiel, schwer zu rechtfertigen. Zwar verurteilte Kalmanowitch die auf dem Sportplatz ausgetragenen Spiele nicht, doch wußte er auch keine rationale Erklärung dafür, daß sie inmitten des Mordens stattfanden: »Die Wettkämpfe werden von lautem Jubel begleitet, als wären wir frei. Hier dürfen wir Mensch sein. Mein frommer Freund beklagt: ›So viele trauern, so viele starben, und hier Fröhlichkeit und Feiern!‹« Ein so frommer Jude wie Kalmanowitch konnte das nur mit Hilfe der Religion miteinander in Einklang bringen: »So ist das Leben. Aber wir müssen leben, solange Gott uns leben läßt.« Seine Ansichten spiegeln eine damals recht starke Unterströmung in der Theologie und im Denken der Juden wider, auf die Vernichtungspläne der Nazis durch die Heiligung des Lebens zu reagieren. Die Reaktion der jüdischen Massen besonders in Osteuropa bestand, wenn auch nicht völlig instinkthaft, »im Grunde in einem Drang, *zu iberlebn*, in der – wie man sagen könnte – Heiligung des Lebens, in dem übermächtigen Impuls, inmitten des Todes das Leben zu bewahren ...«[48]

Kalmanowitch konnte zumindest auf seine Religion zurückgreifen. Für andere gab es weder eine einfache Antwort noch einen Ausweg; das Beste, was man tun konnte, war, sein Schicksal mit Würde anzunehmen. Als eine zentrale Figur des Dramas, das sich im Warschauer Ghetto abspielte, hat der vielfach verlästerte Adam Czerniakow dies vielleicht am besten verstanden. Vielleicht hat er wirklich gewußt, auch wenn sein Tagebuch nichts davon verrät, daß seine Bemühungen, als Gegengewicht gegen die Realität Spielplätze zu schaffen, letztlich vergebens waren. Jedenfalls zeigt der Verlauf seiner letzten Lebenstage, daß er nicht länger an ein Überleben glaubte:

»Viele Menschen sind mir böse, weil ich spielerische Aktivitäten für die Kinder organisiere, weil ich dafür sorge, daß Spielplätze festlich eröffnet werden, wegen der Musik usw. Ich muß an einen Film denken: Ein Schiff ist im Sinken begriffen, und der Kapitän befiehlt dem Orchester, ein Jazzstück zu spielen, um die Stimmung der Passagiere zu heben. Ich hatte mich entschlossen, dem Kapitän nachzueifern.«[49]

Czerniakow war nach Auskunft von Zeitgenossen kein religiöser Mann und fand in der Heiligen Schrift weder Trost noch Antworten. Während er sich über das letztendliche Resultat seiner Bemühungen und die Unausweichlichkeit des Schicksals keinen Illusionen hingab, tat er alles, um das Los der Kinder zu verbessern. Er ließ sich vor allem von einem universalen Humanismus und von einem Motto leiten, das er bei Dickens entlehnt hatte und in seinem Tagebuch wiederholt anführt: »Man kann seine Uhr nicht mit Tränen aufziehen.«

Das Spiel und die Kinder

»Irgendwo in weiter Ferne schlummert süß die Kindheit...«

In einer bewegenden Passage ihres Tagebuchs hält Anne Frank den Aufschrei fest, den sie vor einem zugemauerten Fenster ihres Verstecks tat:

»Einmal wieder frei und froh lachen wäre besser als zehn von den kleinen weißen [Beruhigungs-]Pillen... Tanzen möchte ich, pfeifen, radeln, die Welt sehen, meine Jugend genießen, frei sein!«[1]

Sie stellt nicht die Frage, warum sie zu einem Leben der Entbehrung und der Einsamkeit verurteilt ist. Was aus ihr herausbricht, ist die spontane Äußerung einer Jugendlichen, der man die elementarsten Lebenserfahrungen verweigert hat, einfache Dinge wie im Park spazieren gehen, frische Luft atmen, mit einem Freund Händchenhalten und einfach ein Kind sein.

Sie stand nicht allein mit ihrer Verzweiflung. Millionen von Kindern sehnten sich nach einem besseren Leben und hofften auf eine bessere Zukunft. Aus den verblichenen Seiten erhalten gebliebener Tagebücher und den Erinnerungen derer, die das Inferno überlebten, dringen ähnliche Empfindungen zu uns. Die Worte eines Kindes sind von so lebendiger, so eindringlicher Darstellungskraft, daß wir ihre greifbare Angst und Furcht beinahe fühlen, riechen und berühren können. Auch lassen die Worte durch einen Schleier von Schmerz und Leid hindurch zweifelsfrei erkennen, wie der jeweilige Verfasser die Welt, das Dasein sieht und daß er sich nach den kleinen Freuden des Lebens sehnt. Kräfte, auf welche die Kinder, ja selbst ihre Eltern keinen Einfluß haben, schleudern diese jungen Menschen in eine fremde, bestürzende Welt der Ghettos, Lager und Verstecke, die in ihren Seelen unauslöschliche Spuren hinterlassen. Auch wenn es quälend ist, ihnen zuzuhören, müssen wir doch den Kindern des Holocaust lauschen, denn sie haben alles gesehen, was die Erwachsenen sahen. Mit der Vorahnung des Verurteilten haben sie in ihren Gedichten, Tagebüchern und Zeichnungen ihre Ängste festgehalten. Sie waren aufrichtig, haben die Welt an ihren unmittelbaren Bedürfnissen gemessen. Ihre Wahrnehmung dieser auf den vollständigen moralischen und rationalen Zusammenbruch zuwankenden Welt ist von einer sicheren Entschiedenheit und Unbedingtheit.

Die erste Zeit mit ihren einschränkenden Vorschriften und der konsequenten Ghettoisierung war für die jungen Einwohner der Holocaust-Welt wohl die schwerste. Ihre vertraute Umgebung, eine Welt der Schönheit, die warme schützende Aura der Familie – das alles fegte der Krieg wie ein Tornado hinweg. Sie wurden in Lager gesteckt, in Ghettos gesperrt und in Verstecke geschickt, teils mit ihren Eltern, teils in der Obhut nichtjüdischer Beschützer. Auf die Kinder wirkten all diese Veränderungen wie ein lähmender Alptraum. Auf der ersten Stufe des Abstiegs zur Hölle verflüchtigten sich die Sicherheit und Wärme einer vertrauten Umgebung, eines Heims, denn in den Ghettos und Lagern war man hilflos der Willkür ausgeliefert. Ein unbekanntes Kind schrieb in Theresienstadt ein Gedicht mit dem Titel »Heimweh«:

»Ich lebe jetzt mehr als ein Jahr im Ghetto
in Terezin, der düsteren Stadt,
und denke ich zurück an meine teure alte Heimat,
so kann ich sie mehr lieben als zuvor.
Ach, Heimat, Heimat,
warum haben sie mich fortgezerrt?
Hier sterben die Schwachen leicht wie eine Feder,
und wenn sie sterben, sterben sie für immer.
. . . .
Doch wir alle hoffen, daß die Zeit kommen wird,
da wir wieder heimkehren.
Jetzt weiß ich, wie teuer die Heimat ist,
und oft denke ich an sie zurück.«[2]

In der fremden, entsetzlichen Welt der Ghettos, Lager und Verstecke, in welche die Kinder verbannt waren, änderten sich die Lebensweise und der Sinn des Lebens so grundlegend, so extrem und so rasch, daß das Fundament ihrer emotionalen und geistigen Welt erschüttert wurde. Mit der Heimat verloren die Kinder die kleinen vertrauten Spielsachen, die warmen Decken und die kleinen Annehmlichkeiten des Lebens wie ein knuspriges Brötchen, eine Tasse Milch und ein Stück Kandiszucker. Nachmittage im Herbstnebel, an denen man lachend und angeregt einen Park, ein Flußufer, ein Waldstück oder einen Spielplatz aufgesucht hatte, wurden Gegenstand einer fernen, traurigen Erinnerung. Auch die Scharen spielender Kinder aus den Mietshäusern, die sich an den Straßenecken versammelten, verschwanden plötzlich und waren nicht wiederzufinden. Die grünen Wiesen, die gewaltigen Kronen grüner Bäume und der Duft frisch gemähten Heus, alles Symbole einer Wiedergeburt und vielleicht einer besseren Zukunft, waren nirgendwo zu entdecken.

Was die Parks betrifft, so waren sie für die Ghettobewohner nur noch ein jämmerlicher, billiger Abklatsch dessen, was sie vor dem Krieg gewesen waren – verlassene Außenposten vor dem Hintergrund zerbombter Gebäude, kahle Rasenflächen. Moishele, ein Ghettokind aus Wilna, gab ein Beispiel für die Sehnsucht und Verzweiflung all seiner Altersgenossen:

»Draußen vor dem Ghetto blüht eine Blume
durch die Zäune hindurch spricht sie zu mir:
›Moishele, warum bist du noch dort?
Komm zu mir, komm.‹«[3]

Unter normalen Umständen würden wir von einer Handvoll Blätter, einigen blühenden Zweigen oder einem kleinen Spatz kaum Notiz nehmen – das sind für uns Selbstverständlichkeiten. In den Ghettos und Lagern jedoch, wo das Leid und die Entbehrung alles verstärkte, wurden sie zu Symbolen des Lebens, und ihr Verschwinden schwächte die Moral. Was die Erwachsenen zwar bemerkten und worum sie aus ästhetischen

9. In ein Spiel vertiefte Gruppe von Kindern im Lodzer Ghetto, 1941–42. (Aus dem Archiv des Simon Wiesenthal Center in Los Angeles, Kalif.)

Gründen trauerten, wurde von den Kindern wirklich vermißt, und sie empfanden sehr stark die Leere. Ein kleines Mädchen, das sich mit seiner Familie in der Kanalisation versteckt hatte und von nichtjüdischen Kanalarbeitern mit Nahrung versorgt wurde, bat sie lediglich darum, »einige Wiesenblumen mitzubringen«. Allzu gern hätte sie einen Hund oder eine Katze gesehen; ihr kleiner Bruder »sehnte sich nach Vögeln«. Das waren natürliche, grundlegende Bedürfnisse. Auch in der Aussage von Genia Silkes, dic als Lehrerin im Warschauer Ghetto arbeitete, kommt die Sehnsucht der jungen Menschen nach einem Hauch von Grün zum Ausdruck.

»Aber es gab kein Grün. Ein kleines Mädchen, das im Sterben lag, sagte zu seiner Schwester, es möchte gern ein Blatt sehen, etwas Grünes in der Hand halten. Die Schwester ging hinaus, vor die Mauer. Die Kinder pflegten ein paar lockere Steine herauszunehmen und durch die Mauer zu schlüpfen. Tat dort ein freundlicher jüdischer Polizist Dienst, brachten sie etwas zu essen mit. Dieses kleine Mädchen ging auf die arische Seite, in einen Park, und pflückte ein Blättchen ab. Das war alles. Es kehrte durch das Loch zurück und stellte das Blatt in einem Glas neben das Bett der Schwester. Dort lag die Kleine, nuckelte am Daumen und lächelte. Dann starb sie.«[4]

Im Erkennen der Bedeutung ihrer Umwelt und der Gelegenheit, die diese zu Spiel und Sport bot, gab es zwischen den Kindern weder nationale Grenzen noch Klassen- oder Altersunterschiede. Die Wichtigkeit und Notwendigkeit solcher Gelegenheiten mußte fast zwangsläufig auch von den Erwachsenen erkannt werden. Hanna Levy-Haas sah sehr wohl, daß ihre Umgebung in Bergen-Belsen ein Alptraum war, daß sich aber dennoch das Spielverlangen der Kinder auch inmitten des Grauens auf natürliche Weise Bahn brach. Sie sah darin einen instinkthaften, beinahe atavistischen Impuls, der dem menschlichen Bewußtsein innewohnt: »Das ist, glaube ich, ein Drang, der der Seele der Kinder selbst entspringt«, schrieb sie 1944, »denn sie folgen meiner Anleitung mit Eifer, sie zeigen ihr Verlangen, zu leben, zu spielen, ein Verlangen, das stärker ist als sie selbst.«[5]

Kinder drückten ihre Ansichten weniger beredt aus. Tatsächlich nahmen sie ihre Welt wahr und versuchten sie zu verstehen; ihre emotionale und kognitive Entwicklung hatte sie befähigt, mit ihren existenziellen Bedürfnissen umzugehen. Welchen Platz Spiel und Sport in diesem hierarchischen Wertsystem der Kinder genau einnahmen, läßt sich nur vermuten. Dennoch wird man sagen dürfen, daß sie unter den psychologischen Bedürfnissen eines Kindes eine vorrangige Stellung einnahmen. Anne Frank belegt in rührender Weise die Sehnsucht vieler Kinder danach, »vergnügt [zu] sein mit den anderen und unbeschwert und glücklich [zu] leben.«[6] In den vielen Seiten der Erinnerungen wird immer wieder das eine deutlich: Die spielerischen Aktivitäten ermöglichten es, das Leben ein wenig länger fortzusetzen, indem sie die Lager, Ghettos und die beengten Verstecke etwas erträglicher machten.

Diese unbewußten, der rationalen Denkweise von Erwachsenen nicht immer zugänglichen Bedürfnisse nach spielerischem Erleben äußerten sich auf vielen Ebenen und in vielen Formen.

Eine davon war der künstlerische Ausdruck im Malen. Mehrere tausend Zeichnungen und Gemälde haben Theresienstadt überlebt, und wir erkennen in ihnen, daß die Gedanken ihrer Schöpfer um die seltenen Momente der Freude in der Welt des Spiels kreisten. Eli Bachner, der mit zehn Jahren nach Theresienstadt deportiert wurde, war nicht so eloquent wie Anne Frank, doch vermitteln uns seine Worte auf einer anderen Ebene ähnliche Einstellungen zum Spiel, wie wir sie bei ihr antreffen. Am liebsten erinnerte er sich immer wieder an die sportlichen Wettkämpfe, die von Erwachsenen für die Kinder organisiert wurden: »Für mich verbinden sich die angenehmsten Erinnerungen mit dem Fußballspiel... Jedes Spiel gab in unserer Klasse für eine ganze Woche Gesprächsstoff.« Als er dreizehn war, wurde er als Maurerlehrling nach Birkenau geschickt. Er räumte ein, daß sportliche Wettkämpfe auch dort im Mittelpunkt der kindlichen Welt standen. Im Vergleich dazu klingt die Begründung, die ein anderer junger Mann dafür anführte, daß sie in Theresienstadt in Gegenwart der SS Fußball spielten, fast wie eine Entschuldigung: »Wir waren jung, und die Spiele am Sonntagnachmittag machten uns Spaß...«[7]

Mit der Situation in Theresienstadt muß man sich schon deshalb befassen, weil sie rätselhaft und widerspruchsvoll war. Es war das einzige Lager, wo die Fürsorge, Liebe und Betreuung, die man den Kindern angedeihen ließ – wie zeitlich begrenzt diese Einflüsse letztlich auch waren –, sich doch verzögernd auf die psychische und physische Vernichtung ausgewirkt haben. Spiel und sportliche Wettkämpfe wurden von Erwachsenen organisiert, und die Kinder erkannten und anerkannten diese Bemühungen. Aus ihrer Sicht besaßen diese Spiele angesichts des eintönigen Lagerlebens unzweifelhaft eine besondere Bedeutung. Ein Junge erklärte: »Der schönste Tag war für mich der Moment, als ich, ein leidenschaftlicher Fußballspieler, zum ersten Mal das Trikot der G.W. tragen und für ihre Ehre kämpfen durfte.«

Trotz all seines Unglücks, seines Elends und der Widersprüche seiner Realität war Theresienstadt längst nicht so abschreckend wie Buchenwald, Bergen-Belsen oder Auschwitz, doch auf

10. Kreidezeichnung von spielenden Kindern. Aus einem Theresienstädter Tagebuch eines unbekannten Verfassers. (Mit freundlicher Genehmigung des Precious Legacy Project, Linda Altschuler, B'nai B'rith Klutznik Museum, Washington, D.C.)

die Zerstörung ihrer vertrauten Welt reagierten die Kinder fast überall, indem sie sich eine neue Welt erschufen oder die alte in neuer Weise formulierten. In den Anfängen des Holocaust war die jüngere Generation offenbar weitgehend darauf angewiesen, daß Erwachsene ihr eine Welt des Spiels schufen. Durch die erzwungene Trennung der Familien und den Verlust von Eltern, Verwandten, Klassenkameraden, Freunden und Lehrern wurden dann viele Kinder zu der Einsicht gebracht, daß sie auf sich selbst bauen und eigene Bereitschaft einbringen müssen. In der *Gazeta Zydowska*, einer jüdischen Zeitung, die unter Aufsicht der Deutschen im Krakauer Ghetto erschien, veröffentlichte ein kleines Mädchen namens Martha das folgende Gedicht:

»Ich muß diese Tage sparen
(Geld zum Sparen habe ich nicht),

ich muß Gesundheit und Kraft sparen,
genug, daß es mir für lange Zeit reicht.
Ich muß meine Nerven sparen
und meine Gedanken und meine Seele
und das Feuer meines Geistes;
ich muß die fließenden Tränen sparen –
ich werde sie noch lange, lange brauchen.
Ich muß in diesen stürmischen Tagen Ausdauer sparen.
Es gibt so vieles, was ich in meinem Leben brauche:
Wärme und Gefühl und ein gütiges Herz –
diese Dinge fehlen mir; davon muß ich etwas sparen!
All diese Gaben Gottes
möchte ich mir bewahren.
Wie traurig wäre ich,
würde ich sie bald verlieren.«[8]

Diese auf die Selbsterhaltung zielende Denkweise war besonders dort wichtig, wo ein Kind von menschlichen Kontakten weitgehend abgeschnitten war. Die größten Traumata und seelischen Schäden löste bei einem Kind die Erfahrung einer hermetischen Quarantäne aus, die es von Sonne, Luft und freien Räumen aussperrte und ihm die Erfahrung verwehrte, Menschen lachen zu hören. Jungen und Mädchen im Warschauer Ghetto »spähten sehnsüchtig durch die Risse und Löcher in den Ghettomauern, um einen Blick auf die Bäume und Blumen zu erhaschen, die auf der ›anderen Seite‹ wuchsen.« Noch stärker war das Gefühl der Isolation bei jenen, die sich jahrelang unter quälendsten Umständen verstecken mußten. Ein siebenjähriges Mädchen, dessen Familie sich in der Kanalisation von Lemberg (Lwow) versteckt hielt, hatte seit über einem Jahr keinen Sonnenstrahl mehr gesehen, als es, von einem unwiderstehlichen Drang getrieben, in eine Röhre kroch, um einen Blick auf die Welt zu werfen. »Das einzige, was ich zu spüren bekam, war ein wenig frische Luft.« Jahre später dachte sie daran zurück. »Ich sehnte mich so sehr nach Sonne und frischer Luft, daß ich es nicht beschreiben kann. Ich konnte direkt über uns Autos vorüberfahren hören, ich hörte menschliche Stimmen und das fröhliche Lachen spielender Kinder. Oft dachte ich, wie glücklich ich sein würde, wenn ich nur spielen könnte wie sie.«[9]

Dieses Thema kehrt auch in anderen Tagebüchern und Erinnerungen wieder. Sonnenschein, frische Luft und unbeschränkte Bewegungsfreiheit, die ein freier Mensch als einen natürlichen, selbstverständlichen Bestandteil seines Lebens betrachtet, werden für Kinder, die sich versteckt halten müssen, zu etwas Märchenhaftem. Für ein Kind war es einfach schwer, damit fertigzuwerden, daß »es kein Tageslicht gab – nicht einen einzigen Sonnenstrahl... Was ich so sehr vermißte, war ein wenig Sonnenlicht.«[10] Nur in ihrer Phantasie konnten sie ungehindert durch eine Landschaft wandern, in der es Blumen und Freunde gab. Nicht in allen Fällen war die Welt der kleinen Gefangenen traurig und hoffnungslos, denn sie konnten mit einem alten, abgegriffenen Spielzeug spielen und ihm ihre innersten Gedanken anvertrauen. Aus einer Schere und einer Pappschachtel konnte bisweilen eine ganze Welt entstehen. Was jedoch in dieser Welt fehlte, war das Lachen. Die Sehnsucht, die man den folgenden, im Versteck niedergeschriebenen Worten eines jungen Mädchens entnehmen kann, galt nicht nur der Weite der freien Natur, sondern auch anderen Kindern:

»Wenn ich hinter den zugezogenen Gardinen stand und die Kinder beim Spielen beobachtete, wünschte ich, ebenfalls hinausgehen zu können. Statt dessen besuchte ich die Kinder auf dem Papier – ich machte mit ihnen auf dem Papier einen Spaziergang.

An den Bäumen wuchsen kleine grüne Blätter, und die Straßen waren in Sonnenlicht getaucht. Der Frühling grüßte Lwow und warf warme Schatten auf den belebten P-Platz. Die kleinen Mädchen trugen nicht mehr Stiefel, sondern Schuhe, die Schals waren im Schrank verschwunden, und man trug die Jacke offen. Das Lachen der Kinder entsprach genau dem Wetter. An unserem Fenster schwebte ein Ballon vorbei und berührte fast die Mauersteine.«[11]

In manchen Fällen wie bei diesem kleinen Mädchen vermochte die Anwesenheit eines Familienangehörigen die bedrückenden Erfahrungen ein wenig zu lindern. Die tröstliche

Nähe von Eltern und Geschwistern schuf, auch wenn sie keinerlei physischen Schutz garantieren konnte, doch emotionale Sicherheit. Anders verhielt es sich bei elternlosen und solchen Kindern, die sich unter fremder Obhut versteckt hielten. Psychologisch am stärksten gefährdet waren freilich jene Kinder, die bei Familien versteckt waren, die sich gegen Entgelt um sie kümmerten. Ein kleiner Junge, den man jahrelang in einem Schrank und unter einem Bett versteckt hielt und der mit sechs Jahren noch nicht laufen konnte, wußte von der Gefangennahme und Hinrichtung seines Vaters. Nach der Befreiung schilderte er sein Martyrium und erinnerte sich auch an die folgende Begebenheit: »Als die ältere Tochter [seines ›Beschützers‹] zum Spielen hinausgegangen war, mußte ich weinen, denn ich beneidete sie. Ich war schon drei oder vier Jahre nicht mehr draußen gewesen.«[12]

Diese Sehnsüchte äußerten sich nicht immer in perfekt gefügten Sätzen oder gar im Gewand einer stimmigen, rationalen Logik. Aber schließlich haben selbst Gelehrte und Theoretiker dieses Spielverlangen bis heute nicht mit allgemein anerkannten Theorien erklären können, sieht man ab von der Vermutung, daß es dem unbewußten Teil der menschlichen Seele entspringt. Auf jeden Fall lassen diese spontanen Ausbrüche erkennen, daß den Kindern bewußt war, wie wichtig Parks, Spielplätze und Spielgelegenheiten in ihrem Leben waren. Nimmt man alles zusammen, so hatten die Kinder eine schwere Zeit durchzumachen, doch ist zu unterscheiden zwischen den Anfängen der deutschen Besatzung, in denen es bisweilen noch relativ »harmlos« zuging, und dem späteren Weg in die Vernichtung. Die Kinder wurden in beiden Situationen mit bestürzenden Widersprüchen konfrontiert, doch in beiden Phasen haben sie gespielt. Auch enthüllen die Paradoxien ihrer prekären Existenz in Ghettos, Lagern und Verstecken in der einen wie in der anderen Phase den Charakter und die Widersprüche einer aus den Fugen geratenen Gesellschaft.

Bemerkenswert ist die erschreckende Selbstverständlichkeit, mit der man es im Warschauer Ghetto hinnahm, daß einerseits Tanzsäle geöffnet waren, während andererseits die Leichen, die sich auf den Bürgersteigen häuften, mit Karren eingesammelt wurden. »Tagsüber, wenn die Sonne scheint, stöhnt das Ghetto. Doch abends gehen alle tanzen, auch wenn sie nichts im Magen haben«, bemerkte Kaplan. Es gab indessen noch mehr Widersprüche. Während die Juden durch Erlasse aus den Stadtparks verbannt wurden, fanden sich deutsche Soldaten bereit, gegen Ghettokinder Fußball zu spielen. Mit seinem geschärften Blick für die Absurditäten des Ghettolebens beobachtete Kaplan einen nicht mehr zu überbietenden Widerspruch, einen kurzen Burgfrieden auf dem Spielfeld:

»Auf einem der leeren Grundstücke an der Gesia-Straße hatten mehrere jüdische Jungen eine Art sportlichen Wettkampf organisiert, was einige deutsche Soldaten bemerkten. Als sie an dem Grundstück vorbeikamen, wandten sie sich höflich an die Spieler und baten, an dem Spiel teilnehmen zu dürfen. Die jungen Leute waren einverstanden. Als der Wettkampf beendet war, gingen sie wie Freunde und Kameraden auseinander. Es war ein Wunder. Und das ist nicht alles.

In einem Fall wurden jüdische Jungen aufgegriffen und zur Zwangsarbeit an ihren Arbeitsplatz gebracht. Dort mußten sie jedoch nicht arbeiten, sondern sie wurden aufgefordert, Fußball zu spielen, und die Arier wurden zu ihrem Leidwesen von den Kindern der ›minderwertigen Rasse‹ geschlagen. Die Sieger wurden jedoch nicht gedemütigt, und man vereinbarte ein Rückspiel.«

Rational waren solche Vorkommnisse für die Zeitgenossen nicht zu erklären, und alle betrachteten sie als wahre Wunder. (Für diesen unglaublichen Vorgang wissen wir allerdings auch heute noch keine Erklärung.) Erlebnisse wie diese waren in Warschau so selten, daß Kaplan um Worte ringen mußte, um diesen Anflug von Menschlichkeit zu erklären. Einige Zeit später beobachtete auch Ringelblum ein »Freundschaftsspiel« zwischen Juden und Deutschen oder hörte gerüchtweise davon und hielt in seinem Tagebuch fest: »Die Juden gewannen 2:1. Es ist eigentümlich, daß einzelne Deutsche sich außerhalb der Gruppe human verhalten.«[13]

Dieses Verhalten war offenkundig eher eine Ausnahme (eine

Abweichung) als die Regel, und es mag dem Umstand zuzuschreiben sein, daß beide, die Kinder wie ihre Henker, noch nicht auf ihrem jeweiligen Weg den endgültigen Abstieg in die Hölle der Unmenschlichkeit angetreten hatten. Schon die Vorstellung, daß Kinder im Vernichtungslager gespielt haben, stellt die Rationalität des menschlichen Geistes und sein Vorstellungsvermögen auf die härteste Probe. Nicht immer ist der menschliche Geist imstande, das Nebeneinander von Grausamkeit und Tod mit kindlichem Spiel zu verstehen oder aufzunehmen. In Birkenau, dem Inbegriff eines Todeslagers, brachte der erste Schnee des Winters 1943–44 einigen Burschen die seltene Gelegenheit zum Spielen. »Eislaufbegeisterte konnten auf den glitschigen Straßen um die Wette schlittern. Aggressivere Burschen erinnerten sich an die Schneeballschlachten ihrer Kindheit.«[14] Dies dürfte kein Einzelphänomen gewesen sein. Diese Kinder, mit vierzehn oder fünfzehn Jahren bereits als reguläre Zwangsarbeiter eingesetzt, hatten einen wenn auch begrenzten Freiraum, ihre jugendliche Energie auszutoben.

Besondere Beachtung verdient die Tatsache, daß Kinder selbst unmittelbar vor ihrer Vernichtung noch gespielt haben, offenbar ohne sich ihrer Situation bewußt zu sein. Tatsächlich haben sie immer wieder ohne Rücksicht auf die äußere Situation spontan und unkontrollierbar zu spielen begonnen. Oft haben Kinder, die auf dem Weg in die Gaskammern waren, nicht gewußt, was sie am Ende der staubigen Straße erwartete. Aber auch inmitten der surrealistischen Todeslandschaft, in den Vernichtungszentren, kam es bisweilen vor, daß ein Kind den ständig präsenten Tod vergaß oder ignorierte. Es gibt in der Vielzahl schmerzlicher Szenen einzelne Fälle, in denen Häftlinge – und gelegentlich auch ihre Mörder – mit Tränen in den Augen zusahen, wie ein Kind vor dem Betreten der Gaskammer spielte. Ihre kostbarsten letzten Augenblicke verbrachten Kinder im Spiel, ohne die Schatten der Gaskammern und Krematorien zu beachten. In einem idyllischen Wäldchen versteckt, bildeten die Tötungseinrichtungen von Auschwitz-Birkenau oft den Hintergrund für ein kindliches Lächeln, ein Händchen, das sich nach einer Blume ausstreckt, oder eine Mutter, die fürsorg-

11. Ungarische Kinder spielen vor ihrem Tod in dem Birkenwäldchen, das die Gaskammer umgibt. (Mit freundlicher Genehmigung des Simon Wiesenthal Center in Los Angeles, Kalif.)

lich im sorgfältig gekämmten Haar eines kleinen Mädchens eine Schleife richtet. Viele Mütter, die selbst schon von der quälenden Deportation erschöpft waren, vermochten die Unausweichlichkeit des Endes nicht zu fassen.

Kitty Hart schildert in ihrem Buch *I Am Alive*, wie sie zusammen mit anderen Auschwitz-Häftlingen, die in einem Arbeitskommando die Kleider der Toten zu sortieren hatten, fast ungläubig zu Zeugen des unmittelbaren Nebeneinanders von Grausamkeit und Spiel wurden. Umgeben von Geschrei, »Tod und qualmenden Schornsteinen, die mit ihrem Ruß die Luft schwärzten und mit dem schweren Geruch brennender Körper erfüllten«, gelang es Kindern dennoch, einen kurzen Moment der Freude zu ergattern. Hart, die mit anderen in einer Baracke in der Nähe der Krematorien untergebracht war, erlebte den endlosen Zug von Frauen:

»darunter arme und reiche, die einen erschöpften Eindruck machten und ihre Kinder und Babys fest an sich drückten. Es kam vor, daß ein kleines Mädchen eine Puppe in einem Puppenwagen vor sich herschob oder über ein Springseil hüpfte. Während der Wartezeit wickelte eine Mutter ihr Baby, eine andere setzte ihrem Kind eine Mütze auf, um es vor der sengenden Sonne zu schützen. Ein Kind pflückte sich eine Blume, die am Straßenrand wuchs ...«[15]

Diese tragische Szene ist durchaus glaubhaft. Die herzzerreißenden Szenen von Kindern, die an der »Pforte zum Tod« spielten, werden in zahlreichen Tagebüchern und Zeugenaussagen beschrieben. Ein solcher ungewöhnlicher Moment hat sich Erich Kulka, Schriftsteller und selbst Auschwitz-Überlebender, ins Gedächtnis eingebrannt. In dem Wartebereich neben den Gaskammern wollte eine Mutter, die sich über das bittere Schicksal, das sie erwartete, völlig im klaren war, ihre fünfjährige Tochter ablenken und beruhigen, und so bat sie sie, »noch ein kleines Tänzchen zu machen, bevor wir uns mit Oma vereinigen«. Die Menschen, die da auf ihren Tod warteten, vergaßen plötzlich den stechenden Geruch brennenden Fleisches und die Tränen ihrer Mitopfer:

»Kinder und Frauen umringten das kleine Mädchen, das einen hübschen Tanz aufführte, an einem Ort, den man mit Recht als ›Wartezimmer des Todes‹ bezeichnen kann. Sogar einige der SS-Männer waren verblüfft und verfolgten interessiert die Bewegungen der kleinen Tänzerin.

Sie hat ihre kleine Übung nicht beendet. Plötzlich erschien Kramer [der Kommandant] und schrie: ›Dies ist kein Ort für Theaterdarbietungen‹, und dann befahl er ihnen, in die Gaskammer zu gehen.«[16]

Solche Vorkommnisse stürzten alle, auch die Mörder, in Verwirrung. Wenn man den Bekenntnissen von Rudolf Höß, dem Kommandanten von Auschwitz, Glauben schenken darf, so war selbst er nicht gänzlich gefeit gegen gewisse Empfindungen einer vagen Menschlichkeit und möglicherweise einen Anflug von Mitgefühl. Als Kommandant der größten Todesfabrik Auschwitz-Birkenau überwachte er persönlich die Tötung von

Millionen von Kindern und Erwachsenen. Von Gewissensbissen geplagt, erinnerte er sich:

»Einmal waren zwei kleine Kinder so in ihr Spiel vertieft, daß sie sich absolut nicht von ihrer Mutter davon wegreißen lassen wollten. Selbst die Juden des Sonderkommandos wollten die Kinder nicht aufnehmen. Den um Erbarmen flehenden Blick der Mutter, die bestimmt wußte, was geschieht, werde ich nie vergessen. Die in der [Gas-]Kammer wurden schon unruhig – ich mußte handeln. Alles sah auf mich – ich gab dem diensthabenden Unterführer einen Wink, und er nahm die sich heftig sträubenden Kinder auf die Arme und brachte sie mit der herzzerbrechend weinenden Mutter in die Kammer. Ich wäre am liebsten vor Mitleid von der Bildfläche verschwunden – aber ich durfte nicht die geringste Rührung zeigen.«[17]

Am glücklichsten waren vielleicht jene Kinder, die von dem drohenden Verhängnis nichts bemerkten. Andere hatten bereits, bevor sie bei einer der regelmäßigen Razzien von den Deutschen eingefangen wurden oder auf der Straße zugrunde gingen, die nicht endende Qual des Ghetto- und Lagerdaseins miterlebt. Für Ghetto- und Lagerkinder wurde der Tod zu einem selbstverständlichen Teil ihres Lebens. Warum sie so viel gespielt haben, ist nicht leicht zu erklären, denn schließlich standen ihnen die ringsum geschehenden Greuel und der unmittelbar drohende Tod deutlich vor Augen. Angesichts der drastischen Freiheitsbeschränkungen, der schikanösen Vorschriften und der sich ständig verschlechternden Bedingungen, unter denen die Kinder lebten, unterlag ihr Spiel einem dramatischen, unwiderruflichen Wandel. Zunehmend wurden ihre Aktivitäten von den herrschenden soziopsychologischen und ökonomischen Faktoren bestimmt, die die Kinder dazu zwangen, ihre Tätigkeiten zu wechseln und sich einen anderen Zeitvertreib auszudenken. Tatsächlich traf der Übergang von der Freiheit zur physischen und geistigen Absonderung die Kinder sehr stark, doch im großen und ganzen reagierten sie darauf schneller und schöpferischer als die Erwachsenen, und sie erholten sich schneller davon. In Lagern, Ghettos und Verstecken waren die geistigen und physischen Beschränkungen, die der eingesperrten Bevölkerung auferlegt wurden, die Hauptdeterminanten der Spielerfahrungen von Kindern. Sie prägten alle Bereiche menschlichen Bestrebens und verschonten weder die Erwachsenen noch die Kinder. Die Umwelt sowie der Hunger, die seelische Qual und der unablässige Terror prägten allen Aspekten des Daseins der jungen Häftlinge ihren Stempel auf. Diese veränderten Bedingungen schlugen sich zwangsläufig auch in den Spielen und Freizeitbeschäftigungen nieder. Um mit den Anforderungen ihrer neuen Umwelt und den Bedingungen fertigzuwerden, mußten die Erwachsenen und die Kinder sich anpassen, improvisieren, innovativ sein und sich aus dem Nichts eine neue Welt aufbauen.

Wenn man sich mit den spielerischen Aktivitäten von Kindern in den dunkelsten Winkeln des Holocaust befaßt, steht man vor einer faszinierenden Vielfalt von Erfahrungen, Erlebnissen und Episoden. Man stößt ebenso auf Heldenhafte wie auf Ängstliche, auf Arglose wie auf Durchtriebene. Angesichts der Extreme ihrer Existenz erscheint die Anpassungsfähigkeit der jungen Menschen bemerkenswert. Bei der gewaltsamen Verschleppung von Familien in Ghettos und Lager galten für das, was an materiellem Besitz mitgenommen werden durfte, enge Grenzen, die sich zwangsläufig auch auf Spielsachen erstreckten. Außerdem gingen bei mehrfachem Ortswechsel Spielsachen verloren, und wertvolles Spielzeug wurde vielfach von den Deutschen oder ihren einheimischen Söldlingen beschlagnahmt. So kamen beispielsweise in Theresienstadt mit dem Strom der Häftlinge zunächst keine Spielsachen ins Lager. Für die Kleinkinder wurde das Spielen erst nach längerer Zeit wieder zur Selbstverständlichkeit, denn zuvor mußte man sich neue Spielsachen ausdenken und neue Spiele organisieren. Die Kinder waren gezwungen, sich mit ein paar Lumpen oder einem Stück Holz neue Spielgelegenheiten zu schaffen.[18]

Dieses Bemühen der Jugend, eine »Spielwelt« zu schaffen, war in jedem Versteck und in jedem Ghetto oder Lager deutlich zu erkennen, und es wurde außerdem stark durch die Tatsache gefördert, daß es an elterlicher Aufsicht fehlte, die eine stabile

Umwelt hätte herstellen können. Ein junges Mädchen, das sich in Italien versteckt hielt, beschrieb eine phantastische Spielwelt, die es mit Hilfe einer Schere und einer Pappschachtel schaffen konnte. Ein anderer junger Mensch mußte sich, da er immer wieder das Versteck wechselte, seine Spielsachen aus Schlamm bauen: »Schiffe, Kanonen, Panzer und Bunker – alles aus der eigenen Vorstellung. So fiel es mir leichter, die Zeit zu vertreiben.«[19] Oskar Rosenfeld, der sich um ein ausgewogenes Bild des Ghettolebens bemühte, notierte in der offiziellen Chronik des Lodzer Ghettos unter der Überschrift »Die Spielsachen der Ghettokinder«, daß Zigarettenschachteln für die Kinder, deren Mehrheit damals in Ghettowerkstätten und Rüstungsbetrieben arbeiten mußte, zu wertvollen Schätzen wurden. »Die Blicke der Kinder betteln um diese Schachteln, ihre Hände strecken sich nach ihnen aus«, schrieb er im Juli 1943.

»Außerhalb des Ghettos bekommen Kinder schöne und passende Spielsachen geschenkt. Ein ausgedehnter Industriezweig befaßt sich mit ihrer Herstellung; Künstler und Handwerker denken sich neue Spielsachen aus und errichten aus Holz, Pappe, Metall, Seide und Gips kleine Altäre für die Herzen der Kinder... Es entsteht eine phantastische Welt, und Kinder spazieren in ihr herum. Den Kindern des Ghettos wird ein solches Glück jedoch nicht zuteil. Sie müssen sich ihre Spielsachen selbst schaffen. Immerhin ist das jüdische Kind talentiert genug, sich ohne die Phantasiegebilde des Spielzeugfabrikanten zu behelfen. Unsere Kinder sammeln leere Zigarettenschachteln. Sie schneiden die bunten Vorderseiten aus und stapeln sie, bis sie einen ganzen Packen zusammenhaben. Spielkarten.

Und sie spielen. Sie zählen die Karten und teilen sie aus. Sie ordnen sie nach Farbe und Name. Grün, orange, gelb, braun, sogar schwarz. Sie spielen Spiele, die sie sich selbst ausdenken, sie ersinnen Systeme, sie lassen ihrer Phantasie freien Lauf.«[20]

Wie andere Schilderungen aus Lodz belegen, waren die Erwachsenen von der Findigkeit und Kraft der Ghettokinder überrascht und beeindruckt. Im Rückblick wird deutlich, daß die Spiele der Ghettokinder ein natürlicher Ausdruck einer sich neu herausbildenden Ghetto-Kultur und -Folklore waren. Diese

12. Im Ghetto erfanden die Kinder ihre eigenen Spiele und Spielsachen. Lodzer Ghetto, 1942. (Mit freundlicher Genehmigung des Museums der Ghettokämpfer, Israel)

Kultur schuf aus der Verschmelzung alter Werte und Traditionen mit den veränderten sozialen und psychologischen Bedingungen ganz eigene Formen des Humors, eigene Lieder und Gedichte. Die Spielsachen und Spiele der Kinder machten ebenfalls einen drastischen Wandel durch, den zeitgenössische Beobachter für so bedeutsam hielten, daß sie ihn in der offiziellen Ghetto-Chronik berücksichtigten. Im Sommer 1943 fanden die Kinder, deren Musikinstrumente zuvor von der Gestapo beschlagnahmt worden waren, Gefallen an einer interessanten Mode, die Oskar Rosenfeld, der scharfsichtige Beobachter der Ghetto-Folklore, so beschreibt:

»Seit Tagen schon sind die Straßen und Höfe des Ghettos von einem Geräusch erfüllt, das an das Klappern von Holzschuhen erinnert.

Anfangs stört einen der Lärm, doch allmählich gewöhnt man sich daran und sagt sich: Dies gehört ebenso zum Ghetto wie die Jauchegruben. Bald entdeckt der Beobachter, daß dieses ›Klappern‹ von Jungen erzeugt wird, die sich einen Zeitvertreib, eine Unterhaltung ausgedacht haben. Die Kinder des Ghettos haben, genauer gesagt, ein neues Spielzeug gefunden.

Auf die verschiedenen Spielsachen und Lärminstrumente, mit denen Kinder sich sonst amüsieren – Harmonikas, Steckenpferde, Rasseln, Bauklötze, Abziehbilder usw. –, müssen unsere Kinder natürlich verzichten. Auch in anderer Hinsicht sind sie als Ghettobewohner von den Verzauberungen der Kinderwelt ausgeschlossen. Und so erfinden sie selber Spielsachen, die all jene Dinge ersetzen, die Kindern überall Freude machen und hier unerreichbar sind.

Das Ghettospielzeug im Sommer 1943: zwei Plättchen aus Holz, wenn möglich Hartholz! Das eine Plättchen wird zwischen Zeigefinger und Mittelfinger, das andere zwischen Mittelfinger und Ringfinger gesteckt... Das entstehende Geräusch ähnelt... musikalisch gesprochen, dem Klappern von Kastagnetten. Je härter das Holz, desto durchdringender und klarer das Klappern, desto gelungener das Spielzeug und desto größer die Freude. Das künstlerische Talent des Spielzeugschnitzers und des Ausführenden läßt sich natürlich bis zu einem sehr hohen Niveau verfeinern...

Die Straßen des Ghettos Litzmannstadt (Lodz) sind erfüllt von Klappern, Trommeln, Knallen... Barfüßige Jungen trippeln an einem vorbei und führen einem ihre Musik direkt vor der Nase vor, mit großem Ernst, als hinge ihr Leben davon ab...

Ein Gespräch mit einem Virtuosen: ›Wir kriegen das Holz von der Abteilung für Holzarbeiten, aber nur das härteste Holz ist gut genug.‹ – ›Wie nennt sich das Spielzeug?‹ – ›Es nennt sich Kastagnette... warum, weiß ich nicht. Habe den Namen noch nie gehört. Wir malen das Spielzeug an, damit es hübsch aussieht. Der Kerl dort‹, er zeigte auf einen barfüßigen Jungen, der zerlumpt und schmutzig auf der staubigen Straße saß, ›weiß nicht, wie man es macht. Um einen guten Ton herauszubekommen, muß man die ganze Hand schwingen lassen. Hartholz und ein kräftiger Schwung, darauf kommt es an.‹ Ein paar Jungen traten zusammen, klapperten mit ihren Kastagnetten, und es begann ein Heidenlärm. Es war das erste Kastagnettenkonzert, dem ich je beigewohnt habe.

Der Chronist nimmt an, daß die Klappermusik ›nach einiger Zeit‹ verschwinden und durch eine andere Art von Musik ersetzt werden wird. Aber er kann sich täuschen.«[21]

Trotz des unsäglichen menschlichen Elends in den Ghettos gab es doch noch minimale Voraussetzungen für menschliche Interaktion. Wo selbst diese fehlten, schufen Freunde Gelegenheiten zum Spielen. Schamus, ein fünfjähriger Junge aus Kielce, der mit seiner Mutter mehrmals umziehen mußte, hatte »keine Spielsachen ... und behalf sich in ihrem überfüllten Zimmer mit dem Überrest eines Besens oder spielte mit den anderen Kindern im Hof ›zur Arbeit gehen‹«. Dies war, wie man noch sehen wird, eines der wesentlichen Unterscheidungsmerkmale zwischen dem Spiel der Erwachsenen und der Kinder. Einstweilen wird man sagen dürfen, daß das Spiel bei Erwachsenen eine genau geplante und ausgeführte Beschäftigung ist, die einem klar definierten Zweck dient. Für die Erwachsenen in ihrer grenzenlosen Hilflosigkeit war das Spiel ein wichtiger Flucht- und Bewältigungsmechanismus in emotionaler wie in geistiger Hinsicht. Kinder befassen sich hingegen kaum damit, ihr Tun, besonders das Spiel, verstandesmäßig zu verarbeiten. Ein junges Mädchen, befragt, wie es in Auschwitz spielen konnte, schaute den Fragesteller »verwundert an und rief aus: ›Trotzdem habe ich gespielt! Mit nichts habe ich gespielt! Mit dem Schnee! Mit den Schneebällen!‹«[22]

Von menschlichen Kontakten abgeschnitten, waren andere Kinder in der Lage, sich neue Spiele und Spielsachen auszudenken. Die Phantasie eines Kindes besitzt erstaunliche Fähigkeiten, neue Welten zu erschaffen oder umzuformen. In welcher mißlichen Lage sich Kinder befinden, denen die kleinen Freuden des Lebens wie Freunde oder Spielsachen fehlen, zeigen die Erinnerungen eines Mädchens, das mit drei Jahren in einem mit Bohlen abgedeckten Erdloch versteckt lebte. »Wir schliefen auf Brettern, die mit Stroh bedeckt waren. Ich vertrieb mir die Zeit damit, Ratten und Mäuse zu jagen oder Steinchen über den

Boden kullern zu lassen.« Gabriele Silten, eine junge Deutsche, die sowohl Westerbork als auch Theresienstadt durchlief, schildert ähnliche Erfahrungen mit der größeren Beredtsamkeit einer Zehnjährigen:

»Zwischen diesen Balken [des Dachbodens] lebten Ratten mit ihren Jungen. Wir balancierten auf den Balken entlang, um zu den Stellen zu gelangen, wo die Rattenfamilien lebten (bisweilen auch nur, um auf den Balken zu balancieren), und stocherten dann mit einem Stock nach ihnen, um zu sehen, wie sie heraussprangen. Erstaunlich ist, daß sie uns nie gebissen oder angegriffen haben.«[23]

In vielen dieser Spiele ist unschwer das Phantasieelement auszumachen, das in ihrer psychischen Welt eine hervorragende Rolle spielte. Gabriele Silten erinnerte sich auch daran, daß sie und ihr kleinerer Freund Hans des öfteren in der Öffnung des Dachgebälks standen »und so taten, als könnten wir fliegen... Die Flugphantasie war herrlich, denn wenn wir fliegen konnten, dann konnten wir fortfliegen.« Andere dachten sich imaginäre Freunde aus, Anne Frank zum Beispiel ihre »Kitty«, mit denen sie ihre Erlebnisse austauschen konnten. Es war ein verständlicher Wunsch der Kinder, von einem magischen Kreis umgeben zu sein, einem Kreis von Freunden, in dem man ein anderes Leben führen konnte, das nichts mit dem Elend des Ghettos zu tun hatte. Diese imaginierten Freundschaften sollten nicht einer Realitätsflucht dienen, sondern helfen, sich an eine vollkommen irrationale Welt anzupassen oder diese ein wenig rationaler zu machen. Für die Kinder in den Ghettos haben die Spielplätze, Schulen und Vereine diesen Effekt bis zu einem gewissen Grad erreicht. Doch Kinder, die in Verstecken lebten und kaum Kontakt mit Menschen hatten, mußten sich ihre imaginären Welten selbst ausdenken. In der Phantasie konnte man die physischen Schranken eines kleinen Zimmers oder Bunkers symbolisch überwinden. Eine Überlebende erinnerte sich, daß ihr Vater, als das Leben im Versteck begann, stundenlang wundervolle Geschichten erzählt hat. »Sein Geschichtenerzählen war lebensrettend, denn es hat mir ein unglaubliches Geschenk mitgegeben.« Als die Familie später getrennt wurde, belebte die Fünfjährige diese Geschichten »mit Schlössern, Prinzen und Prinzessinnen... Ich habe in den Phantasiegeschichten, die mein Vater mir erzählte, gelebt. Ich habe mich in sie hineinversetzt und dabei mich selber vergessen. Und das war sehr hilfreich.«[24]

Rückten spielerische Aktivitäten einerseits die Realität in den Mittelpunkt der Aufmerksamkeit, so konnten sie doch andererseits im Gefühlsleben eines Kindes auch eine stärkere Bedeutung annehmen als normal. Im milden Septemberwetter von Westerbork beobachtete Mechanicus, daß »junge Menschen bis in den späten Abend hinein auf den Wippen und Schaukeln zu finden sind. Heute abend waren dort noch um halb zehn einige Kinder im hellen Mondlicht am Spielen.« Nicht minder intensiv gaben sich tausend Kilometer entfernt, in Theresienstadt, andere kleine Häftlinge dem Spiel hin: »Wer diese Zeiten des Grauens und der Verzweiflung miterlebt hat, wird verstehen, daß die kleinen Freuden des Lebens wichtig waren, um ein Gegengewicht gegen dieses Elend zu bilden.« Die kurzen Momente der Freude wurden von den Kindern ausgekostet und mit einer Begeisterung begrüßt, als seien es kostbare, vergängliche Geschenke. Ein Leben, das von unablässigen Veränderungen und Gefahren begleitet war, ließ die Menschen das äußerste erwarten. Die Aussicht auf eine seltene Theatervorstellung brachte ein junges Mädchen ganz aus dem Häuschen: »Ich dachte zuerst, ich würde vor Übermaß an Glück platzen, wie ein zum Bersten gefüllter Ballon. Das war zuviel für mich. Ich hüpfte herum, warf mich auf die Bretter, strampelte mit den Beinen in der Luft, lachte laut, und noch immer stieg die unerträgliche Freude in mir höher... Es war unbeschreiblich. Da konnte man nur noch schreien und tanzen.«[25]

Eine ebenso heftige Beziehung entwickelten Kinder zu ihren Spielsachen. Die wenigen Spielsachen, die es gab, wurden den Kindern zum sorgsam gehüteten Besitz. Ein Mann, dessen Wohnung von Deutschen, die auf jüdische Wertsachen aus waren, wiederholt durchstöbert und geplündert wurde, war ehrlich erstaunt, als sein dreijähriger Sohn auf die Forderungen der Eindringlinge einmal in der Weise reagierte, daß er »den Hals seines Schaukelpferds umschlang und mit ängstlichem Blick sagte: ›Das ist mein Pferd, das kriegt ihr nicht.‹« In Zeiten der Unsicherheit und Gefahr entwickelten Kinder instinktiv ein innigeres Verhältnis zu einem bevorzugten Spielzeug, ihrer Lieblingspuppe oder ihrem gehätschelten Teddybär. Vor ihrer Deportation nach Westerbork vertraute Gabriele Silten ihren Lieblingsbär ihrem nichtjüdischen Freund an, der ihn ihr nach dem Krieg zurückgeben sollte. Beide Großeltern hatten noch in Deutschland Selbstmord begangen, und sie wollte Braunchen, den Bären, nicht mit ins Ungewisse nehmen und dadurch gefährden. »Dahinter steckte wohl der Gedanke, daß Braunchen nichts passieren sollte«, sagt sie zurückblickend; »mir lag zu viel an ihm. Deshalb wollte ich ihn nicht mitnehmen. Wir wußten zwar nicht, wohin es ging, aber es konnte nur ein schlimmer Ort sein.«[26]

Weil mit den Kindern nur wenige Spielsachen in die Ghettos und Lager gelangten, wurde ein Schaukelpferd oder eine Lieblingspuppe unausweichlich zum Mittelpunkt der Welt eines Kindes. Das Spielzeug bot nicht nur eine Beschäftigungsmöglichkeit, sondern auch dringend benötigte emotionale Sicherheit. In dem Maße, wie die Spielgelegenheiten und die Aussicht auf neue Spielsachen schwanden, entwickelten die Kinder eine emotionale Bindung an ihre Spielsachen, deren Intensität sogar die Eltern überraschte. Unter den zermürbenden Verhältnissen in den Ghettos, Lagern und Verstecken zeigte sich, wie sehr die entwurzelten Kinder ihre Spielsachen zur emotionalen Sicherheit brauchten. Der schmerzliche Verlust von Angehörigen und Freunden, die plötzlich aus ihrem Leben verschwanden, führte dazu, daß die Kinder sich verschlossen oder sich ihren Lieblingsspielsachen zuwandten. Wenn die Kinder es schaffen konnten, daß sie statt von einem geliebten von einem leblosen Objekt Liebe erfuhren, vollzog sich eine psychologische Übertragung. Sie konnten ihre Angst, ihren Kummer, ihre Qual, ihre Liebe – ein ganzes Spektrum menschlicher Empfindungen – mitteilen, denn die zerschlissenen Puppen und die zerbrochenen Spielsachen waren gute Zuhörer. Ihnen konnten die kleinen Besitzer

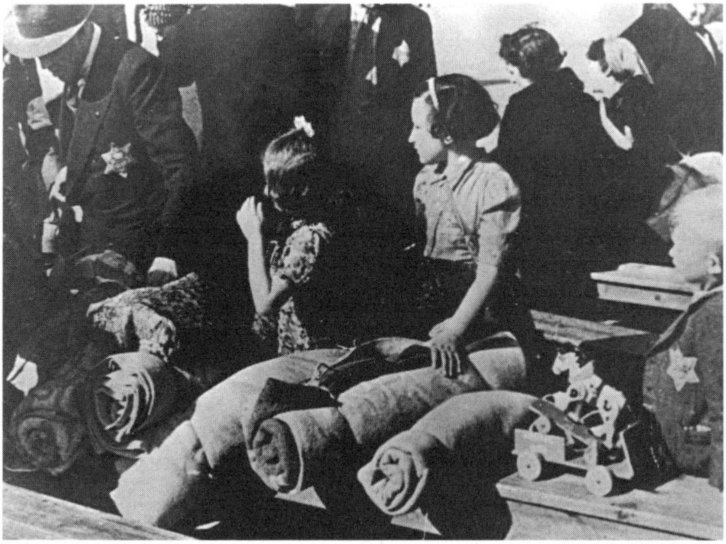

13. Kinder stellen sich in einer Amsterdamer Sammelstelle mit ihren Spielsachen zur Deportation an, 1942–43. (Mit freundlicher Genehmigung des Rijksinstituut voor Oorlogsdocumentatie)

ihre Geheimnisse anvertrauen, wie es in der Klage eines namenlosen Mädchens in dem kurzen Gedicht »Ich sitze mit meiner Puppe« zum Ausdruck kommt:

»Ich sitze mit meiner Puppe am Ofen und träume.
Ich träume, daß mein Vater zurückgekommen ist,
ich träume, daß mein Vater noch am Leben ist.
Wie gut es ist, einen Vater zu haben.
Ich weiß nicht, wo mein Vater ist.«[27]

Das Ghetto konnte zwar den Körper einsperren, war jedoch nicht in der Lage, der Phantasie die Flügel zu stutzen. Natürlich war die Phantasie der Kinder insofern begrenzt, als sie nur umformulieren konnte, was das Kind schon vorher kannte. In ihrem Tagebuch des Warschauer Ghettos hat Rachel Auerbach die Vergeblichkeit eines Gesprächs zwischen zwei Mädchen von elf und fünf Jahren festgehalten. Es brach ab, weil die Jüngere sich das Bild von Schwänen auf einem herrlichen See nicht vorstellen konnte. Für das jüngere Mädchen war dies mehr als ein Märchen, denn es hatte in seinem kurzen Leben weder anmutige Schwäne noch einen See von kristallenem Blau gesehen. Auch kann eine zwangsläufige Verdrängung das Erinnerungsvermögen eines Kindes tiefgreifend beeinflussen. Der siebenjährige David Wolf, im Versteck von seiner Mutter aufgefordert, ein Bild von ihrem früheren Haus, dem Garten, dem Himmel und der Sonne zu malen, entgegnete, er habe »vergessen, wie Himmel und Sonne aussehen«.[28]

Nicht alle wurden in so drastischer Weise von ihrer Umgebung beeinflußt. Kinder bewiesen eine erstaunliche Fähigkeit, sich über die zerstörten Häuser, die schmutzigen, buckligen Straßen, die Ratten, die Leichen und den ständigen Hunger zu erheben. Sie konnten zusammen mit ihren leblosen kleinen Freunden weinen, trauern und sich nach den Verstorbenen sehnen; so entwickelten die Kinder zu ihrem Spielzeug eine emotionale Beziehung. An die fünfjährige Ettie aus dem Lodzer Ghetto erinnerte sich deren Kinderschwester als ein süßes Mädchen, das seine ganze Familie verloren hatte. Die ganze Tragödie des Holocaust steckt in den wenigen Worten, bei denen »sie ihre Stoffpuppe noch fester an ihr Herz drückte und mit ernster Stimme zu ihr sprach:

›Weine nicht, mein Püppchen. Wenn die Deutschen kommen und dich schnappen wollen, werde ich dich nicht hergeben. Ich werde mit dir gehen, wie Rosies Mutter...‹

Mit diesen Worten stand sie auf und wischte sich mit ihrer Schürze die Tränen ab, ebenso wie die ›Tränen‹ ihres Puppenkindes, und sprach erneut in dem gleichen traurigen Ton zu ihr:

›Komm, ich bringe dich zu Bett. Ich habe kein Brot mehr für dich. Die heutige Ration hast du gegessen, fertig, ich muß den Rest für morgen lassen.‹«[29]

Es wurden nicht nur neue Spiele erfunden, auch alte Spiele bekamen im Leben der Kinder eine neue Bedeutung, und einige der Änderungen lassen erkennen, daß der drastische Wechsel der Umgebung sich schädlich auswirkte. Wir werden darauf noch ausführlicher zurückkommen, doch sei hier schon festgehalten, daß diese Aktivitäten und ihr Inhalt, ihr Zweck und ihre Begründung Dimensionen annahmen, die man normalerweise nicht mit der landläufigen Auffassung vom Spielen verbindet. Unter den kulturellen und sozialen Bedingungen, die im Holocaust herrschten, nahm alles scharfe Konturen an.

»Die Realitäten des Ghettolebens wurden zur normalen Existenz von Kindern, die keine andere Lebensweise kannten, und so erfanden sie Lieder und Spiele, in denen Aktion, Blockade, Kummer, Tränen und Hunger zum gängigen Wortschatz ihres Theaterspiels wurden...«

Die Erfahrungen, die die Kinder im Spiel nachvollzogen, waren natürlich je nach Ort und Zeit verschieden, denn im Holocaust hingen alle realen Ereignisse von Ort und Zeit sowie von der sozioökonomischen Stellung der Beteiligten ab. Allerdings waren die Unterschiede eher gradueller Natur. Im Grunde herrscht in den Schilderungen des Lebens unter dem Holocaust eine schreckliche Eintönigkeit. Den neugierigen Augen von Kindern konnte nichts entgehen, und alles, was sich in ihrer Umgebung abspielte, wurde von ihnen festgehalten und interpretiert. Wir kennen keine knappere Schilderung der kindlichen Spiele als die von Mark Dworzecki, einem Historiker aus Wilna, der den Holocaust überlebte: »Die Kinder im Ghetto wußten, was ein Ghetto war, und sie kannten auch die Bedeutung der Wörter ›Aktion‹, ›Todestransport‹, ›Nazi‹, ›SS-Mann‹, ›Bunker‹ und ›Partisan‹. Sie spielten ›Aktionen‹, ›Bunkersprengen‹, ›Abschlachten‹ und ›Erfassung der Kleider der Toten‹.«[30]

Überall spiegelten sich so im Spielverhalten die Leiden, Dramen und Absurditäten, die das kurze Leben der Kinder ausfüllten. Die düsteren Schatten der Realität drängten sich selbst in die magische Welt des Scheins. Tzvia Kuretzka, selber daran beteiligt, stellte sachlich fest, daß sich in fast allen Spielen das Leben im Ghetto widerspiegelte. Eines der beliebtesten Spiele in Wilna, »durch das Tor gehen«, ahmte nach, was Tausende von jüdischen Arbeitern erlebten, wenn sie von der Zwangsarbeit heimkehrten und von der jüdischen und deutschen Polizei durchsucht wurden, ein Erlebnis, das dem Spießrutenlaufen glich. Wie die wenigen Überlebenden von Wilna sich erinnern werden, kam das Spiel der Realität auf unheimliche Weise nahe. Zunächst wurde festgelegt, wer die beiden Hauptfiguren spielte: Levas, den gehaßten Chef der jüdischen Torwache, und Franz Murer, einen der blutrünstigsten Gestapo-Männer. Die übrigen Kinder spielten die jüdischen Arbeiter, die etwas Eßbares in das ausgehungerte Ghetto zu schmuggeln versuchten, und die Wachen, die sich bemühten, das Schmuggelgut aufzuspüren. Während die jüdischen Torwächter jeden einzelnen durchsuchen, erscheint »Murer«, der die jüdische Polizei antreibt, ihre Brutalität zu steigern, und gleichzeitig unter den »Arbeitern« Tumult und Panik auslöst. Diese versuchen sich verzweifelt der kleinen Nahrungsmittelpäckchen zu entledigen, doch bei einigen findet »Murer« das Belastungsmaterial, und diese »Arbeiter« werden ausgesondert und später von der Polizei ausgepeitscht.[31]

Ähnliche Spiele, an denen sich überwiegend Jungen beteiligten, wurden in fast allen Ghettos gespielt. Die Mädchen spielten das nach, was die Frauen im Ghetto betraf. Im Lodzer Ghetto ahmten sie ihre Mütter nach, indem sie so taten, als stünden sie mit »Ghetto-Rumkis« (den Coupons, die Chaim Rumkowski, der Vorsteher des Lodzer Judenrates, als Ghetto-Währung ausgegeben hatte) nach rationiertem Gemüse Schlange. Ihr Spiel blieb der Realität nichts schuldig. Sie zankten sich in der Schlange, stießen sich gegenseitig mit den Ellbogen und versuchten sich zum »Ausgabeschalter« vorzudrängen. Ihre Lehrerin, die das Spiel unauffällig beobachtete, erinnerte sich, daß »ein blondes Mädchen mit kurzen dicken Zöpfen und langem, hagerem Gesicht kreischte: ›So ein Unglück! So eine Katastrophe! Sie haben mich betrogen, diese Räuber! Die Kartoffeln, die sie mir gegeben haben, sind alle faul. Was soll ich meinen Kindern zu essen geben?‹«[32]

Die Jungen befaßten sich mehr mit Kriegsspielen, wie im folgenden aus Lodz berichtet wird: »Die ›Russen‹ wirkten aggressiv mit ihren angelegten ›Gewehren‹, bereit, den ›Deutschen‹ eine ›Schlacht‹ zu liefern... Ein hübscher Kerl, nicht älter als acht, kommandierte ›Achtung! Links, zwo, drei, vier, links...« Aber auch das Geschehen im Ghetto fehlte in ihren Spielen nicht, ganz im Gegenteil. Immer wieder lehnten Kinder es ab, die verhaßten deutschen Soldaten zu spielen. Vielleicht war es für sie verlockender, die Machthierarchie des Ghettos nachzuspielen. Eines der Spiele hieß »Ältester der Juden«, womit natürlich Rumkowski gemeint war. Der Junge, der die Hauptrolle spielte, ahmte all die negativen Eigenarten und die Doppelzüngigkeit des Vorbilds nach. Er hielt Reden, erwies seinen Anhängern Gefälligkeiten und bestrafte seine Gegenspieler.

»Die Jungen klatschten Beifall und lachten laut. Bald begann der Junge ›Rumkowski‹, sich gegenüber allen wie ein Diktator aufzuführen.

Seine ›Untertanen‹ waren jedoch nicht zufrieden mit ihm, sie wollten nicht gehorchen. Jeder hatte einen ›dringenden‹ Wunsch an den ›Ältesten‹. Einer schrie, er sei krank und benötige Medikamente, ein anderer bettelte darum, nicht ›deportiert‹ zu werden, während ein dritter an seinem Mantel zerrte und um zusätzliche ›Privilegien‹ bat.

Der junge Herrscher war von Lärm und Geschrei umgeben, alle drängten nach vorn, jedes Kind bemühte sich, näher an den ›Ältesten‹ heranzukommen, doch der teilte mit einem Stock links und rechts Hiebe aus.«[33]

In der Regel war ein repräsentativer Querschnitt der Kindergemeinschaft in den Ghettos und Lagern an den Spielen beteiligt. Das Versteckspiel eignete sich für alle Altersstufen und für beide Geschlechter, und die »kleinen, schmutzigen und übelriechenden Höfe«, wie sie ein Jugendlicher aus Wilna nannte, waren dafür geradezu ideal. Die vielen kleinen Winkel der heruntergekommenen Höfe boten eine Fülle von Verstecken. Doch dieser harmlose Zeitvertreib aus glücklicheren Tagen bekam durch das Ghetto sowohl eine andere Bezeichnung als auch einen anderen Charakter. Man sprach jetzt von »Blokkade«, unter Anspielung auf die Jagd nach jüdischen Kindern, bei der ganze Häuserblocks durch deutsche Einsatzkräfte und ihre jüdischen und einheimischen Helfershelfer hermetisch abgeriegelt wurden. Das Spiel begann damit, daß alle Türen und

Ausgänge geschlossen wurden. Dann, so schilderte es ein achtjähriger Teilnehmer glaubwürdig,

»wurden die Kinder in ›Polizisten‹ und ›Deutsche‹ eingeteilt. Eine dritte Gruppe bestand aus ›Juden‹, die sich in ›Bunkern‹ verstecken mußten, also unter Stühlen, Tischen, in Fässern und Mülltonnen. Die höchste Auszeichnung fiel dem Kind zu, das Kommandant Kitel, den Chef der Gestapo, spielte. Es war jeweils der stärkste Junge oder das stärkste Mädchen. Stieß ein verkleideter ›Polizist‹ auf ›jüdische‹ Kinder, übergab er sie den ›Deutschen‹.«[34]

Das Leben im Ghetto oder Lager regte die Kinder außerdem recht nachdrücklich zu »unkonventionellem« Sozialverhalten an. Äußere Kräfte waren unter den Bedingungen, die der Holocaust schuf, stärker als alle inneren Kräfte der Mäßigung. Das brutale Eindringen des Holocaust in das Leben der Erwachsenen erschütterte auch die heitere Welt der Kinder. Rasch und tödlich zerstörte er den natürlichen Kreislauf, den Rhythmus und die moralische Grundlage des Lebens. Die Jungen in den Ghettos bildeten Straßenbanden, die sich, wie ein junges Mädchen aus Warschau berichtete, »auf den Treppen wilde Schlachten lieferten, und ich war froh, wenn ich nicht zwischen sie geriet«. Emmanuel Ringelblum, der oft zitierte Warschauer Sozialhistoriker, sah das Problem aus der Warte eines Erwachsenen: »Die Kinder werden rasch demoralisiert«, schrieb er im August 1941. »Ein Beleg für diese Tendenz sind die offenen Schlachten zwischen Kinderbanden, bei denen Gefangene genommen werden.«[35]

So bestürzend dieses Verhalten für einen Humanisten wie Ringelblum war und so verwirrend es vielen von uns heute erscheinen mag, waren die Kinderbanden und ihr Treiben doch nur aus der Sicht eines konventionellen Wertesystems etwas Unerwartetes. Der Holocaust machte indes das Unkonventionelle und Irrationale zu einer Alltäglichkeit. Das Handeln der Kinder stand nicht im Gegensatz zur Realität. Tatsächlich war das Spiel, wie oben etwas vage angedeutet wurde, ein nicht herauszulösender Bestandteil der Realität, ein Spiegel, der oft ein verzerrtes Bild zurückwarf. Das Spiel bot den Kindern die Möglichkeit eines »abgepufferten Lernens«, einen Handlungsrahmen, in dem man lernen konnte, sich auch in einer abnormen Situation sicher zu verhalten und nicht die Kontrolle zu verlieren. Die Kinder bezogen denn auch den Tod, der sie umgab, ganz selbstverständlich in ihr Leben ein. In ihren Spielen spiegelte sich unausweichlich das ringsum herrschende Grauen, auch wenn ihre Eltern sich verzweifelt bemühten, die Grausamkeiten von ihnen fernzuhalten. Der Tod wurde in ihrem gefährdeten, kurzen Leben zu einem zentralen Thema, weil er sie allseits umgab. Wiederum wirft Ringelblums Beschreibung des Warschauer Ghettos, das trotz all seiner Greuel nicht so entsetzlich war wie ein Todeslager, ein Schlaglicht auf die Situation des Ghettokindes. »Die Kinder fürchten sich nicht mehr vor dem Tod. In einem Hof spielten sie ein Spiel, bei dem eine Leiche gekitzelt wurde.«[36]

Noch bezeichnender für diesen moralischen Niedergang waren die Spiele kindlicher Gefangener in Konzentrationslagern, wo die ganze Tragödie der jüngeren Generation im Spiel umgesetzt wurde. Auch wenn diese Tatsache für den menschlichen Verstand nicht leicht zu fassen ist, lieferte der Holocaust doch vielfältige Belege dafür, daß Spielen zu jeder Zeit und an jedem Ort möglich ist. Die Kinder im Frauen-Konzentrationslager Ravensbrück unterschieden sich in dieser Hinsicht kaum von anderen terrorisierten und traumatisierten Kindern. Da das Lager ausschließlich für Frauen bestimmt war, gelang es einigen Müttern, ihre Kinder mitzunehmen, besonders ab 1944, als die strengen Vorschriften etwas gelockert wurden, die sich gegen »unproduktive Elemente« (also Kinder) richteten. Eine der prominenten Gefangenen des Lagers war Emma Gluck-La Guardia, die Schwester des Bürgermeisters von New York, der ein gestandener Feind der Nazis war, ein Umstand, der ihr möglicherweise das Leben rettete. Sie wurde mit ihrer Tochter und ihrem Enkelsohn in dieses berüchtigte Lager deportiert. In ihren Memoiren schätzt sie die Zahl der kleinen Kinder, die 1944 im Lager lebten, auf etwa fünfhundert. »Sie sahen aus wie Skelette. Einige hatten keine Haare auf dem Kopf. Dennoch verhielten sie sich wie Kinder, rannten umher und bettelten ihre Eltern um dieses oder jenes an. Sie spielten sogar Spiele. Ein beliebtes Spiel war der Appell, nach dem Vorbild des täglichen Lagerappells.«[37]

Das Spiel war ein integraler Bestandteil des Lebens, auch in den unmenschlichsten Ausrottungszentren wie Auschwitz-Birkenau. Unter den griechischen Jungen in Birkenau gab es beispielsweise ein Spiel, bei dem sie sich gegenseitig schlugen.

»Sie nannten es ›Klepsi Klepsi‹ – eine scherzhafte Bezeichnung für Stehlen. Einem der Spielkameraden wurden die Augen verbunden, dann wurde er geohrfeigt, und je härter man zuschlug, desto lustiger war es dann zu beobachten, wie er versuchte, unter den feixenden Kameraden, die sich alle nach Kräften bemühten, schuldbewußt dreinzublicken, den Schuldigen herauszufinden; fand er ihn, mußte dieser sich die Augen verbinden lassen und seinerseits erraten, wer ihn geschlagen hatte.«

Versuchen wir den Sinn dieses Spiels zu verstehen, so stellt es sich uns als eine bemerkenswerte Zusammenfassung des Lagerlebens mit seinen eigentümlichen Wertvorstellungen und ethischen Normen dar. Das Stehlen war wie das Schlagen ein fester Bestandteil der Realität. Das Überleben im Lager war in hohem Maße davon abhängig, daß der Insasse sich illegal mehr Nahrung zu verschaffen wußte als die magere Ration, die gleichbedeutend war mit einem Todesurteil durch allmähliches Verhungern. Die Nahrungsbeschaffung wurde euphemistisch mit Ausdrücken wie »organisieren«, »borgen« und »klauen« verschleiert. Mag das nach heutigen Normen und unter heutigen Umständen auch als unmoralisch gelten, so ermöglichte es doch das Überleben. Das Stehlen wurde von vielen im Lager nicht verurteilt, auch wenn es bedeutete, daß jemand anderer weniger zu essen hatte. Es war lediglich die Antwort auf Mangel und Entbehrung, aber wenn einer ertappt wurde, mußte er fast immer mit einer grausamen Tracht Prügel rechnen.[38]

Nirgendwo war – wir müssen es immer wieder betonen – die surrealistische Landschaft des Todes so erstickend und entsetzlich wie in Auschwitz. Nicht nur der Seele der Kinder, sondern jeglichem menschlichen Bestreben drückte sie ihren makabren Stempel auf. Der allgegenwärtige Tod trat in jeder erdenklichen Gestalt auf. Einige der größeren Jungen veranstalteten Mutproben, wie sich eine Kinderschwester aus einem der Kinderblocks in Auschwitz-Birkenau erinnert. Sie liefen auf den elektrischen Zaun zu, und manche berührten ihn sogar kurz mit ihren Fingerspitzen. Meistens hatten sie Glück, denn der Strom war tagsüber abgeschaltet. Der Gegenwart des Todes wurden sich die Kinder besonders dann bewußt, wenn sie zu den Rauchsäulen hinübersahen, die täglich aus den Schornsteinen der Krematorien aufstiegen, und sie benutzten diese Symbole des Todes in ihren Spielen.

»Sie spielten ›Lagerältester‹ und ›Blockältester‹ oder ›Appell‹, wobei sie ›Mütze ab!‹ riefen. Sie übernahmen die Rolle der Kranken, die beim Appell ohnmächtig wurden und deshalb geschlagen wurden, oder sie spielten ›Doktor‹, einen Doktor, der den Kranken ihre Essensrationen wegnahm und ihnen jegliche Hilfe versagte, wenn sie nichts hatten, um ihn zu bestechen... Einmal spielten sie sogar ›Gaskammer‹. Sie gruben ein Loch in den Boden und warfen nach und nach Steine hinein. Das sollten Menschen sein, die in die Krematorien gebracht wurden, und sie ahmten deren Schreie nach. Ich sollte ihnen zeigen, wie man den Schornstein errichtet.«[39]

Diese Szene ist, auch wenn sie den »moralischen Niedergang« der Jugend zu belegen scheint, doch nur ein Abbild der größeren Gemeinschaft, die sie umgab. Man zögert fast, das Verhalten der Kinder, die so unverkennbar Opfer waren, mit dem negati ven Ausdruck *moralischer Niedergang* zu belegen. Von einem moralischen Verfall der Gemeinschaft zeugt ihr Handeln nur, wenn man es an den Werten und Normen der Zeit vor und nach dem Holocaust mißt. Damals war es so normal, wie es das unter den herrschenden Umständen nur sein konnte. Es war Ausdruck einer Lagerkultur, die, genau wie die Ghettos, ganz ausgeprägte und unverwechselbare Regeln besaß, die mit den Wertvorstellungen, Normen und Verhaltensregeln einer normalen Zivilisation nichts zu tun hatten. Es war Bestandteil eines schmerzlichen »Kulturkonflikts« zwischen der unmittelbaren

Realität und dem, was aus einer entschwundenen, fast mythischen Vergangenheit noch an elterlichem Einfluß verblieben war, einem Einfluß, der die Kinder abzuschirmen und zu schützen versuchte.

Die Widersprüche waren ungeheuerlich. Das Medium, das über den Abgrund zwischen einer nebelhaften Vergangenheit und einer unabweisbaren Gegenwart eine schwache, zerbrechliche Brücke zu errichten vermochte, waren die Spiele, die selbst mitten in Auschwitz spontan entstanden. Sie halfen den Kindern, sich das grauenhafte Geschehen zurechtzulegen und sich seelisch auf die Umgebung einzustellen. Es war vielleicht kein Zufall, daß es, anders als bei den Erwachsenen, unter den Kindern und Heranwachsenden fast keinen Fall von Selbstmord gab. Diese ungewöhnliche Tatsache dürfte auch darin begründet sein, daß die Kinder eine bei Erwachsenen selten anzutreffende Fähigkeit und Vorstellungskraft besaßen, Grausamkeit spielerisch zu inszenieren. Hauptquelle dieser Tendenz, »Realität nachzuspielen«, war eine gewisse Anpassungsfähigkeit, die die charakterliche Integrität nicht gefährdete. Diese Aktivitäten halfen den Kindern sehr, sich in einer Welt zurechtzufinden, die zwar den Wertvorstellungen ihrer Eltern widersprach, ihnen selbst aber erschreckend vertraut und nahe war. Ihre Eltern waren nicht so biegsam. Sie waren nicht imstande, sich allein mit Hilfe der Phantasie eine neue Welt zu erschaffen. Entweder fanden sie einen »Fluchtmechanismus«, oder sie mußten körperlich und seelisch zerbrechen. Eine Mutter, die emotional nicht mehr ein noch aus wußte, hat die moralische Qual und Hilflosigkeit der Erwachsenen angesichts der Realität auf klarsichtige und tragische Weise charakterisiert: »Dies ist kein Leben, es ist ein Schachspiel, bei dem du gleichzeitig mit den weißen und schwarzen Figuren spielst.«[40]

Das Spiel und der menschliche Geist

»Jeder Tanz ist ein Protest gegen unsere Unterdrücker«

Was Friedrich Schiller vor zweihundert Jahren schrieb, klingt so, als bezöge es sich direkt auf das kindliche Spiel im Holocaust: »Der Mensch spielt nur, wo er in voller Bedeutung des Wortes Mensch ist, und er ist nur da ganz Mensch, wo er spielt.«[1] Der unvergleichliche Dichter hat mit diesen Worten das Wesen des Spiels erfaßt und erkannt, daß es mehr ist als die unerhebliche, nichtssagende Aktivität der Entwicklungsjahre, die es nach verbreiteter Vorstellung darstellt. Während der »Spieltrieb« insofern etwas Unbewußtes ist, als seine plötzlichen Äußerungen sich oft einer rationalen und allgemein anerkannten Erklärung entziehen, kann das Spiel das gesamte Spektrum menschlicher Empfindungen und Lebenserfahrungen darstellen und symbolisieren. Man könnte noch hinzufügen, daß sich im Spiel eine schöpferische, eine naturgegebene psychische Energie äußert, die sich unter allen Umständen und in jeder Umgebung Bahn brechen kann. Mag es auch noch so schwer zu erklären sein, Tatsache ist, daß auch und gerade im Holocaust gespielt wurde, und im Grunde ist das nicht erstaunlich. Freilich hat der Holocaust nicht nur Inhalt und Sinn des Spiels verändert, sondern ihm und seiner Bedeutung neue Dimensionen verliehen. Die äußeren Reize und die inneren Antriebe, das Spiel und die Spiele erfuhren durch das Holocaust-Trauma einen tiefgreifenden Wandel und dienten schließlich einem Zweck, der ihnen normalerweise nicht zugeschrieben wird.

Man kann diese Abweichung vom Üblichen nur verstehen, wenn man erkennt, daß das Verhalten der Menschen während des Holocaust von drei grundlegenden Antrieben bestimmt war: der Opposition gegen Unterjochung, der Anpassung an widrige Umstände und dem Drang zu überleben. Man muß davon ausgehen, daß alle drei Antriebe geradezu instinkthaft der menschlichen Psyche innewohnen. Auch gab es enge Verbindungen zwischen ihnen, die unterschiedliche Existenzformen in einer völlig unkonventionellen, irrationalen Welt bildeten. Und in dieser Welt, in der die Reaktionen der Opfer auf Ausrottungspläne streng begrenzt waren, dienten die Schaffung von Spielplätzen und die Organisation spielerischer Aktivitäten durch die Erwachsenen sowie die Spiele der Kinder selbst der Ausbildung eines Abwehrmechanismus.

Opposition im Sinne einer Reaktion gegen die Unterjochung von Geist und Körper ist ein allgemeiner Begriff; er umfaßt ein ganzes Spektrum menschlicher Reaktionen – vom Trotz bis zum bewaffneten Widerstand. Hier wird bewußt von *Opposition* und nicht von *Widerstand* gesprochen. Diesem weiter gefaßten Begriff läßt sich ohne weiteres das Spiel zuordnen. Der Gedanke an »Widerstand« während des Holocaust hat bei Historikern und bei Überlebenden seit jeher gemischte Gefühle und geteilte Meinungen hervorgerufen. Die Frage, worin denn Widerstand, Trotz oder andere Formen der Opposition bestehen und wie sie sich in unterschiedlichem Ausmaß manifestieren, ist schwierig zu beantworten. Bei einem Unheil von solchem Ausmaß wie dem Holocaust denkt man gern an einen machtvollen Widerstand, wünscht man heroische Gestalten zu sehen, die, das Schwert der Rache schwingend, über die Schar ihrer hingestreckten Feinde triumphieren. Wohl ist dies das Bild heroischen Widerstandes, das wir aus der ganzen Geschichte kennen, doch stellt es – als »bewaffneter Widerstand« – nur eine von vielen Möglichkeiten dar, wie Menschen auf die Vernichtung reagieren können. Dabei haben wir sehr viel mehr Handlungsmöglichkeiten, wenn es gilt, uns gegen körperliche und geistige Unterdrückung oder gegen unsere Tötung zu wehren. Opposition umfaßt sowohl Widerstand als auch Trotz und Protest und läßt sich nicht auf die bewaffnete Aktion beschränken. Die Definition muß eine Fülle menschlicher Reaktionsweisen berücksichtigen, besonders dann, wenn die verfügbaren Mittel und die Fähigkeit zu reagieren stark eingeschränkt sind. Die Schwierigkeit, Widerstand genau zu definieren, zeigt sich in einer unscheinbaren Äußerung der Erzieherin Genia Silkes, die als eine der Heldinnen des Warschauer Ghettos überlebte: »Einen Tag länger zu leben bedeutet Widerstand. Inmitten von Ruhr, Typhus und Hungertod gibt es Widerstand. Lehren und lernen ist Widerstand.«[2]

Zweifellos hat Silkes' Bemerkung mehr mit dem allgemeinen Begriff des Überlebens als mit bewußtem oder planmäßigem Widerstand zu tun. Dem Ethos der *Opposition* lassen sich dagegen die unterschiedlichsten Handlungsweisen zuordnen, vom festen Entschluß, den Unterdrücker zu überleben, über das Schütteln einer geballten Faust bis hin zum Abdrücken einer Waffe. Um Opposition (Trotz, i. S. von einer Situation oder jemandem trotzen) zu definieren, muß man jedenfalls über die landläufige, recht enge philosophische Anschauung von Holocaust-Historikern hinausgehen.[3] Trotz ist ein psychologischer Begriff und besteht in der zumeist unbewußten Disposition, sich mit allen verfügbaren Mitteln gegen die Vernichtung zu wehren. Deshalb sollte bewaffneter Widerstand nicht das Kriterium für Heroismus sein. Heroismus sollte vielmehr an der Fähigkeit gemessen werden, sich gegen geistige und physische Unterjochung zu wehren und sie zu überwinden. Dieser Impuls, dem Untergang zu trotzen, wurde im Holocaust ebenso überlebensnotwendig wie Nahrung, Wärme und Obdach, weil er den Lebensmut neu anfachte und stärkte. Der Trotz bewies außerdem, daß die Opfer ihren Verfolgern überlegen waren, denn diese konnten ihn nicht eindämmen oder darauf reagieren.

Diese Überlegung läßt das Ziel, das hinter den verzweifelten Bemühungen der Gemeinschaft stand, Spielplätze zu schaffen und Spielgelegenheiten zu organisieren, verständlicher erscheinen. Eine Gemeinschaft, die bis zuletzt an ihrer Würde festhielt, bekräftigte darin ihre Entscheidungsfreiheit. Der geistige und physische Terror konnte die Menschen zwar physisch vernichten, doch es gelang ihm nicht, sie moralisch restlos zu erniedrigen. Diesen Willen, zu widerstehen und sich gegen alle Hoffnung zu behaupten, beobachtete Chaim Kaplan in Warschau. Ein wenig verwundert schreibt er über die Begehung des Chanukka-Festes im Winter 1940–41: »Der Feind erläßt Gesetze, doch sie [die Juden] folgen ihnen nicht ... Das ist das Geheimnis unseres Überlebens«, und er ruft aus: »Wie groß war die Freude, wie groß das Gefühl nationaler Zusammengehörigkeit bei dieser Chanukka-Feier! Nach sechzehn Monaten Nazibesatzung sind wir wieder ins Leben zurückgekehrt.«[4]

Der Begriff der Opposition wird nicht überdehnt, wenn wir behaupten, daß die Kinder bewußt und unbewußt aus ihren Spielen eine Form des Protests und des Trotzes machten. In den Aktivitäten der Kinder drückte sich deren kognitiver Entwicklungsstand ebenso aus wie der begrenzte Rahmen, in dem diese Aktivitäten stattfanden. Hungrig, übel zugerichtet und terrorisiert, bewahrten sich die Kinder ihre Humanität und ihre Achtung vor dem Leben – ihr Bemühen, in einer irrationalen Welt zu einem Gleichgewicht zu finden, bekräftigte den Primat des Lebens. Wenn das Spiel als eine Form des Protests, ja im Grunde als bewußte Opposition genutzt wurde, so ging das über das herkömmliche Verständnis von Heroismus hinaus, denn es bedeutete äußersten geistigen Widerstand.

Nazierlasse unterbanden beispielsweise alles, was der Bildung dienlich sein konnte. Vielerorts wurde denn auch mit Beginn der deutschen Besatzung Schulunterricht förmlich verboten. Die Ereignisse jener gefährlichen Zeit bewiesen indes, daß dem Einfallsreichtum der Menschen keine Grenzen gesetzt sind. Ein herausragendes Beispiel für die restriktiven Maßnahmen der Deutschen und die Bemühungen der Juden, diese zu umgehen, bietet Theresienstadt. Anstelle des förmlichen Schulwesens schuf die Jugendfürsorge des Lagers mehrere »Spielgruppen«. »Der Unterricht mußte als Spiel getarnt werden«, erinnerte sich ein Gefangener nach dem Krieg. In spielerischer Verkleidung wurden in Fächern wie Geschichte, Mathematik und Erdkunde Stunden abgehalten. Kinder standen abwechselnd Schmiere, um ihre Klassenkameraden und Lehrer zu warnen, wenn SS-Männer nahten. Im Handumdrehen verwandelten Kinder und Lehrer dann das Klassenzimmer in eine Spielszene. Das alles mußte bis ins kleinste Detail eingeübt werden, denn wenn einer erwischt wurde, konnte es für Kinder und Lehrer den Tod bedeuten.[5]

14. »Mit klopfendem Herzen führten wir den Unterricht durch.« Eine Untergrundklasse im Warschauer Ghetto, 1941–42. (Mit freundlicher Genehmigung des Museums der Ghettokämpfer, Israel)

Ähnliche Sorgen und Probleme gab es in Lublin, wie sich ein dortiger Lehrer erinnert. Nachdem die Deutschen jeglichen Unterricht im Ghetto verboten hatten, trafen sich die Kinder in kleinen Gruppen in einer Privatwohnung, wobei sie heimlich die wenigen Lehrbücher und Hefte, die ihnen zur Verfügung standen, mitbrachten:

»Mit klopfendem Herzen erteilten wir den Unterricht, ständig auf der Hut vor dem Gebelfer der SS, die häufig die jüdischen Wohnungen durchsuchte. In einem solchen Fall verschwanden sofort alle belastenden Spuren. Bücher und Hefte waren nicht mehr zu sehen. Die Schüler begannen zu spielen, und der Lehrer verwandelte sich in einen Kunden und begann, wenn er sich in der Wohnung eines Schneiders befand, Kleider anzuprobieren, oder wenn er bei einem Schuhmacher war, Schuhe.«[6]

Diese Form des Spiels kann ebensowenig wie andere Spiele, auf die wir noch zurückkommen werden, als eine Äußerung des

»Spieltriebs« gelten, die sich durch Spontaneität auszeichnet und nicht mit handgreiflichen Vorteilen verbunden ist. Spielen war hier eine List, mit der etwas anderes verdeckt werden sollte. Vieles, was kategorisch verboten war, wurde von den Kindern dennoch praktiziert. Kaplan gibt mit seiner Äußerung über das Tanzen im gequälten Ghetto ein Beispiel für einen Akt des Trotzes. Seine Worte verraten ein großes Einfühlungsvermögen und dazu einen beträchtlichen Optimismus, was die Feinheiten des Ghettolebens betrifft. Der deutsche Kommandeur hatte aus einer Laune heraus das Tanzen verboten, doch ließen sich Erwachsene wie Jugendliche dadurch nicht davon abhalten. Diese Reaktion war spürbar ein Ausdruck des geistigen Widerstandes der Gemeinschaft gegen den Feind:

»Es herrscht eine große Frivolität im Ghetto, um die Sorgen ein wenig zu lindern. Tagsüber, wenn die Sonne scheint, stöhnt das Ghetto. Doch abends gehen alle tanzen, auch wenn sie nichts im Magen haben... Als wäre eine *Mizwa* zu tanzen. Je mehr einer tanzt, um so mehr ist es ein Zeichen seines Glaubens an ›die Unvergänglichkeit Israels‹. Jeder Tanz ist ein Protest gegen unsere Unterdrücker.«[7]

Man kann den Idealismus, den Kaplan hier an den Tag legt, beziehungsweise seine Interpretation dieses Sachverhalts durchaus anzweifeln. War Tanzen wirklich ein Ausdruck von Trotz und »Protest«, war es eine bewußte Realitätsflucht, wie er an anderer Stelle andeutet, oder ist der Tagebuchschreiber hier lediglich seinem Wunschdenken erlegen? Wir haben immer wieder erlebt, daß der größte, die herkömmliche Bedeutung des Wortes übersteigende Heroismus nicht bei Soldaten anzutreffen ist, die für das Gefecht und den Krieg gerüstet sind. Bei Krieg denkt man an einen Wettstreit zwischen ebenbürtigen Gegnern, in dem beide Seiten in der Lage sind, die andere zu verwunden und zu töten. Der Holocaust war jedoch kein Krieg, und von Ebenbürtigkeit konnte keine Rede sein. Der Heroismus, den ein Kind mit seinem Handeln bewies, ist etwas weit Kostbareres, weil er der Ungleichheit, der Ohnmacht und der Unschuld entspringt und beweist, welche Kraft aus Idealen gezogen werden kann, die dem Ziel der Henker widersprachen.

1940 schilderte Kaplan den Besuch eines Machthabers, den die Kinder des Ghettos durch übertriebene »Huldigungen« mit Hohn und Spott überschütteten:

»Manchmal sind es Schulkinder, die unsere Arbeit erledigen. Die Kinder unserer Armen, von denen die Straßen Warschaus zu jeder Tageszeit wimmeln, haben selbst vor den despotischen Siegern keine Angst... Aber diese Knirpse beobachten jede Regung der Sieger und imitieren perfekt die Redeweise der Nazis und deren Grausamkeit. Für sie ist das nichts als ein guter Stoff für Spiele und Vergnügungen. Kinder sind zu mancherlei fähig.

Einmal kam ein Nazi ins Ghetto, aus einem Bezirk, wo die Juden jeden Nazi-Soldaten, der ihnen begegnet, grüßen und dabei ihren Hut ziehen müssen. In Warschau ist das nicht üblich, doch der ›Ehrengast‹ wollte die heimischen Sitten auch bei uns durchsetzen. Plötzlich gab es einen großen Tumult... Die kleinen ›Schlaumeier‹, die eigentlichen Herren der Straße, kapierten, um was es ging, und fanden großen Spaß daran, dem Nazi tatsächlich zu gehorchen und ihm Achtung zu erweisen, aber auf eine Art, die den ›großen Herrn‹ vor aller Welt lächerlich machen mußte. Sie liefen herbei, um ihn endlos zu begrüßen und ihm zu Ehren die Mütze abzunehmen. Schließlich kam eine beträchtliche Schar zusammen, die mit einem übertriebenen Ausdruck der Ehrerbietung gar nicht mehr aufhören wollte, die Mütze abzunehmen. Manche hatten dabei ein ernstes Gesicht, während die Freunde hinter ihnen lachten... Das war noch nicht alles. Der Spaß lockte den Pöbel an, und alle brachen zu Ehren des Nazis in brausende Hurrarufe aus. Das ist die Rache der Juden!«[8]

Diese Szene vermittelt einige verblüffende psychologische Erkenntnisse. Offenbar hatten die Kinder ein klares Bild von der Realität und den Machtverhältnissen, doch konnten sie sich an ihrem Demütiger dadurch rächen, daß sie ihn mit gespielter Zutraulichkeit demütigten. Zwar konnten sie sich nicht wehren, doch stellten sie die Absurdität der deutschen Vorschriften durch ihr Verhalten bloß – ein subtiler Akt des Widerstands. Auch wenn wir die Leistung der Kinder nicht überbewerten (die Deutschen scheinen das Motiv hinter ihrem Verhalten nicht erkannt zu haben), haben sie mit ihrer trotzigen Gebärde doch so etwas wie einen moralischen Sieg errungen, einen seelischen Auftrieb für die Bedrängten. Dies war kein Einzelphänomen, sondern Teil des aufblühenden Ghetto-Humors. In allen besetzten Gebieten reagierten die Juden auf Maßnahmen der Deutschen mit einer Verachtung, die sich in Scherzen und Witzen äußerte. Humor ist vielleicht kein klarer Beweis für *Widerstand*, sondern eher dem *Trotz* oder dem *Protest* zuzurechnen; er erlaubte es jedenfalls, Streß zu verringern und sich innerlich aus einer Streßsituation zurückzuziehen.

Trotz und Protest sind menschliche Reaktionen, die man nicht auf den Bereich unbewußten Verhaltens beschränken kann, da sie auch in mancherlei Form als bewußte, zielgerichtete Handlungen auftreten können. »Als die Kinder erfuhren«, so erinnert sich eine Lehrerin aus dem Lodzer Ghetto unter Tränen, »daß sie deportiert werden sollten, bekamen sie einen spontanen Wutanfall.« Sie gingen in ihren Garten und zertrampelten zornig die Beete, in denen Mangold wuchs. Sie stießen mit den Schuhspitzen nach jedem Erdklumpen, und rasend vor Wut rissen sie die Pflanzen mit der Wurzel aus und schleuderten sie in alle Richtungen.

»›Nichts wird wachsen, nachdem wir fort sind! Nichts wird in diesem Garten blühen!‹ schrie ein Mädchen von etwa zehn Jahren voller Wut.

›Nichts wird wachsen! Nichts wird blühen!‹ wiederholten die anderen und zertraten alles nur noch zorniger.«[9]

Die Kinder von Westerbork waren zwar von ähnlicher Wut erfüllt, wenn der Unglückszug kam, um seine menschliche Fracht wie gewohnt zu den Vernichtungszentren in Polen zu befördern. Bei der Ankunft des Zuges waren die Lagerinsassen stets von stiller Trauer und Verachtung erfüllt. Für die Kinder war er der sagenhafte Drache, ein Moloch, den man mit Menschenopfern beschwichtigen mußte. Die Kinder hatten keine Waffen, keine Messer, keine Macht, sondern nur grenzenlosen

Haß auf dieses Werkzeug des Untergangs, aber sie erkannten und spürten die in der Luft liegende Eiseskälte von Auschwitz, Treblinka und Bergen-Belsen. Als einziges Mittel des Protests blieb ihnen, ihre Verachtung zum Ausdruck zu bringen. Mechanicus beobachtete »eine Gruppe von Schuljungen, die auf dem täglichen Marsch ins Moor zu singen pflegte, wie sie stumm an dem Zug vorbeizog, nachdem eines der Kinder geschrien hatte: ›Jungs, da ist wieder der verdammte Zug. Singt gefälligst nicht!‹«[10]

Dieser Geist des Protests und des Trotzes wurde zu einem bewußten Bestandteil vieler Ghettospiele. Sehr oft fiel es schwer, jemanden zu finden, der bereit gewesen wäre, die Rolle des verhaßten Feindes, der deutschen Soldaten, zu übernehmen. So verhielt es sich in allen Gebieten, die von den Nazis besetzt waren. Ein Überlebender, der als Kind im französischen Lager Gurs war, erinnerte sich beispielsweise ganz deutlich, daß »niemand der Deutsche sein wollte«. Die Kinder im Lodzer Ghetto, die bei einem Kriegsspiel die deutschen Soldaten spielten, weigerten sich, wie ein Beobachter festhielt, das deutsche Lied »Denn heute gehört uns Deutschland, und morgen die ganze Welt« zu singen. Als die Deportation von Kindern 1942 ihren Höhepunkt erreichte, wollte ein kleiner, neunjähriger Junge nicht mehr mitmachen und erklärte: »Ich will kein Deutscher sein, weil die Deutschen kleine Kinder ihren Müttern fortnehmen... und sie töten!« Damit war das Spiel augenblicklich beendet. Derselben Quelle zufolge beschlossen die Kinder daraufhin, das Spiel »Deportation« zu spielen, in dem eine trauernde Mutter, verängstigte Kinder und die Deutschen auftraten. Derjenige, der die Idee gehabt hatte, gab den anderen Anweisungen: »Wenn die Deutschen kommen, um dich mitzunehmen, werde ich mich dagegen wehren, und du mußt weinen...« Auch hierbei wollte der trotzige Junge nicht mitmachen: »Ich will kein Deutscher sein, und ich will keine Kinder fangen.«[11]

Was den bloßen Trotz zusätzlich vom Widerstand unterscheidet, ist das Ausmaß der eigenen Beteiligung. Es gab zwar

Bekundungen des Trotzes, die unverkennbar einer bewußten Absicht entsprangen, doch blieben sie in einem passiven Rahmen. So verhielt es sich bei vielen Trotz- und Protestbekundungen der Erwachsenen. Die erste eindeutige Bekundung symbolischen Widerstands gegen deutsche Greuel kann verschiedenen Formen kindlichen Spiels zugeschrieben werden. In der magischen Welt des Als-ob konnten Kinder Vorstellungen und Wünsche artikulieren, die auch bei den Erwachsenen vorhanden waren, aber nicht offen ausgesprochen werden konnten. Im Ghetto Kaunas (Litauen) spielten Kinder »Totengräber: Sie hoben eine Grube aus, legten ein Kind hinein und nannten es Hitler.« In Wilna spielten die Kinder ein Spiel, das komplizierter und drastischer war als das soeben geschilderte und das sie »Befreiung« oder »Ponary« nannten. Darin wurde die Tragödie der Wilnaer Juden nachgespielt, die 1941–42 in den Wäldern von Ponary von Einsatzgruppen niedergemetzelt worden waren; das Spiel nahm jedoch eine eigentümliche Wendung, um glücklich zu enden. Ein Neunjähriger, der an dem packenden Drama mitgewirkt hatte, schilderte den Verlauf 1946, kurz nach der Befreiung, mit schlichten Worten:

»Kinder, die ›Juden‹ spielten, wurden von den ›Gestapomännern‹ nach Ponary gebracht, ein bewaldetes Gebiet im Bezirk Wilna, wo sie getötet werden sollten. Doch die ›Juden‹ überwältigten die ›Gestapomänner‹ und schlugen sie mit ihren eigenen Gewehren [Stöcken]. Den ›Gestapomännern‹ wurden von den befreiten ›Juden‹ mit Stricken die Hände gefesselt, und sie wurden statt der ›Juden‹ zum Hinrichtungsplatz geführt. Dort angekommen, mußten sie sich in einer Reihe aufstellen und wurden mit Gewehren [Stöcken] erschossen.«[12]

Kriegsspiele sind seit jeher in allen Ländern ein beliebter Zeitvertreib von Kindern. Es ist verständlich, daß sie in Kriegszeiten mit ihrer Intensität andere Spielformen in den Schatten stellen. Sie bieten den Kindern eine Gelegenheit, ihre Gefühle und Loyalitäten zum Ausdruck zu bringen. Daß Juden und Russen bei den Spielen in Ghettos und Lagern immer die Sieger waren, sollte denn auch niemanden überraschen. Meine Studie beschränkt sich zwar auf die von den Nazis besetzten Länder

Europas, doch ist an dieser Stelle ein Hinweis auf die jüdischen Kinder angebracht, denen es gelang, während des Krieges in die Sowjetunion zu flüchten. Das Schicksal der Juden in den besetzten Gebieten war den Kindern ebenso bekannt wie deren Eltern, und sie spielten es mit entsetzlicher Genauigkeit nach, bis auf das Ende, das stets die Unterdrückten als Sieger sah. Die Worte eines Achtjährigen sprechen für sich:

»Einmal drangen die ›Deutschen‹ in unser Lager ein. Diesmal war Sanka ein ›Deutscher‹, der nach ›Juden‹ suchte. Ich wurde an meiner Nase als ›Jude‹ erkannt, und ich wurde gefoltert, um die Verstecke anderer ›Juden‹ zu verraten. Genau in dem Augenblick tauchten meine Waffengefährten – wir nannten sie die ›Panzermänner‹ – mit hochgereckten Händen auf... Zusammen mit den ›Panzermännern‹ kreisten wir sie [die Deutschen] ein und riefen ›Hurra!‹«[13]

Es erübrigt sich, die Spiele der jüngeren Generation mit dem bewaffneten Widerstand ihrer Eltern zu vergleichen. Die Aktivitäten der Kinder haben weder am Gang der Geschichte noch an ihrer unmittelbaren Situation etwas geändert. Dennoch gehörte der »Protest«, den die Kinder in ihren Spielen ausdrückten, zur gleichen Kategorie von Widerstandsverhalten. Es war kein bloß symbolisches Verhalten, weil die Kinder sich durch die Spiele, allerdings auf ihrem instinkthaften und kognitiven Niveau, aktiv gegen ihre geistige Unterjochung und ihre physische Ausrottung wehrten. Trotz und Protest waren zugleich Bestandteil eines umfassenderen Verhaltens, der psychologischen »Bewältigung«, die einen Damm gegen das schmerzliche Eindringen der Realität in die Welt der Kinder errichtete und dabei gleichzeitig eine Brücke schuf, über die man sich auf diese Realität einstellen konnte. Dieser Bewältigungsmechanismus konnte sogar die Wut eines Kindes mobilisieren und in konstruktive Bahnen lenken, er ließ ein »Hochgefühl [entstehen], daß man etwas tun konnte und nicht hilflos war«.[14]

Psychologen, die sich mit Traumata befassen, verstehen unter *Bewältigung* eine »psychische Abstumpfung«, die einen schützt »vor einer Realität, die zu grausam ist, als daß man sich ihr stellen, und zu chaotisch, als daß man sie formulieren könnte«. Mit Hilfe dieser »Bewältigung« löst man sich emotional von den Greueln, die ringsum stattfinden. Demnach konnte man sich also mit der Zeit an den Alptraum, der einen umgab, »gewöhnen«. Es ist klar, daß diese Art von Bewältigung während des Holocaust vielfach als Abwehr gegen das Grauen und als Hilfsmittel zum Überleben benutzt wurde. Es trifft ferner zu, daß diese allgemeine Verleugnungsstrategie häufiger und wirksamer von Erwachsenen benutzt wurde, bei denen kognitive und Rationalisierungsfähigkeiten besser entwickelt waren als bei Kindern. Verleugnung war gleichbedeutend mit einer gewissen Realitätsflucht, einer Flucht, die eine klare Definition und Einschätzung der Realität voraussetzte.[15]

Es ist fraglich, ob die Bewältigung der Greuel des Holocaust stets mit »psychischer Abstumpfung« einherging, zumindest im Falle der Kinder. Die Kinder mußten mit der Realität fertigwerden, und ihre Spiele erleichterten oftmals die psychische Anpassung. In Auschwitz hat man beobachtet, daß Kinder mit den Gliedmaßen und den flatternden Haaren der Toten spielten, die, auf einen Karren gehäuft, zum Krematorium geschafft wurden. Nun war Auschwitz gewiß das extremste Beispiel des grauenhaften Geschehens, doch aus den bestürzten Worten von Janusz Korczak ist zu entnehmen, daß Kinder in Warschau sich ähnlich verhielten. Wir gewinnen mit dieser Theorie eine neue Perspektive und erhalten zugleich Einblick in die Trauer und Verzweiflung einer Gesellschaft im allgemeinen und dieses Humanisten im besonderen. Korczak beobachtete bei einer seiner Wanderungen durch das Ghetto folgendes:

»Neben dem Gehsteig liegt ein halbwüchsiger Junge, vielleicht lebt er noch, vielleicht ist er auch schon tot. Und gleich daneben sind drei Buben beim Pferdchenspielen die Zügel durcheinander geraten. Sie beraten, probieren, werden ungeduldig und stoßen mit den Füßen an den Daliegenden. Endlich meint einer:

›Laßt uns hier weggehen, der ist uns im Weg.‹

Sie gehen ein paar Schritte weiter und machen sich wieder über ihre Leine her.«[16]

Zweifellos deuten diese Szenen auf eine Form der Bewältigung hin, die aber weder in einem »psychologischen Sichabsetzen« (der Abkapselung der eigenen Psyche gegen das umgebende Trauma) noch in einer »Leugnung« der Realität besteht. Sie zeigen, in welchem Ausmaß die Kinder im Warschauer Ghetto verroht waren, nämlich in einem selbst für die Verhältnisse des Holocaust extremen Ausmaß. Man würde jedoch etwas unterschlagen, wenn man nicht immer wieder auf das Naheliegende verwiese: Diese Kinder spielten. Das spricht gegen ein »psychologisches Sichabsetzen« oder eine »psychische Abschottung« – genau das Gegenteil war der Fall. Die Kinder zeigten einen unbewußten Drang, die bestehenden Realitäten zu assimilieren, und bewußte Anstrengungen, sich auf sie einzustellen. Ältere Kinder erkannten, wie wichtig es ist, sich geistig von der Situation im Lager abzusetzen. Im Spiel und im Lied versuchten sie, ihre Lage zu vergessen. Thomas Geve, ein junger Insasse von Birkenau, schrieb in seinem Tagebuch: »Für uns junge Leute war das Singen der beste Weg, uns träumend davonzustehlen. Wir sangen, wenn wir während der zahlreichen Ausgangssperren in unseren Block gepfercht saßen, während des wöchentlichen Duschbades oder weil wir uns einsam fühlten.«[17]

Jüngere Kinder begriffen dagegen ihre verwickelte Welt auf andere Weise und gingen anders mit ihr um. Bei ihnen hieß Bewältigung, eine sonst unerträgliche Situation zu verstehen und in der Weise zu handhaben, daß sie entweder die Störung des Gleichgewichts zwischen Person und Umwelt direkt behoben oder die daraus resultierende seelische Not verringerten. Ein auf diese Ziele ausgerichtetes Verhalten ist ein Beispiel der Bewältigung durch Meisterung »eines Teils der äußeren und inneren Welt«. Dabei geht es um eine dem kindlichen Niveau entsprechende Rationalisierung. Der Holocaust bewies, daß die Fähigkeit der Seele, Grauen und Entsetzen zu assimilieren, nahezu unbegrenzt ist. Ein siebenjähriges Mädchen, das sich schutzsuchend in die Kanalisation ihrer Heimatstadt begeben hatte, »bebte vor Entsetzen«.

»Ich sah dicke graue Ratten umherhuschen; sie liefen wie

Hühner an uns vorbei. Anfangs hatte ich schreckliche Angst, doch später gewöhnte ich mich daran. Besser bei den Ratten zu sein als bei den Deutschen – die Ratten kennen nicht den Unterschied, wer ein Jude ist und wer nicht. Aber die Deutschen wissen, wie sie alle Juden töten können.«[18]

Das Spiel der Kinder war nicht nur eine Reaktion auf die quälenden Erfahrungen, die sie durchmachten, sondern zugleich auch eine bedeutende Kraft, welche die fortbestehende zermürbende Situation beeinflußte. Die Bewältigung wurde zu einer unbewußten Reaktion, mit der man den Erfordernissen neuartiger, sehr verwirrender Umstände begegnete. In einer Welt, in der man ständig mit ungewohnten Dingen konfrontiert wurde, mußten alle Mittel, auch das Spiel, eingesetzt werden, um dringend benötigte Gegengewichte gegen die lähmenden Auswirkungen der Realität zu schaffen. Die Bekämpfung dieser Auswirkungen wurde besonders bei denen, die sich versteckt hielten, zu einem ernsten Problem. »Die Frage der seelischen Ausdauer war«, erkannte ein Junge scharfsichtig, »nicht minder bedeutend als unsere körperliche Widerstandskraft.« Dieser Junge beschrieb ausführlich, wie sich seine Familie zwei Jahre lang in einer Grube versteckt hielt, die sich unter einem Stall befand und mit Mist abgedeckt war. Die unerträgliche Eintönigkeit, die Furcht vor der Entdeckung, der Gestank und die Erstickungsgefahr machten das Leben regelrecht zur Hölle, und Erleichterung boten lediglich das Lesen und das Schachspielen.

»Das wichtigste Problem war, eine Beschäftigung zu finden... Die andere Beschäftigung war Schach. Wir spielten fast den ganzen Tag, was nicht nur für die Spieler, sondern auch für die Kiebitze eine Anregung bot. Um die Spiele reizvoller zu machen, spielten wir um Einsätze, um eine Kartoffel oder einen Löffel Suppe, denn das kostbarste war für uns die Nahrung. Wer verlor, mußte auf einen Teil seines Essens verzichten, und wir kämpften mit erbitterter Entschlossenheit...

Vater... sah uns beim Schachspielen zu und verlegte sich darauf, Figuren zu entwenden oder umzustellen. Das führte zu Streitigkeiten und Diskussionen, die uns halfen, die Zeit totzuschlagen – ein unschätzbarer Gewinn...«[19]

Unter den Bedingungen des Holocaust erschien eine starke Affinität zwischen Bewältigung und unbedingtem Überlebenswillen logisch und zwingend. Verständlich wird der Zusammenhang zwischen Spiel und Holocaust-Existenz in der Tat nur in Verbindung mit Überlebensgedanken, zumal der Handlungsspielraum der Führung wie der Bevölkerung durch die deutschen Behörden so einschneidend begrenzt war. Entsprechend war das Verhalten, das Kinder in einem spielerischen Kontext an den Tag legten, vor allem darauf gerichtet, ihre Umwelt zu verstehen (zu assimilieren) und zu lernen, sich ihren Anforderungen zu stellen. Ihr Verhalten war ein Versuch, sich mit ihren Nöten und Problemen an den Grunderfordernissen des Überlebens zu orientieren. In vielen ihrer Spiele äußerte sich ihr überwältigender Wunsch, am Leben zu bleiben. Eine hellsichtige Bemerkung von Kaplan charakterisiert diese Hilflosigkeit: »Die Insassen des Ghettos, zum Sterben verurteilt, möchten das Leben genießen, solange noch ein Atemzug in ihnen ist. Darin aber liegt das Problem, denn die Menschen des Ghettos sind in ihrer Fähigkeit, den ersehnten Genuß zu finden, beschränkt. Wie die Nazis greifen wir zum Ersatz. Man kann die Wünsche der Menschen nicht einsperren.«[20]

Im Kampf ums Überleben in der schwächsten Position, mußten die Kinder ihre ganze Stärke, Ausdauer und Findigkeit aufbringen. Und sie »griffen zum Ersatz«. Erstaunt beobachtete Emmanuel Ringelblum eine Straßenszene im Warschauer Ghetto: »Ich sah eine Gruppe von vier oder fünf Kindern, die sich damit durchzuschlagen versuchten, daß sie ein Spiel, das sie vermutlich in der Schule gelernt haben, auf der Straße spielten.« Diese Darstellung eines Spiels war kein Spiel im eigentlichen Wortsinne, sondern eine Form von »Arbeit« im spielerischen Gewand. Hinter dem Antrieb, alle Mittel einzusetzen, um sich am Leben zu erhalten, stand das Gebot der Erwachsenen, stand der Wunsch der Verdammten, »das Leben zu heiligen« – *zu iberlebn*. Dieses jiddische Wort bezeichnete, wie schon erwähnt, einen Willen zu überleben, weiterzuleben und der Vernichtung mit allen verfügbaren Mitteln zu widerstehen. Ein Beispiel für diese Haltung erkennt Ringelblum 1941 in einem bettelnden

15. Im Warschauer Ghetto spielt ein Kind für Brot. Februar 1941. Foto von Joe J. Heydecker. (Mit freundlicher Genehmigung des Bildarchivs der Stiftung Preußischer Kulturbesitz)

Jungen, der auf den heruntergekommenen Straßen des Ghettos »lieblich auf polnisch« singt:

»Ich gebe meine Lebensmittelkarte nicht auf,
es kommen bessere Zeiten.«[21]

In dem Lied des kleinen Bettlers äußerten sich der scheinbar unerschöpfliche Optimismus und der überwältigende Wunsch der Mehrheit der Ghettokinder, ihre Peiniger zu überdauern. Kaplans Bemerkung über die Ghetto-Spielplätze zeigt ebenfalls diese Entschlossenheit: »Aus den Kindergärten werden die kleinen Schützlinge in die Parks gebracht, und ältere Kinder erhalten dort Unterricht. Kurz, ein Pfeil in die Augen der Nazis! Die Arterien des Lebens pulsieren weiter. Wir sind geschult im Leben, bewandert in der Kunst des Lebens.« Vielleicht war Kaplan in seinem Urteil über die Entschlossenheit des Ghettos zu optimistisch, doch scheint Kalmanowitch seinen Eindruck zu bestätigen, wenn er von Wilna ein ähnliches Bild zeichnet. 1942 schreibt er in seinem Tagebuch über das »Leben, das im Ghetto pulsiert ... Kinder gehen mit ihren Lehrern in die Wälder, und erwachsene Männer und Frauen begleiten sie. Kinder spielen auf dem Spielplatz.« Obwohl ringsum Zerstörung und Tod herrschten, erkannte er einen Willen *zu iberlebn*. In einer Tagesstätte, in der Mütter von sieben Uhr morgens bis sechs Uhr abends ihre Kinder ließen, konnten 150 Kleinkinder und Kinder noch lächeln. Er rief aus: »Für Ghettoverhältnisse ist die Ordnung bemerkenswerkt ... Was für eine Vitalität in diesem Volk, das am Rande der Vernichtung steht!«

Eine weitere Aussage verleiht diesem Bild Tiefe. Kaplan bemerkte zwar die Wolken, die immer bedrohlicher heraufzogen, hatte aber selbst in der düstersten Stunde noch einen positiven Gedanken: »Noch immer hört man Menschen lachen. Die jungen Leute machen weiter wie immer und betreiben eifrig Sport, auch wenn sie hungrig sind.« Mit einem trotzigen Unterton fuhr er fort:

»Ein Volk, das unter so schrecklichen Umständen wie diesen leben kann, ohne seinen Verstand zu verlieren, ohne Selbstmord zu begehen – und das trotzdem lachen kann –, wird mit Sicherheit überleben. Was wird zuerst verschwinden, der Nazismus oder der Judaismus?

Ich gehe jede Wette ein: der Nazismus wird als erster verschwinden!«[22]

Angesichts der extremen Bedingungen, denen sie ausgesetzt waren, erscheint die psychische und physische Anpassungsfähigkeit der Kinder bemerkenswert. Im Lager Plaszow, wo der Kommandant die Kinder hinterlistig unter dem Vorwand, sie einer Pflegeeinrichtung zuzuführen, zusammenfaßte, erholten diese sich innerhalb weniger Wochen von ihrem trostlosen Zustand. Sie wurden gewaschen, gefüttert und durften »auf dem Spielplatz vor dem Klub umherlaufen ... Sie waren wieder Kinder.« Ähnlich erging es den Kindern aus dem Ghetto Bialystok. Ihr tragisches Schicksal ist eines der aufschlußreichsten Beispiele für die Zähigkeit und den Lebenswillen von Ghettokindern. Aus Bialystok wurden 1260 jüdische Kinder in das

Lager Theresienstadt verlegt, nachdem sie die Hinrichtung ihrer Eltern und ihrer älteren Geschwister miterlebt hatten. Nach nebulösen Plänen der Nazis sollten sie gegen Deutsche ausgetauscht werden, die von den Alliierten interniert worden waren. Über diese Kinder äußerte ein Zeitgenosse: »Sie waren verschüchtert und schienen stumm, viele waren barfuß, alle in jämmerlichen Fetzen und halb verhungert. Die Händchen umklammerten kleine Schachteln oder ein Gebetbuch, soweit die Kinder überhaupt ›Gepäck‹ hatten.«[23]

Diese kleinen Kinder hatten alles durchgemacht und wußten alles. Sie wußten, was hinter den angeblichen »Badehäusern« steckte, die in Wirklichkeit Gaskammern waren. Ein Augenzeuge berichtet, was geschah, als die Deutschen sie zu einem wirklichen Bad in die Dusche bringen wollten: »Die verzweifelten Kinder klammerten sich aneinander, weinten und umarmten sich.« Weil die Deutschen diese und fünftausend weitere jüdische Kinder aus Lodz gegen Deutsche auszutauschen gedachten, die sich in alliiertem Gewahrsam befanden, wurden die Kinder relativ anständig behandelt. Gegenüber dem Martyrium, das sie in Bialystok erlebt hatten, änderten sich ihre Lebensbedingungen grundlegend. Während der sechs Wochen in Theresienstadt erhielt die Gruppe doppelte Essensrationen, ordentliche Schuhe und Kleidung. Die übrigen Kinder in Theresienstadt halfen ihren unglücklichen Genossen. Ein tschechischer Junge, der sich in dem Lager befand, hielt in seinem Tagebuch fest: »1500 Kinder werden heute abend kommen. Sie sind aus Polen. Wir machen Spielsachen und kleine Beutel und Netze für sie usw.« Mit dem Scharfblick und der Ehrlichkeit eines Kindes notierte er später seine Eindrücke von den neuen Gefangenen: »Sie sehen schrecklich aus. Man kann nicht sagen, wie alt sie sind, sie haben alte, abgespannte Gesichter und sind viel zu klein... Ihr Blick ist voller Entsetzen.«[24]

Die neuen Kinder gewöhnten sich rasch an ihre Umgebung. Zwar wurde auf strikte Trennung zwischen ihnen und ihren kindlichen Mithäftlingen geachtet, aber die ihnen als Liebesgaben zugedachten kleinen Spielsachen erreichten sie dennoch. Das Lager erfuhr, wie stark der Wille *zu iberlebn* war. Trotz ihrer quälenden Erfahrungen meldete sich bei diesen Kindern wieder die natürliche Lebensfreude, und sie entspannten sich, sangen Kinderlieder und begannen zu spielen. Über Art und Inhalt ihrer Spiele ist nichts bekannt. Möglich, daß sie durch die Freundlichkeit ihrer Helfer veranlaßt wurden, zu den unschuldigen Spielen und Versen einer glücklicheren Vergangenheit zurückzukehren. Möglich aber auch, daß sie durch unbewußte Antriebe dazu gedrängt wurden, ihre jüngste, tragische Vergangenheit nachzuspielen, wie es bei den Auschwitz-Kindern der Fall war. Jedenfalls konnte man junge Menschen wieder lachen hören. Die grausame und im Holocaust so vertraute Fortsetzung dieser Geschichte bestand darin, daß diese Kinder und die dreiundfünfzig Betreuerinnen, die sich aus dem Lager freiwillig für diese Tätigkeit gemeldet hatten, nie in ein neutrales Land gelangten. Nach sechs Wochen wurden sie zu den Gaskammern von Auschwitz verfrachtet.

Die Fähigkeit zur Anpassung und zum Überleben hing eng zusammen mit der Fähigkeit der Kinder, Greuel nachzuspielen und dadurch einen Prozeß der Akkommodation an die fast unerträgliche Realität zu erleichtern. Bevor wir näher auf diesen Prozeß eingehen, sei darauf hingewiesen, daß eine Anpassung sich nicht nur in einem Wandel des Inhalts herkömmlicher Aktivitäten äußerte, sondern auch in der Erfindung von Spielen, die spezifisch auf die Holocaust-Umgebung und folglich auf das Überleben abgestimmt waren. Bei diesen Aktivitäten vermengten sich instinktive Stimuli und bewußte Antriebe, das Verhältnis zwischen Person und Umwelt zu kontrollieren und zu steuern. Daß das Spielverhalten der Kinder Fähigkeiten einübte, die für ein Überleben notwendig waren, erscheint unzweifelhaft. Das schon erwähnte Spiel im Lodzer Ghetto, bei dem Mädchen nachspielten, was ihre Mütter erlitten, wenn sie mit Ghetto-Coupons etwas zu essen besorgen wollten, ist ein treffendes Beispiel der Vorbereitung auf und der Sozialisierung für künftige Rollen und Lebenserfahrungen, die das Überleben sichern könnten.

Zusätzliche Plausibilität erhält diese Vorstellung durch eines der beliebtesten Spiele der Ghettokinder in Wilna. Das Spiel hieß »Bunkerbau«. Schon relativ kleine Kinder suchten emsig die Höfe ab und schleppten Ziegelsteine und Bretter fort. Das Graben und Bauen war eine zeitverschlingende, mühselige Angelegenheit, doch die Kinder gaben sich diesem Spiel eifrig und unermüdlich hin. Die Ernsthaftigkeit, mit der die kleinen Baumeister zu Werke gingen, hat die Erwachsenen später in große Schwierigkeiten gebracht. Die Spiel-»Bunker« waren so echt, daß die Deutschen sie bei einer Razzia für richtige Bunker hielten und das Gelände daraufhin um so gründlicher durchsuchten. Einer der an dem Bau Beteiligten erinnerte sich unmittelbar nach dem Krieg daran, daß »sie [die Deutschen] eine allgemeine Durchsuchung veranstalteten und gerade in diesem Hof mehrere Bunker mit 30 Mann fanden«. Unklar ist, ob die Bautätigkeit eine bewußte Leistung der Kinder oder ob sie instinktgeleitet war. Diese und ähnliche Beschreibungen von authentischen Ghettospielen deuten auf das letztere hin. Das unverkennbare Vorbild für dieses Spiel war die massenhaft betriebene Errichtung von Verstecken durch Erwachsene, doch deutet der Eifer der Kinder auf das unbewußte Motiv hin, Schutz und Obdach zu finden.[25]

Ein Überlebender des Holocaust bemerkte kürzlich, daß die Hoffnungen auf ein Überleben rational nicht gerechtfertigt waren. Niemand konnte davon ausgehen, daß er überleben werde. Jeder Aspekt des Lebens und des Todes war von Irrationalität durchdrungen. Es herrschten Verhältnisse, »unter denen ein Mensch sich vor dem Leben mehr zu fürchten hatte als vor dem Sterben«, wie ein Philosoph festgestellt hat, und in dem Überlebenskampf spielte bewußtes Denken zwangsläufig eine äußerst wichtige Rolle.

Im Bewußtsein der Kinder drückte sich jedoch ihr kognitives Niveau aus. Daß die Kinder Unterricht erhielten, der als Spiel getarnt war, wurde bereits erwähnt. Ein Überlebender des Rigaer Ghettos bemerkte unbeabsichtigt, wie Ghettokinder andere illegale Aktivitäten durch harmlose Spiele verschleierten. Man muß dazu wissen, daß der Ghetto-Kommandant Krause ohne Rücksicht auf Alter und Geschlecht jeden, der auch nur einen Laib Brot ins Ghetto schmuggelte, erschoß. In diesem Fall begaben sich die Kinder mit ihren Kindergärtnerinnen zum Spielen in die umittelbare Nähe des Ghettozauns. Ohne Verdacht zu erregen, spielten sie dort Ball, oder sie sangen »Ringel, Rangel, Rose«. Als ihre Eltern nachmittags von ihren Arbeitsstätten außerhalb des Ghettos zurückkehrten, liefen die Kinder an den Zaun, um »die von ihren Eltern hereingeschmuggelten Lebensmittel zu übernehmen und damit zu verschwinden, so schnell ihre kleinen Beine sie trugen«.[26] Daß ihr Handeln im wahrsten Sinne des Wortes Spiel gewesen sein sollte, ist ausgeschlossen. Dagegen spricht schon die Tatsache, daß die Eltern mit dem Tod rechnen mußten, wenn sie ertappt wurden, und zwar oft vor den Augen ihrer Kinder.

Welche Rolle das »Bewußte« spielen kann, läßt sich vielleicht an einem Vorfall ablesen, bei dem das Schachspiel einem vierzehnjährigen Jungen das Leben rettete. Die Kulisse dazu bildete 1944 das Konzentrationslager Bergen-Belsen, dessen Insassen unter quälendem Hunger und Typhus litten. Weil jemand versucht hatte, einen Brief hinauszuschmuggeln, enthielt der Lagerkommandant, SS-Hauptsturmführer Josef Kramer (der als die »Bestie von Belsen« bekannt wurde), dem gesamten Lager drei Tage lang zur Strafe die Brotration vor. Für viele der ausgemergelten Insassen kam das einem Todesurteil gleich.

»Ich überlegte mir, wie ich die nächsten Tage überstehen könnte. Was konnte ich machen, um nicht ständig ans Essen zu denken? Da fiel mir ein, daß es in meiner Baracke einen Kameraden gab, der ein Schachspiel hatte. Ich ging zu ihm und fragte ihn, ob er es mir nicht verkaufen wolle. Für Geld konnte ich es natürlich nicht haben; ich hatte keins, und Geld war hier nutzlos. Ich konnte ihn dazu überreden, mir sein Schachspiel für zwei Brotrationen zu verkaufen, was bedeutete, daß ich FÜNF TAGE LANG kein Brot bekommen würde. Ich hatte es mir gut überlegt. Ich nahm das Spiel mit in meine Koje, und während der nächsten drei Tage tat ich nichts anderes, als mit meinem Freund Walter Schach zu spielen. Wir konzentrierten uns so stark auf das Spiel, daß wir unseren Hunger völlig vergaßen, und so gingen die Tage rasch vorüber.«[27]

Um zu erklären, wie das Spiel für den ganz spezifischen Zweck des Überlebens eingesetzt wurde, müssen wir noch einmal auf die Theorie zurückgreifen, auch wenn sie nur Teilantworten liefern kann. Mit einer Verhaltenstheorie allein ist das nicht zu erklären, und es gibt auch keine Theorie darüber, welche Funktion das Spiel in diesem Verhalten hatte. Eines ist jedoch klar: Der Begriff und die Erklärung des Spiels, wie sie von dem bedeutenden Spieltheoretiker Huizinga entwickelt wurden, können praktisch nichts dazu beitragen, Spiel und Spielverhalten im Holocaust verständlich zu machen. In den Theorien Huizingas wie in der landläufigen Vorstellung besitzt das Spiel die mythischen Eigenschaften der Unschuld, der Reinheit und des Abstands vom normalen Alltag. In der Praxis war das Spiel jedoch meistens nicht ungezwungen oder ausgelassen, und es hob sich auch nicht vom Alltag ab. Ein Überlebender des Rigaer Ghettos erklärte bereitwillig, daß die Spiele, welche die Kinder spielten, Ausdruck ihrer Umwelt waren (sie spielten zum Beispiel Aktion oder Kontrolle), aber sie wurden immer hinter den Häusern gespielt, wo sie den aufmerksamen Blicken der deutschen Wachtposten entzogen waren. Die Kinder waren so vorsichtig, weil sie befürchteten, ihre Aktivitäten könnten den brutalen Wächtern Anregungen geben, die diese dann in die Realität umsetzen würden.[28]

Eine der klassischen, wenn auch lange vernachlässigten Theorien des Spiels, die von Karl Groos, ließe sich vielleicht heranziehen, um zu erklären, wie das kindliche Spiel dem Überleben dienen konnte. Zu Beginn des Jahrhunderts vertrat Groos die Meinung, das kindliche Spiel sei nicht nur nicht von der Realität getrennt, sondern bilde vielmehr Fähigkeiten aus, die für das Überleben notwendig sind. Daß bei bestimmten Spielen Situationen entstanden, die den Ghetto- und Lagerkindern für das Weiterleben unerläßliche Fähigkeiten einschärften, ist nicht zu bestreiten. Immer wieder von Anthropologen entschieden bekräftigt, bezog sich Groos' Theorie freilich auf eine Umwelt, in der rationale und humane Bedingungen herrschten. So ist es verständlich, daß sie weder für die Natur des Spiels noch für das Spiel als solches unter dem Holocaust eine brauchbare Erklärung zu liefern vermag. Groos' Auffassung, Kinder würden in ihrem Spielverhalten von unbewußten Impulsen zum Spielen um seiner selbst willen getrieben, wird den Realitäten des Holocaust nicht gerecht. Formen des Spiels nahmen unter diesen Bedingungen einen zunehmend zweckgerichteten Charakter an und verwandelten sich in Formen von Arbeit, wobei sie ihre Spontaneität, ihren spielerischen Charakter und ihre Unschuld einbüßten.

Die Holocaust-Erfahrung war dermaßen komplex, daß man ein Höchstmaß an Ausdauer und Einfallsreichtum aufbieten mußte, wenn man überleben wollte. Die Situation des Holocaust läßt sich nicht reproduzieren, doch haben Laborversuche gezeigt, daß das Spielverhalten von Kindern vom Kontext des Spiels abhängt. Die Ghettos, die Lager und die gräßlichen Schlupfwinkel bildeten den Kontext für ein offenkundig sehr viel realistischeres »Experiment«. Wenn man sich mit diesen Bedingungen befaßt, wird offenkundig, daß Spielpraktiken und Spielverhalten maßgeblich von Umweltfaktoren bestimmt wurden. Die Praktiken und das Verhalten bestanden in erlernten Reaktionen auf die Konstellation von Bedingungen, die für die Kinder mit den entsetzlichen Verhältnissen und den lebensgefährlichen Situationen gegeben war. Das Spiel erwies sich als ein hervorragend geeignetes Mittel, diese Bedingungen einzuschätzen, zu assimilieren und zu vermitteln. Ein Überlebender erinnert sich, wie er, unter einem Krankenhaustisch versteckt, »nur Beine stundenlang hin- und hergehen« sah, ohne daß er sich bewegen oder einen Laut von sich geben durfte. »Ich war nahe daran, laut aufzuschreien und verrückt zu werden. Es war kaum auszuhalten, aber ich hatte eine lebhafte Phantasie. Man muß, glaube ich, Phantasie haben, um zu überleben. Ich habe mir damals alle möglichen Geschichten ausgedacht.«[29] Ferner müssen wir, wenn wir uns nicht nur bei den Äußerlichkeiten aufhalten wollen, davon ausgehen, daß der menschliche Organismus unbewußt ständig danach strebt, in einer vollkommen irrationalen und unvorhersehbaren Welt wieder zu einem Gleichgewicht zu gelangen. Nicht unerwartet fanden Techniken der Opposition, der Bewältigung und des Überlebens ihren Niederschlag im kindlichen Spiel, denn Spielpraktiken und Spielverhalten linderten kompensatorisch den Streß und boten eine Möglichkeit, sich auf die schmerzliche, traumatische Existenz einzustellen.

Sie spielen, bevor sie sterben

»Aber diese Kinder spielen nicht – sie tun nur so«

Spielen ist grundlegend für das Leben, ein bewußter, zielgerichteter Akt, und das Spiel ist immer ein Spiegel der jeweiligen Gesellschaft. Als kulturelles und psychologisches Phänomen ist es immer auch Teil der umfassenderen gesellschaftlichen Prozesse. Zugleich müssen Ort und Regeln des Spieles der jeweiligen sozialen Situation angepaßt werden. »Die Konzentrationslager«, so die philosophische Überlegung eines ungarischen Auschwitz-Häftlings, »haben eine Zivilisation innerhalb einer Zivilisation geschaffen. Und in dieser neuen Zivilisation wurden die Wahrheiten und Gesetze, an deren Gültigkeit wir jahrhundertelang geglaubt haben, auf den Kopf gestellt.«[1] Wenn man sich mit diesem Milieu befaßt und nach dem Ursprung des Spiels und der Spielformen forscht, muß man über die herkömmlichen Argumente der sozialwissenschaftlichen Theorien und Hypothesen hinausgehen. Wie das Grauen des Holocaust ist auch die Motivation des Spiels jener Kinder, die zu Opfern dieses Grauens wurden, eine Herausforderung an unser Vorstellungsvermögen. Wenn wir auch auf die romantische Vorstellung von kindlicher Unschuld als Erklärung verzichten müssen, so müssen wir doch eine Antwort auf die Frage finden, wie sich in Gestalt des kindlichen Spiels gegen alle Hoffnung eine flakkernde Flamme der Humanität erhalten konnte.

Tagebücher und Memoiren belegen die Tatsache, daß Kinder und Erwachsene in dieser Zeit gespielt haben. Die Funktion dieser spielerischen Aktivitäten in einem Bewältigungsprozeß, der das Überleben erleichterte, wurde in früheren Kapiteln behandelt. Die quälend wiederkehrende Frage, wie Spiel überhaupt möglich war, ließe sich jedoch nur durch eine umfassende Prüfung psychologischer und anthropologischer Theorien über menschliches Verhalten beantworten.[2] Um es nochmals zu betonen: Vor dem surrealistischen, unglaublichen Hintergrund menschlichen Elends wirkte die Errichtung von Spielplätzen und die Organisation spielerischer Aktivitäten auf den ersten Blick beinahe wahnhaft, irrational und weltfremd. Dennoch waren diese Maßnahmen nicht unbedeutend, sondern Ausdruck einer gequälten, gehetzten Gesellschaft und Kultur. Das Motiv für die Schaffung von Spielplätzen und Spielgelegenheiten durch die Erwachsenen muß man in einem starken Wunsch suchen, »unsere Kinder in Gelächter zu baden« und dadurch den Erwachsenen selbst seelischen Auftrieb zu geben. Mary Berg, die erst sechzehn war, als sie ihr Tagebuch des Warschauer Ghettos führte, notierte trotz ihres jugendlichen Alters viele hellsichtige Beobachtungen über die körperliche und seelische Qual des Ghettos. 1942 hatte sie den Eindruck, daß »die lächelnden rosigen Gesichter der Kinder vielleicht die schönste Belohnung für diejenigen waren, die dieses kleine Refugium [Spielplatz] für die kleinen Häftlinge des Ghettos geschaffen hatten«.[3]

Das Bestreben, in Ghettos und Lagern Spielplätze zu schaffen, war Teil eines aktiven und bewußten Bemühens um Normalität inmitten der sozialen, psychologischen und kulturellen Erschütterungen einer zutiefst traumatisierten Gesellschaft. Daß die Normalität sich im Rückblick als ein bloßer Mythos entpuppt, tut der Aufrichtigkeit dieser Bemühungen keinen Abbruch. Mythen sind nicht deshalb bedeutsam, weil sie auf Wahrheit beruhen, sondern weil wir an sie glauben, weil sie uns zum Handeln veranlassen und uns Ideale anbieten, die wir befolgen. Die Ghetto- und Lagerkultur entsprang umfassenderen soziopsychologischen Unterströmungen, die vor allem durch die neuen Verhältnisse erzwungen wurden. Durch die Wechselwirkung dieser drastisch veränderten Umwelt mit traditionellen Werten und kulturellen Normen erhielt das Leben eine neue Form und einen neuen Inhalt. Die Spielplätze waren Ausdruck eines verzweifelten Bemühens, in geistiger und physischer Hinsicht für die Erwachsenen wie für die Kinder zu einem gewissen Gleichgewicht zurückzufinden. Die Erwachsenen erhielten dadurch das Gefühl, wieder Herren des eigenen Schicksals zu sein, Willensfreiheit und »Selbstbestimmung« zu besitzen.

Die jüdische Führung war durch andere, mehr dem Unbewußten entspringende Kräfte dazu bewogen worden, einen Schutzmechanismus zu schaffen. Ihr ging es darum, eine elementare Freiheit des menschlichen Denkens zurückzugewinnen. Im Rückblick erkennen wir, daß diese Bemühungen angesichts der äußerst begrenzten Möglichkeiten, in denen Autonomie sich äußern konnte, weitergehende indirekte Folgen hatten. Die Gemeinschaft der Erwachsenen erhielt, indem sie den traumatisierten Kindern »Schutz« und »Obdach« bot, indirekt ein wichtiges, wenngleich vages Versprechen für die Zukunft – das Versprechen, daß die nächste Generation und damit das ganze Volk überleben werde.

Zur Ergänzung dieses Bildes kann man darauf verweisen, daß alle Zivilisationen von dem nahezu atavistischen Drang erfüllt sind, künftigen Generationen ein Vermächtnis zu hinterlassen, das an sie erinnert. Man möchte nicht nur geistige, sondern auch greifbare Spuren (beispielsweise die alten Pyramiden) hinterlassen, die künftigen Generationen zeigen, daß hier Menschen gelebt haben. Eine unheimliche Vorahnung steckt in den Worten, mit denen Joseph Muszkat, ein jüdischer Verantwortlicher aus dem Wilnaer Ghetto, einen neu errichteten Sport- und Spielplatz eröffnete: »Sollte künftig einmal der Wunsch bestehen, Spuren unseres Lebens im Ghetto zu entdecken, und sollten Dokumente oder Tagebücher, die davon Zeugnis geben, nicht aufzutreiben sein, so wird dieser Platz ein wahres Symbol einer unbezähmbaren Vitalität und eines nicht erlahmenden Überlebenswillens in uns sein ...«[4]

Wohl sprachen die Menschen über die Zukunft, doch diese war nebelhaft, voller Ungewißheit und Zweifel. Die Erwachsenen errichteten Spielplätze und schufen Parks vor allem in der Absicht, die künftige Generation geistig zu behüten und physisch zu erhalten, und dieses Bemühen hob wiederum, wenn auch nur für eine Weile, die Moral der Gemeinschaft. Aber war der Glaube der Erwachsenen, das Spiel könne einen Schutzmechanismus bieten, überhaupt gerechtfertigt? Konnten die tapferen Bemühungen der Erwachsenen das Leben und die Zukunft der Kinder wirklich verändern, oder glichen sie den vergeblichen Anstrengungen einer erstickenden Gemeinschaft, die nach Atem rang? Es ist schwierig, den emotionalen Abstand zu wahren, der für die Beantwortung dieser Fragen erforderlich ist. Ob die Spielplätze tatsächlich einen psychologischen Schutz boten, könnten letzten Endes nur die Kinder selbst beantworten, von denen aber nur ganz wenige das Martyrium überlebten. Trotz der pedantischen Bemühungen der Henker, alle Spuren ihrer Verbrechen auszulöschen, ist eine Vielzahl von Tagebüchern, Dokumenten und Notizen erhalten geblieben, aus denen wir ersehen, welche Qualen die Kinder durchlitten und wie sie sich nach einem besseren Leben und einer besseren Zukunft sehnten.

Es wirkt aufrichtig, was wir den vergilbten, zerknitterten Seiten dieser Quellen entnehmen können, und es ergänzt das, was von Überlebenden berichtet wurde. Folgt man diesen Quellen, so hat das Spiel nicht die ihm von der Ghettogesellschaft zugedachte Funktion erfüllt, sondern vielmehr geholfen, eine schmerzliche Realität zu verdrängen. Diese Diskrepanz sollte uns eigentlich nicht mehr überraschen, denn die Geschichte hat uns gelehrt, daß, um noch einmal die Worte eines Philosophen zu wiederholen, es Zeiten gibt, da der Mensch sich mehr vor dem Leben als vor dem Sterben fürchten sollte. Die Spaltung der Realität zeigt sich deutlich in den Worten eines kleinen Mädchens aus dem Warschauer Ghetto.

»Wenn ich beim Spielen bin, vergesse ich meinen Hunger. Ich vergesse sogar, daß es draußen so böse Deutsche gibt. Frühmorgens eile ich in den Kindergarten, und ich wünschte, der Tag würde nie enden, denn wenn es dunkel wird, müssen wir alle nach Hause. Mein Zimmer ist so voll von dunklen Schatten und düsterer Furcht.«[5]

Es war ein Kampf ums Leben, und es gab, wie bei allen Kämpfen, kaum einen Sieg. Alles in allem mußten die Kinder den Krieg ums Überleben verlieren, weil die Schatten, die das Böse ringsum warf, so tief waren, daß die schützenden Strahlen des Spiels sie nicht vor jenem bewahren konnten. Die kurzen Momente der Freude konnten das permanente Elend nicht aufwiegen. Auch die aufrichtigsten Bemühungen um Schutz und Rettung der Kinder waren durch die Ohnmacht der Ghettoverwaltungen und – in erhöhtem Maße – der KZ-Häftlinge sowie durch den Mangel an finanziellen Mitteln zum Scheitern verurteilt. Das physische Elend vermochten die Spiele und Spielgelegenheiten kaum zu lindern, und auch langfristig boten sie kaum Schutz. Hunger und Leid zerstörten den Körper und fesselten das Bewußtsein, doch was den Geist der Menschen lähmte, waren die Ungewißheit und die Unsicherheit ihrer Existenz. Es war den Kindern nicht vergönnt, die Transporte zu vergessen, die regelmäßig nach Osten ins Ungewisse gingen. Die allgemein vorherrschende Furcht bringen die Worte einer Fünfzehnjährigen aus Theresienstadt zum Ausdruck, die in Auschwitz umkam: »Von Zeit zu Zeit treffen tausend unglückliche Seelen hier ein, und... von Zeit zu Zeit gehen tausend andere unglückliche Seelen fort.«

In Theresienstadt gab es zumindest den Anschein von Ordnung und ein wenig Hoffnung. Unter den grauenhaften Verhältnissen im Warschauer Ghetto erschien es fast wahnhaft anzunehmen, daß die Schaffung von Spielstätten als eine Art Refugium die Kinder auch nur für einen Moment von der Realität abschirmen könne. Das Wissen, daß einige Straßen weiter eine finstere Zukunft drohte, konnten die Kinder nicht aus ihrem Gedächtnis löschen. Von den Spielplätzen und den Höfen, wo die Kleinkinder im Sandkasten spielten, war es nicht weit bis zum Umschlagplatz, wo sich die Warschauer Juden für den Abtransport ins Todeslager versammeln mußten. Das Spiel vermochte die Kinder schon deshalb nicht von der Realität abzuschirmen, weil es mit erschreckender Regelmäßigkeit vom Anblick der Deportation unterbrochen wurde.

Als Tochter eines Ghetto-Polizisten war Janina David vor der Gefahr einer Deportation einigermaßen sicher, ihre Spielkameraden jedoch nicht. Sie beschreibt eindringlich, wie für die Kinder ihres Hauses, um die sie sich ein wenig kümmert, und deren Mütter plötzlich der Frieden dem Entsetzen weicht:

»Als die Razzia begann, war ich mit ihnen unten und paßte auf die kleinen Kinder in der Sandkiste auf, die wir im Sommer gebaut hatten.

Plötzlich hörten wir von der Straße schrilles Pfeifen, verängstigte Füße rannten vorbei, und das Tor wurde zugeschlagen. Wir hörten, wie Lastwagen vor dem Haus zum Stillstand kamen und Befehle auf deutsch und polnisch gebrüllt wurden. In einem Moment war der Hof leer. Ich war schon fast in unserem Stiegenhaus, als ich eine unserer Nachbarinnen sah, eine junge Frau, wie sie auf ihrem Balkon aufschrie und sich die Haare raufte. Sie war im zweiten Stock, und ihre Kinder, ein Baby von sechs Monaten und ein zwei Jahre altes Mädchen, waren noch in der Sandkiste. Ohne zu überlegen, drehte ich mich um, flog quer über den Hof, riß das Baby an mich, das Kleinkind hängte sich erschrocken an meinen Rock, und ich erreichte das Stiegenhaus in dem Augenblick, als das vordere Tor aufging und die ›Aktionstruppe‹ hereinmarschierte.«[6]

Auch in den Konzentrationslagern, wo man von einem unvorhersehbaren Moment zum nächsten lebte, fügten sich Spiel und Sport – wie alle anderen Facetten des Lebens – in die herrschende Unsicherheit ein. »Der Schachwettbewerb«, so stellte der niederländische Chronist von Westerbork, Philip Mechanicus, lakonisch fest, »ist völlig gescheitert und vergessen, erstens, weil die Beteiligten auf Transport mußten, und zweitens, weil die Gedanken der Menschen fast nur noch um die Aufhebung der Freistellungen von der Deportation kreisten.«[7]

Liest man die erhalten gebliebenen Tagebücher, so ist die Angst geradezu mit Händen zu greifen. Sie zeigen, daß es letzten Endes kein Entrinnen gab aus dem Elend, dem Leiden und vor allem der Angst. Alle Aktivitäten von Kindern wie von Erwachsenen spielten sich vor dem Hintergrund des gefürchteten »Zuges für den Transport« ab, der pünktlich nach Auschwitz, Treblinka und Chelmno abfuhr. »Ständig droht das Unglück«, schrieb Mechanicus, und das galt nicht nur in Westerbork, sondern auch anderwärts für viele andere. In Westerbork rührte das Unglück daher, daß Familien auseinandergerissen wurden, und man fürchtete sich intuitiv vor dem Unbekannten, denn keiner wußte genau, was tatsächlich hinter Auschwitz, Treblinka und anderen Vernichtungslagern steckte. Im Rigaer Ghetto war man sich des kommenden Verhängnisses sehr viel schärfer bewußt. Josef Katz, ein stämmiger Bursche, der vor dem Krieg ein aktiver Sportler gewesen war, stellte in seinem Tagebuch resigniert fest: »Die [Fußball-] Mannschaft weist Lücken auf – es fehlen die Leute, die zu einem Außenkommando geschickt oder in der letzten Woche erschossen wurden.« Doch die Spiele gingen weiter, wie auch das gequälte Leben weiterging. Der einzige Unterschied bestand in den Gesichtern neuer Spieler; die Spiele zwischen der lettischen und der deutsch-jüdischen Polizei fanden weiterhin »auf dem Platz statt, auf dem auch der Galgen stand«.[8]

Die Angst war so stark, daß sie sich im Unterbewußtsein eines jeden Kindes bemerkbar machte. Die Hilflosigkeit und Verzweiflung der Erwachsenen, die sich bemühten, die jungen Menschen von der Umwelt abzuschirmen, wird deutlich in den von Erschütterung und Kummer erfüllten Worten von Mechanicus: »In der Nacht träumte das Töchterchen von Freunden von mir, ihre Puppe habe auf den Transport gemußt.« Selbst die Kinder der sogenannten Privilegierten (Mitglieder der Ghetto-Polizei und -Verwaltung) waren nicht sicher davor, auf der Stelle festgenommen und deportiert zu werden. Die Angst war allgegenwärtig: »Während ich über meinem Solitär-Spiel saß, lauschte ich mit gespitzten Ohren auf das leiseste Geräusch sich nähernder Schritte oder einer Stimme oder der Pfeife eines Polizisten. Und ganz tief drinnen bewegte mich ständig die Frage, was ich wohl tun würde, wenn sie kämen.«[9] Ein Kind konnte nie die ständig lauernden Gefahren der absurden Welt, in der es überleben mußte, vergessen. Wenn man sich eine falsche Identität verschaffte und als Arier galt, war der geringste Fehler gleichbedeutend mit dem Tod. Ständig mußte man auf der Hut sein. Jedes Kind kannte die Regeln dieses Spiels, des Spiels um das Überleben. So war sich etwa ein Achtjähriger völlig darüber im klaren, in welche Bedrängnis er sich und seine Eltern bringen würde, sollte er einmal schwimmen gehen: »Ich konnte mit den anderen Kindern uneingeschränkt spielen, doch als meine Freunde mich aufforderten, mit ihnen schwimmen zu gehen, gab ich vor, krank zu sein, damit sie nicht erkennen konnten, daß ich Jude war. Beim Baden mußte man sich nämlich völlig ausziehen. Meine Mutter schärfte mir ein, ich dürfe mich niemals vor irgendjemandem nackt zeigen.«[10]

Die Bemühungen der jüdischen Gemeinschaft, die Ghetto- und Lagerkinder vor moralischer und seelischer Verkommenheit zu bewahren, änderten nichts Grundlegendes an deren Situation. Eine der tragischsten Auswirkungen des Holocaust war die große Besorgnis und Verzweiflung der Erwachsenen über den moralischen Niedergang der Jugend. Stanislaw Adler, ein Verantwortlicher der jüdischen Polizei, faßte das Jugendproblem so zusammen: »Wenn es den ganzen Tag auf der Straße ist, kann das Kind alles beobachten, was die Gesellschaft normalerweise schamhaft verbirgt, und schlechte Beispiele finden in der Seele eines Kindes, das allen Einflüssen offen ist, einen sehr fruchtbaren Boden.« Er beobachtete auch, wie Adam Czerniakow »verzweifelt die Hände rang: ›Die Kinder sind unsere Zukunft, was wird aus ihnen werden?‹« Ferner gab es das beunruhigende Problem, welchen Eindruck die künftige Generation, falls sie überleben sollte, auf die Welt machen würde. Daß der moralische und physische Verfall der Jugend weit vorangeschritten war, erkannte man durchaus – jedenfalls läßt sich das dem unverhüllten Pessimismus entnehmen, mit dem ein Beobachter im Hinblick auf die jungen Menschen in Lodz die Frage stellte: »Diese ›natürlichen Juwelen‹ des Ghettoreiches, die ›Bergleute‹... was für eine heruntergekommene, verstümmelte und entstellte Generation wird aus dieser Ghettogesellschaft hervorgehen... Was werden die Feinde und Hasser der Juden sagen, wenn sie sie [die neue Generation] sehen...?«[11]

Die Ghettos und Lager drückten der Seele und dem Verhalten der jungen Menschen einen unauslöschlichen Stempel auf. Viele Kinder wurden – zumindest geistig – vorzeitig erwachsen, doch psychisch regredierten sie oft auf eine infantile Stufe. Einerseits wußte ein Kind des Ghettos schon im zarten Alter, was Ponary bedeutete und was dort geschah. Die Kinder spielten »Aktion«,

»Aufstöbern von Verstecken«, »Massaker in Ponary« und »Rückgabe der Kleider der Toten«. Andererseits gab es – und zwar fast parallel zu diesen Erfahrungen – einen deutlichen Rückschritt in emotionaler Hinsicht. Eine Überlebende von Westerbork und Theresienstadt sprach davon, daß sie in Westerbork nicht im Sandkasten spielen wollte, weil er »schmutzig« war. Zur Erklärung verwies sie darauf, daß »die Kinder im Lager auf Kleinkindgewohnheiten regredierten, und sie regredierten auch in dem Sinne, daß sie in die Hose machten. Offenbar machte es ihnen nichts aus, und wenn sie es im Sandkasten machten, lachten sie dabei.«[12]

Wohl hatten die Wertvorstellungen der Eltern und Erzieher immer noch einen wenn auch schwachen Einfluß auf die Moral der Kinder, doch äußerte sich die psychische Verrohung der jungen Generation in vielen Formen. Das Nebeneinander von Werten aus der Vor-Holocaust-Zeit und der drastisch veränderten Umwelt zeigte sich am deutlichsten im Inhalt der kindlichen Spiele. Mittelschichtkinder legten im Spiel Verhaltensweisen an den Tag, die ihren Eltern unverständlich waren, weil sie den gesellschaftlichen Normen, wie wir sie in der Kultur vor und auch nach den Holocaust kennen, völlig widersprachen. Bestürzt vermerkte Mechanicus, daß »einige kleine Kinder auf den Abwasserrohren spielen. Als wäre es ein völlig normales Thema, sprechen sie darüber, wie viele Flöhe jeder von ihnen letzte Nacht gefangen hat.« Von einer ähnlichen Beschäftigung spricht – und zwar mit einem vergleichbaren nachträglichen Entsetzen – Gabriele Silten. Während ihrer Inhaftierung in Theresienstadt gehörte es zum morgendlichen Ritual, mit ihrer Freundin darum zu wetteifern, wer die meisten Flöhe und Wanzen fangen und töten könne. »Schwieriger war es, die Flöhe zu fangen«, erinnerte sie sich, »weil sie hüpfen, was die Wanzen nicht tun; sie kriechen nur herum und sind daher leicht zu fangen.«[13] Dies kann, verglichen mit anderen Ghettospielen, wohl als eine leichte Abweichung von der Norm betrachtet werden. Sehr viel schockierender war die »Rückgabe der Kleider der Toten«, ein Spiel, bei dem die Tötung der Wilnaer Juden in Ponary nachgespielt wurde. Vor ihrer Erschießung hatten die

Opfer sich ausziehen müssen, und ein geringer Bruchteil ihrer Kleider wurde dem Ghetto von den Mördern zurückgegeben. Die Kinder stellten dieses ganze Drama mit bedrückender Genauigkeit dar.

Die Häufigkeit und Banalität des Sterbens und die Tatsache, daß es von der Gesellschaft ohne weiteres akzeptiert wurde, hinterließ in der Seele der Kinder einen bleibenden Eindruck. Der Tod bekam, weil er zu etwas so Gewöhnlichem wurde, eine groteske, fast surrealistische Dimension, in der Leichen zu bloßen Objekten wurden, die ebenso wie die Pflastersteine und der Müll zum Straßenbild gehörten. Janina David, das oben bereits zitierte junge Mädchen aus Warschau, schrieb: »Ich schaute sie alle mit weit aufgerissenen Augen und verschlossenem Bewußtsein an. Ich weigerte mich zu erkennen, was ich da sah, und verbot mir noch energischer, irgend etwas dabei zu empfinden. Ich stieg über die nackten Skelette und schaute mit sorgfältiger Gleichgültigkeit auf sie nieder. Sie waren eine Rasse für sich.« Auch in vielen anderen Ghettos und Lagern wurde der Tod von den Kindern nüchtern hingenommen. Der Historiker Ringelblum gibt der Verzweiflung der Erwachsenen angesichts der geistigen und seelischen Abgestumpftheit der Jungen Ausdruck, wenn er schreibt: »Der Tod liegt in jeder Straße. Die Kinder fürchten sich nicht mehr vor dem Tod. In einem Hof spielten sie ein Spiel, bei dem eine Leiche gekitzelt wird.«[14]

Das Spielen der Kinder bedeutete keine Flucht aus der Wirklichkeit, sondern es war die Realität selbst. Tadeusz Borowski schrieb über Auschwitz (wo es sogar ein Schwimmbecken und einen Fußballplatz gab): »Zwischen zwei Einwürfen bei einem Fußballspiel waren direkt hinter meinem Rücken dreitausend Menschen umgebracht worden.«[15] Zwischen der Vorstellung der Erwachsenen von der Rolle und Funktion des Spiels und dem, was das Spiel im Holocaust tatsächlich erfüllte, bestand eine tiefe Kluft. Weder vermochte das Spiel die Kinder vollständig von der Realität abzuschirmen, noch konnte es das Wissen vom unausweichlichen Verhängnis auslöschen. Ständig und immer wieder wurden die Kinder daran erinnert, daß der Tod ein integraler Bestandteil des Lebenszyklus war. Wie aus Kinder-

16. Der Leichenwagen diente verschiedenen Zwecken – dem Abtransport der Toten, dem Heranschaffen von Nahrung und als Spielzeug für Kinder. Aquarell von Helga Weissová-Hosková. (Mit freundlicher Genehmigung des Precious Legacy Project, Linda Altschuler, B'nai B'rith Klutznik Museum, Washington, D.C.)

zeichnungen hervorgeht, wurde der Leichenwagen in Theresienstadt, wenn er nicht gerade Leichenberge zu den Massengräbern beförderte, von den Kindern in mancherlei Weise zum Spielen benutzt. Eine der packendsten Darstellungen dieses Themas hat Norbert Troller geschaffen; sein Bild zeigt den Hof der »Kaserne Dresden«, auf dem gleichzeitig eine Beerdigung, ein Fußballspiel, die Brotverteilung und eine gymnastische Übung für junge Mädchen stattfinden – ein symbolischer Lebenszyklus in einem Konzentrationslager.

Letzten Endes muß man zugeben, daß die tatsächlichen oder vorgeblichen Bemühungen, für die Kinder eine gesunde, abgeschirmte und rationale Welt zu schaffen, bestenfalls von kurzer Dauer waren. »Unter großen Opfern gelang es uns, klägliche Wunder zu vollbringen«, gestand ein jüdischer Arbeiterführer resigniert. Eine Lehrerin erinnert sich, daß bei der Deportation der Kinder aus dem Lodzer Ghetto auch ein erst fünf Jahre altes Mädchen namens Ettie dabei war; es nahm auf seine Reise in die Ewigkeit »ein unschuldiges Lächeln« mit – und »ihre Babypuppe, auf deren Anzug« ihre Schwester »zwei gelbe Sterne genäht hatte«.[16]

An diesem ergreifenden Beispiel wird wie an den vielen anderen deutlich, daß allen Bemühungen zum Trotz weder Spielplätze noch sonstige humanitäre Bestrebungen es vermochten, der rasch sich verschlechternden Situation der Kinder Einhalt zu gebieten oder etwas an dem durchorganisierten Ablauf der Vernichtung zu ändern. Das soll nicht heißen, daß eine auf die kritische Situation eingestellte Gemeinschaft nicht doch einige psychologische Vorteile verzeichnete. Dennoch konnten Spielplätze und spielerische Aktivitäten angesichts der Kälte, der Mangelernährung und des Sterbens nur eine vorübergehende Zuflucht bieten. Wenn der Körper allzu tief gesunken ist, kann der Geist sich nicht erheben. Jan Karski, ein Vertreter der polnischen Exilregierung, selbst kein Jude, schlich sich ins Warschauer Ghetto ein, um die Verhältnisse zu erkunden und seinen Vorgesetzten in London zu berichten. »Überall war Hunger, Elend, der widerliche Gestank verwesender Leiber, das jammervolle Stöhnen sterbender Kinder«, heißt es in seinem Bericht.

»Wir kamen vorbei an der elenden Kopie eines Parks, einem kleinen, vergleichsweise sauberen Grundstück, auf dem es ein halbes Dutzend nahezu entlaubter Bäume und ein Rasenfleck irgendwie geschafft hatten zu überleben. Es war schrecklich überfüllt. Mütter saßen zusammengedrängt auf Bänken und stillten schrumplige Babys. Scharen von Kindern, bei denen sich jeder Knochen des Skeletts durch die gespannte Haut abzeichnete, spielten.

›Sie spielen, bevor sie sterben‹, hörte ich meinen Begleiter zur Linken sagen, bevor ihm vor Erregung die Stimme versagte.

Ohne nachzudenken sagte ich – die Worte entfuhren mir, noch ehe der Gedanke Gestalt angenommen hatte:

›Aber diese Kinder spielen nicht – sie tun nur so.‹«[17]

Hier kommt einem verständlicherweise die ständig wiederkehrende Frage in den Sinn, ob die Erwachsenen angesichts ihrer unabänderlichen Machtlosigkeit mehr hätten tun können, aber sie muß beinahe automatisch verneint werden. Wenn man sich der unverhüllten Realität stellte, ließ sich schließlich mit spielerischen Aktivitäten bestenfalls erreichen, daß die Anpassung an jenes Leben etwas weniger schmerzhaft wurde, doch sein unausweichliches Ende konnte nicht hinausgeschoben werden. So vollzog sich denn auch nicht nur in der Form, sondern auch in der Natur der spielerischen Aktivitäten ein grundlegender Wandel, und sie glichen sich mehr und mehr der Realität an. Dr. Aaron Peretz, ein Überlebender aus dem Ghetto Kaunas, beschreibt die Wirkung der Hinrichtungen auf die Kinder und die Spiele, die sie spielten:

»Die Kinder des Ghettos spielten und lachten, und die ganze Tragödie spiegelte sich in ihren Spielen. Sie spielten zum Beispiel Totengräber: Sie hoben eine Grube aus, legten ein Kind hinein und nannten es Hitler. In einem ihrer Spiele waren sie die Torwächter des Ghettos. Einige spielten die Rolle der Deutschen, andere die der Juden, und die Deutschen waren wütend und schlugen die anderen Kinder, die Juden waren. Und immer wieder spielten sie Beerdigung...

Das jüdische Kind war vorzeitig erwachsen. Zu unserem Erstaunen beobachteten wir, daß Kinder von drei oder vier Jahren das Tragische der Situation verstanden, daß sie den Mund hielten, wenn es nötig war, daß sie wußten, wann sie sich verstecken mußten. Wir trauten unseren Ohren nicht, als wir kleine Kinder, denen ein Beruhigungsmittel angeboten wurde, sagen hörten: ›Herr Doktor, das ist nicht nötig, ich werde still sein, ich werde nicht schreien.‹«[18]

Die Fähigkeit, durch Spielen der Realität zu entrinnen, mußte unter diesen Umständen ein Mythos bleiben. Aber es war ein schöner Mythos, der Spielräume schuf, die zu träumen erlaubten, wie es vielleicht hätte sein können. Die Erwachsenen in den Lagern und Ghettos gewannen durch die Leugnung der Realität also einen gewissen Spielraum, zumindest für kurze Zeit. Nochmals zitiere ich eine der sorgfältigen Beobachtungen, die Kaplan uns in großer Zahl hinterlassen hat: »Die Natur des Menschen«, schrieb er im Januar 1942, »ist so beschaffen, daß der Drang, zu ›essen, zu trinken und lustig zu sein‹, in Zeiten der Krise stärker ist. Die Menschen sagen sich ›wenn schon, denn schon‹ und jagen ständig dem Vergnügen nach.«[19] Daß dem kindlichen Spiel derartige Empfindungen nicht entgegengebracht wurden, ist nahezu sicher. Hier besteht, was die Reaktionen auf das seelische Trauma angeht, eine spürbare Kluft zwischen Kindern und Erwachsenen.

In früheren Kapiteln habe ich angedeutet, daß zwischen dem Spiel der Erwachsenen und dem der Kinder im Holocaust ein deutlicher Unterschied bestand. Ich habe mich bewußt vage ausgedrückt, weil in der Spielforschung und der Literatur bislang sehr wenig geschehen ist, um diese beiden Bereiche voneinander abzugrenzen. Gleichwohl läßt sich mit einiger Gewißheit sagen, daß es offenkundige Unterschiede gibt. Es wird zwar von einigen angezweifelt, daß Erwachsene während des Holocaust gespielt haben, doch offensichtlich war das eine häufige Reaktion. Ein »Fluchtmechanismus«, den Erwachsene unter traumatisierenden, grauenhaften Verhältnissen immer wieder benutzen, besteht denn auch darin, sich in fieberhafte Aktivitäten zu stürzen, besonders in solche, die einen zeitweilig ganz oder möglichst weitgehend von der bestehenden Realität abschirmen. Der Psychologe Bruno Bettelheim, der die Greuel des Konzentrationslagers am eigenen Leib erfahren hat, schrieb: »Dieses Gefühl der Distanziertheit oder Abgelöstheit war ein Versuch, die Realität der Situation, in der sich die Gefangenen befanden, zurückzuweisen, und es kann als ein Mechanismus betrachtet werden, der das Ziel hatte, die Integrität der Persönlichkeit der Betroffenen zu bewahren.« Bei der erwachsenen Bevölkerung in den Ghettos und Lagern stößt man immer wieder auf so etwas wie eine hedonistische Einstellung. »Nur das Tanzen ging mit einer noch fieberhafteren Erregung weiter«, schrieb ein Bewohner des Rigaer Ghettos und sprach von der »hektischen Anspannung, mit der man sich auf die wenigen Vergnügungen stürzte, die das Ghetto bieten konnte, einem besessenen Wunsch, schnell und gefährlich zu leben, bevor das Ende kam«.[20] Ein weiterer Fluchtmechanismus war die von vielen Ghettobeobachtern beschriebene Promiskuität.

Veronika Axline hat, gestützt auf Freud und Erikson, diese Art, sich des Spiels zu bedienen, als einen Mechanismus bezeichnet, der Menschen dazu ermutigt, sich negativer Erfahrungen dadurch zu entledigen, daß sie sie weitergeben, büßen oder übertragen – Prozesse, durch welche sie sich an neue Bedingungen und Situationen anpassen beziehungsweise diese assimilieren.[21] Für die Erwachsenen waren dies, wie schon erwähnt, Formen der Bewältigung oder der Herbeiführung »seelischer Stumpfheit«. Das kindliche Spiel hat jedoch, ohne diesen Begriff überzustrapazieren, seine eigene Würde. Die Spiele der jungen Menschen boten auf einer anderen Ebene eine Möglichkeit der »Bewältigung«.

Das Spiel konnte nie die Funktion eines »Fluchtmechanismus« in dem herkömmlichen Sinne erfüllen, einen Ausweg aus Verhältnissen zu bieten, auf die man keinen Einfluß hatte, was es nach Aussagen von Zeitgenossen für die Erwachsenen leistete. Das Spiel und die Spiele der Kinder haben die Realität weder transzendiert noch verändert. Sie spiegelten diese Realität getreulich wider, wurden ein integrierender Bestandteil von ihr – oder zumindest von dem, was die Kinder für Realität hielten. Der Unterschied läßt sich demnach weitgehend auch den Unterschieden zwischen der kognitiven Leistungsfähigkeit und dem Rationalisierungsvermögen eines Erwachsenen und eines Kindes zuschreiben. In den Fällen, wo zwei Generationen einer Familie zusammenbleiben durften, besaßen die Kinder eine größere Fähigkeit, sich auf die neuen Anforderungen des Ghettodaseins einzustellen, als ihre Eltern, bei denen die Selbstachtung und der Widerstandswille durch ständige Demütigungen zerstört wurden. Stark in der Vergangenheit verwurzelt, konnten die Erwachsenen sich nur schwer auf das Leben im Holocaust einstellen und ein neues Wertesystem entwickeln. Der einzige Ausweg bestand für sie darin, aus ihrer hoffnungslosen Realität zu fliehen. Die Kinder besaßen demgegenüber eine chamäleonhafte Anpassungsfähigkeit. Sie waren in der

Lage, sich rasch zu assimilieren und neue Bedingungen umstandslos zu adaptieren.

Es kann als gesichert gelten, daß dem Spiel bei diesem Prozeß der »Assimilation« und »Akkomodation« eine besondere Rolle zukam. Das Phänomen des Spielens hat schon unter normalen Bedingungen bei Wissenschaftlern und Beobachtern viele Diskussionen und Überlegungen ausgelöst. Worin besteht es? Wie soll es definiert werden? Was ist seine Funktion? Die letzte Frage ist wohl die interessanteste für das westliche Denken, das die Welt utilitaristisch zu deuten pflegt. Die Frage, welche Funktion das Spiel in »normalen« Gesellschaften erfüllt, wird vielleicht nie schlüssig beantwortet werden – in der Holocaust-Kultur erfüllte es jedenfalls den Zweck, die heranwachsenden jungen Menschen mit ihrer Umwelt vertraut zu machen.

Unzweifelhaft half das Spiel den Kindern, ihre chaotisch irrationale Welt zu verstehen, und sorgte für eine Art »Enkulturation«. Der Inhalt und die Ausgestaltung der Spiele verhalfen den Kindern zu einer »abgepufferten« Erfahrung, in deren Rahmen sie etwas über die äußeren Umstände lernen und die adaptiven Fähigkeiten erwerben konnten, die sie benötigten, um darauf zu reagieren. Wie sich dieser Prozeß vollzog und wo er seine Motivation hernahm, läßt sich, um es nochmals zu sagen, nicht hinreichend mit einer einzigen Theorie erklären. Im übrigen ist kein Theoretiker bei der Erklärung des menschlichen Spiels hinreichend auf die Bedingungen eingegangen, die eine Erklärung für die Zeit des Holocaust liefern könnten. Auch muß die von einigen Theoretikern vernachlässigte Voraussetzung anerkannt werden, daß zwischen Spieltrieb, Spielinhalt und Spielverhalten große begriffliche Unterschiede bestehen. Im ersteren äußert sich das angeborene, schöpferische Vermögen eines Organismus, sich auf eine Aktivität einzulassen, während in den beiden letzteren bei der Umsetzung dieser Aktivität Umweltreize und Persönlichkeitsmerkmale zusammenkommen.

Nach einer allgemein verbreiteten und fest verwurzelten Ansicht ist das kindliche Spiel das Gegenteil von »Ernst«. Die Bedeutung, die das Spiel im menschlichen Leben einnimmt, ist natürlich unendlich komplex. Akzeptieren wir die Theorie, nach der das Spiel im Leben der Kinder bewußt oder unterbewußt eindeutige Funktionen hatte, so gewinnt auch das Axiom an Glaubwürdigkeit, dem zufolge das Spiel im Holocaust nicht nur Teil des »Ernstes«, sondern zugleich die »ernste« Realität selbst war. Die meisten gängigen psychologischen und gesellschaftlichen Theorien scheinen jedoch wenig Relevanz oder Erklärungskraft zu besitzen, soweit es um die Zweckbestimmung und die Kausalität des Spieltriebs und des Spielverhaltens geht.[22]

Unter den häufig zitierten und angezweifelten Theorien der Spielforschung tragen Johan Huizingas Ideen über das Spiel zu einer angemessenen Erklärung des kindlichen Spiels im besonderen Milieu des Holocaust wenig bei. Huizinga vertrat eine sehr romantische philosophische Auffassung von einer freien, vom Alltag gelösten und ausgelassenen kindlichen Welt, einer Welt, die es so zu keiner Zeit geben kann und die es mit Sicherheit im Holocaust nicht gab. Eine Erklärung bieten auch andere klassische Theorien nicht, vielleicht mit Ausnahme der von Groos. Groos vertrat, wie im vorigen Kapitel erörtert, das Axiom einer funktionalen Interpretation des Spiels, der zufolge das kindliche Spiel Fähigkeiten ausbildet, die für das Überleben notwendig sind. So sehr seine Ideen den starken Einfluß philosophischer Strömungen der Jahrhundertwende verraten, lassen sie sich doch nicht mit einem darwinistisch verstandenen Überlebensinstinkt der Spezies gleichsetzen. Im Holocaust herrschte bei den Kindern, wie ich gezeigt habe, vielmehr eine starke Tendenz vor, sich sowohl mit Phantasiespielen wie mit dem Nachspielen von Greueltaten auf spielerische Aktivitäten einzulassen, mit deren Hilfe sie adaptive Techniken für ihre Welt erlernen konnten.[23]

Wenn man die Frage, warum Kinder spielen, oder die andere, ob es überhaupt einen angeborenen Spieltrieb gibt, zu beantworten sucht, muß man auch die neueren Theorien berücksichtigen, die die Wurzeln des Spiels aus physiologischer, ökologischer und kognitiver Perspektive zu verstehen suchen. Einer komplexen, weit verbreiteten Interpretation des Spieltriebs zufolge gibt es bei Mensch und Tier einen Reize suchenden Drang nach »Erregung«. Einfacher ausgedrückt, hat der Organismus das Bedürfnis, Langeweile zu meiden, ein Bedürfnis, das ein Ausfluß der unablässigen Aktivität des Nervensystems ist. Um sein Bedürfnis nach Anregung zu befriedigen, bedarf ein normaler Organismus ständiger sensorischer Impulse, also der Erregung, aus der Umwelt (daher die Bezeichnung »Erregungstheorie«).[24]

Entsprechende neurologische Untersuchungen bestätigten, daß das Bedürfnis nach Erregung ein sowohl physiologisch als auch mental ausgerichteter motivationaler Antrieb ist. Zwar dürfen die Ergebnisse von Tierversuchen nur mit Vorbehalt auf die menschliche Situation übertragen werden, doch zeigte sich bei neueren Untersuchungen an Tieren, daß kurze Zeiten des Hungerns oder des Unbehagens spielerisches Verhalten nicht unterbinden, sondern daß im Gegenteil durch Hunger und Unbehagen bei Tieren eine deutliche Steigerung in der Qualität und Intensität spielerischen Verhaltens ausgelöst wird.[25] Trafen Streßsituationen und leichter Hunger zusammen, kam es zu einem noch intensiveren, angeregteren Spiel, so daß beide Faktoren als erregungsfördernd betrachtet werden müssen. Dieses Ergebnis erinnert an das Spielverhalten der Kinder, die Jan Karski auf dem Spielplatz im Warschauer Ghetto beobachtete. Liest man seine Beschreibung, so sieht man beinahe den Hunger auf den Gesichtern der Kinder vor sich, und man spürt die nervöse Energie, die von den darbenden, traumatisierten Kindern ausgeht: »Scharen von Kindern, bei denen sich jeder Knochen des Skeletts durch die gespannte Haut abzeichnete, spielten.« Eine ungewöhnliche Intensität des Verhaltens und der Reaktionen wird auch in anderen Beschreibungen von Kindern vermerkt.

Die Erregungstheorie vermag jedoch den Spieltrieb weder unter normalen Umständen noch im Holocaust vollständig zu erklären. Sie erklärt, ebenso wie die relativ neue ökologische Spieltheorie, nur den Inhalt und die Gestaltung des Spiels sowie das damit verbundene Verhalten. Eines der stärksten Gegenargumente besteht in der Tatsache, daß ein Erregung suchendes Spielverhalten keine unabhängige Funktion ist. Erregung mag die Intensität und Förderung des Spielverhaltens beeinflußt haben, aber allein konnte sie nicht den Anstoß zum Spielen geben, sondern lediglich dessen Inhalt und Form bestimmen. Außerdem müssen wir anerkennen, daß der Holocaust eine so widerwärtige Streßsituation schuf, daß in der Regel keine Langeweile in der Welt der Kinder aufkommen konnte. Genau das Gegenteil war der Fall – die Kinder wurden ständig mit belastenden Stimuli bombardiert.

Im Holocaust muß die Wechselwirkung zwischen Kind und Umwelt eine völlig andere gewesen sein als in künstlich geschaffenen, kontrollierten Situationen. Schließlich degradiert die Erregungstheorie den Organismus – in diesem Fall die Kinder des Holocaust – unausweichlich zu einem bloß »reagierenden« Wesen. Damit wird die Vorstellung vom Organismus als einem »Initiator«, einer »bewegenden Kraft« vollkommen negiert. Jeder Organismus muß, um zu überleben, fortgesetzt auf Umweltreize reagieren. Dies ist das Anpassungssyndrom. Menschen reagieren indes nicht nur auf Veränderungen, sondern gestalten ihrerseits bewußt ihre Umwelt und passen diese sich an. Das Spiel ist integrierender Bestandteil sowohl ihrer Anpassung als auch des Initiationssyndroms.[26]

Es fällt schwer, zu einer schlüssigen Erklärung dafür zu gelangen, daß selbst unter den unmenschlichsten Bedingungen – in der Kanalisation, in den Kinderbaracken von Auschwitz und im Schatten der Krematorien – weiterhin gespielt wurde. Die Erregungstheorie bietet aber wiederum nur eine vage, partielle Erklärung für den Inhalt des Spiels und das Spielverhalten und überläßt es uns, uns über die Wahrscheinlichkeit einer neurobiologischen Aktivierung den Kopf zu zerbrechen. Wir dürfen außerdem annehmen, daß ein hungriges und traumatisiertes Kind alle Anstrengungen unternahm, um durch Spielen zu einem seelischen Gleichgewicht zurückzufinden. Besonderen Wert bekamen dadurch Spiele, die in einem symbolischen oder Phantasiekontext stattfanden. Viele der erhaltenen Bilder aus Theresienstadt zeigen ein ausgelassenes Treiben in einem normalen Spielkontext. Bekanntlich gab es aber im Lager gar keinen Spielplatz, und um diese dargestellten Spiele zu inszenie-

17. Bilder von Kindern aus Theresienstadt zeigen, daß die Phantasie den Stacheldraht überwinden konnte. Aus dem Tagebuch eines unbekannten Verfassers aus Theresienstadt, 1942–43. (Mit freundlicher Genehmigung des Precious Legacy Project, Linda Altschuler, B'nai B'rith Klutznik Museum, Washington, D.C.)

ren, mußte die Phantasie der Kinder sich über den Stacheldrahtzaun hinwegsetzen. Fesselnd ist an diesen Bildern der in ihnen zum Ausdruck kommende Wunsch, die Zeit anzuhalten und die unglücklichen Kinder in eine glücklichere Zeit und an einen glücklicheren Ort zurückzuversetzen. Sie konnten nicht die unmittelbare Gegenwart widerspiegeln, sondern nur eine Phantasiewelt, in der alles möglich war. Die Zeichnungen zeigen ein Märchenland, in dem Blumen, Schaukeln und Sandkästen den Hintergrund für das Lächeln der Kinder bilden.

Diese »Spielhandlungen« treten auf, sobald Kinder die kognitive Fähigkeit besitzen, Aspekte der Realität im Sinne ihrer eigenen mentalen Welt zu manipulieren, umzuformen oder zu verwandeln. Oben war die Rede von einem sechsjährigen Mädchen, das, in einem Krankenzimmer unter einem Tisch versteckt, nichts anderes erblickte als vorübergehende Beine. Ihre Phantasie verwandelte diese in winzige Menschen. Sie »manipulierte all diese Leute« wie kleine Puppen. Ein anderes Mädchen, sieben Jahre alt, war in Auschwitz zwischen Leichen versteckt. Sie phantasierte, sie habe zum Spielen den Kopf einer Puppe. Auf den ersten Blick erscheint der Spieltrieb beider Mädchen fast als etwas ganz und gar Instinkthaftes – die Kinder veränderten ihre unmittelbare Umgebung, um eine psychische Belastung zu bewältigen. Letztlich war es aber die Umwelt, die beiden die stärksten Anreize für ein bestimmtes Verhalten gab. Die funktionale Bedeutung des Phantasiespiels beruhte also nicht darauf, daß es eine Gelegenheit bot, der Bewältigung der Realität aus dem Weg zu gehen, sondern darauf, daß es bei der »Assimilation der Realität« – anders gesagt: der Informationsverarbeitung – zu helfen vermochte.[27]

Wir dürfen daher annehmen, daß dieser Bewältigungsdrang, der die Kinder veranlaßte, selbst unter den gefährlichsten Umständen zu spielen, Teil eines Assimilations-Akkommodations-Komplexes war. Richard S. Lazarus hat eines der klarsten Argumente für diese Annahme vorgetragen, daß nämlich die Emotion als eine »Bewältigungsreaktion« aufgefaßt werden kann. Unabhängig von den Fragen des Holocaust oder des Spiels führt er aus, daß das Überleben von Individuen und

Gruppen eine wirksame Anpassung an die in der jeweiligen Umwelt vorhandenen Gefahren erfordert. Um zu überleben, muß ein Individuum abschätzen können, ob eine Gefahr vorliegt oder nicht, und im gegebenen Fall eine wirksame Reaktion darauf formulieren können. Eine solche Abschätzung, Erkennung oder Bewertung könnte später den Bewältigungsimpuls oder die Akkommodations-Reaktion bestimmen.[28]

Es scheint auf der Hand zu liegen, daß das menschliche Spiel im Holocaust ausgeprägte funktionale Eigenschaften besaß. Ob das Spiel einem Bedürfnis nach Stimulation – zumindest in der Auseinandersetzung mit dem Holocaust – entsprang, wäre nur zu beweisen, wenn die Begegnungen mit der Umwelt das Motiv der Erregung darstellten. Diese Umwelt erforderte jedoch eine ständige Anpassung, die eine Verarbeitung von Informationen (Assimilation) und eine daraus abgeleitete Änderung des Verhaltens (Akkommodation) einschloß. Auch unter normalen Bedingungen stellen Kinder ihre Welt nicht einfach nach, und mit Sicherheit war das im Holocaust nicht der Fall. Die Umweltbedingungen bestimmten so maßgeblich das Verhalten, daß der innere Faktor, der das Spiel aktivierte, nämlich die Erregung, zwangsläufig in den Hintergrund trat. Das Spiel eröffnete einen abgepufferten Lernprozeß, der die Kinder mit einer ansonsten fremden Welt vertraut machte und ihnen die Fähigkeit verschaffte, in dieser Welt zu funktionieren.

Tod, Leid und Schmerz waren in den Ghettos und Lagern allgegenwärtig. Und das Spiel kann sich, wie wir gesehen haben, in keiner Kultur von der umgebenden Realität lösen. Viele Spielformen und ein Großteil des Spielinhalts und -verhaltens nahmen daher die Umweltfaktoren in sich auf, von denen sie in erster Linie bestimmt wurden. Wiederum spielten die Kinder nicht einfach die Greuel nach, die ringsum geschahen, sondern sie zwangen vielmehr der Realität ihre eigenen Konstruktionen und Interpretationen auf. In der Tat deuten alle erhaltenen Dokumente darauf hin, daß die Kinder einen klaren Begriff von der Realität hatten und sich ihres Schicksals bewußt waren. Das Spiel im Holocaust spiegelte diese Realität jedoch in einer »gebeugten« Form wider, entsprechend dem kognitiven Leistungsvermögen der Spielenden. Lazarus' Theorie hilft uns, auch wenn sie nicht im Hinblick auf das Problem des Spiels formuliert wurde, diesen Mechanismus zu verstehen. Er stellte fest, daß Streß unter Laborbedingungen durch eine »Intellektualisierung« verringert wurde, nämlich durch die verstandesmäßige Bewertung einer traumatischen Situation. Die Erklärung, daß das Spiel adaptive Vorteile dadurch bieten konnte, daß es einem die eigene Erfahrung in einer akzeptablen Form präsentierte, erscheint in diesem Lichte durchaus plausibel.

Eine vollständige Erklärung der Spielmotivation von Kindern im Holocaust kann die von Lazarus vorgetragene Theorie nicht bieten, zumal er bei ihrer Formulierung nicht die Eventualitäten des Krieges bedachte. Sein Gedanke läßt sich jedoch um die Annahme erweitern, daß das Spiel zugleich einen »Akkommodationsprozeß« erleichterte, durch den ein Organismus sich auf die neuen Anforderungen einer absurden Situation einstellen konnte (wie J. H. Flavell im Hinblick auf Piagets Ansichten über die Funktion des Spiels im allgemeinen dargelegt hat). Dieses Assimilations-Akkommodations-Modell, wie Flavell es genannt hat, ist denn auch die verständlichste Erklärung für das kindliche Spiel im Holocaust. »Der Organismus paßt sich wiederholt an«, schrieb er 1963, »und jede Anpassung ebnet unausweichlich der nächsten den Weg.«[29]

Eine quälende Frage bleibt noch zu beantworten: Inszenieren wir im Spiel, was wir sind, oder werden wir das, was wir spielen? Die spielerischen Aktivitäten von Holocaust-Kindern mögen dem späteren Leben nicht sonderlich entsprochen haben, bereiteten sie aber dennoch auf eine künftige Existenz vor. In gewisser Hinsicht wurden die Überlebenden also zu dem, was sie als Kinder spielten. Zu bedenken ist auch, daß das Spielen im Konzentrationslager mehr war als ein Zeitvertreib, wie eine Überlebende rückblickend erklärte. Es half ihr und vielen anderen Kindern in Theresienstadt, eine Realität, die keiner anderen Erklärung zugänglich war, zu klären und verstandesmäßig zu erfassen. »Was bedeutete das Spiel? Ich bin mir nicht ganz sicher, aber ich habe es wohl schon gesagt: Es vertauschte Phantasie und Realität, so daß wir zumindest versuchen konnten zu überleben.«[30] Auch wenn ihre Holocaust-Erfahrung insofern einzigartig ist, als sie überlebte, so sind doch die Erfahrungen anderer Kinder in ihrer Äußerung präsent. Das Spiel machte eine völlig irrationale Realität rationaler und möglicherweise erträglicher.

Flavells Überlegungen erklären, auch wenn sie nicht im Hinblick auf den Holocaust formuliert wurden, den Inhalt der unter dem Holocaust betriebenen Spiele und das damit verbundene Spielverhalten. Da die Erwachsenen ihnen keine stabile und rationale Umwelt bieten konnten, mußten die Kinder selbst eine Welt erschaffen, die funktional, rational und für ihr kognitives Niveau vernünftig war. Auf ihren Schultern ruhte die Bürde, ein arg erschüttertes Gleichgewicht wiederherzustellen, wofür das Spiel das geeignetste Medium war.

Tatsächlich diente das Spiel im Holocaust dem Verstehen einer absurden Situation (Akkommodation). Diese Funktion konnte es allerdings nicht endlos erfüllen. Vor allem war es nicht möglich, sich über das letztlich drohende Verhängnis hinwegzutäuschen. Aus unserer Sicht setzte aber die physiologische Beschränkung des absurden Milieus, das der Holocaust war, dem Spiel eine unüberwindliche Grenze. Daß ein aufs äußerste herabgesetzter Fettspiegel die psychologischen Reaktionen eines Individuums auf die Umwelt verändert, wurde in den »Menschenlabors« von Auschwitz und anderen Todeslagern bewiesen. Bestätigt wurde diese Feststellung in aktuellen Tierversuchen, nach denen bei *längerem* Nahrungsentzug und Leiden alle spielerischen Aktivitäten aufhören. Erreichte ein Kind das physiologische Stadium eines »Muselmanns« (so nannte man in Auschwitz die vollkommen ausgemergelten Skelette), so erlosch der angeborene Spieltrieb, und das Assimilations-Akkommodations-Paradigma verschwand. Bei äußerst herabgesetztem Fettspiegel des Körpers funktionierte der innere Antrieb zum Spielen nicht mehr, und die äußeren Reize, die sonst vielleicht Spielverhalten ausgelöst hätten, blieben unbeachtet. Dies bestätigt die Erkenntnis, daß das Spiel nicht nur von psychologischen, sondern auch von physiologischen Bedingungen abhängt. Die bis aufs Skelett abgemagerten Kinder, die in

Warschau und anderen Ghettos auf dem Bürgersteig lagen, waren für kein Spiel mehr zu haben. Ihr Körper war zu tief gesunken, als daß der Geist sich noch einmal hätte erheben können.

In unserer Weltsicht besitzen Kinder einen Anschein von Unschuld. Für uns ist das Festhalten an einer unschuldigen Kindheit ebenso wie das Festhalten am Leben oder an einer Hoffnung Ausdruck von Humanität. Die Kinder des Holocaust spielten, hatten Hoffnungen und schafften es, für kurze Zeit mit dem ständig gegenwärtigen Tod fertig zu werden. Doch sie sahen alles, was die Erwachsenen sahen. Angst beschlich sie, und ehrlicherweise sagten sie das auch in ihren Gedichten und Tagebüchern.

»Ich war einmal ein kleines Kind,
vor drei Jahren.
Das Kind, das sich nach anderen Worten sehnte.
Doch nun bin ich kein Kind mehr.
Denn ich habe gelernt zu hassen.
Ich bin jetzt ein erwachsener Mensch,
ich habe die Angst kennengelernt.«[31]

Die fortgesetzte Anpassung vermochte allein nicht sicherzustellen, daß das Leben sich durchsetzen würde. Vielleicht waren sie ehrlicher und hellsichtiger als die Erwachsenen. Die kleinen Spielsachen, die Wippen, die Schaukeln und der Sandkasten das alles konnte die menschliche Niedertracht, das Böse, das Elend und den Tod nicht überwinden. Zumindest half es aber den Kindern, sich auf das Grauen einzustellen. Nichts könnte die Qual und den Kummer im Holocaust schmerzlicher und genauer ausdrücken als die im folgenden geschilderte Inszenierung einer jedes menschliche Maß übersteigenden Tragödie, die geraffte Darstellung des Holocaust im Spiel eines Kindes. Eine Lehrerin im Lodzer Ghetto wurde Zeugin einer einseitig geführten Diskussion zwischen einem kleinen Jungen, dessen Familienangehörige bereits allesamt deportiert waren, und einem fünfjährigen Mädchen. »Er trödelte herum und sprach laut vor sich hin...«, beschrieb sie die Szene. »Eine Hand war voller Steinchen...

Erst ließ der Junge drei Steinchen zu Boden fallen, die beim Auftreffen ein leichtes Geräsuch erzeugten, dann zwei und schließlich nochmals drei. Daraufhin schloß der kleine Junge rasch seine Faust. Die glänzenden schwarzen Pupillen seiner lebhaften Augen kamen für einen kurzen Augenblick zur Ruhe...

›Wir waren einmal neun Brüder, wie diese Steine, alle dicht beieinander. Dann kam die erste Deportation, und drei der Brüder kehrten nicht zurück, zwei wurden am Stacheldrahtzaun erschossen, und drei verhungerten. Kannst du erraten, wie viele Bruder-Steine ich noch in der Hand habe?‹«[32]

Epilog

»Ich schulde meinen Kindern eine Erklärung«

»Hunderttausend Leichen sind eine statistische Größe, doch der Tod eines einzigen Menschen ist und bleibt ein stechender menschlicher Schmerz«, heißt es in einem alten französischen Sprichwort. Es ist fast zu einem Klischee geworden, daß der Holocaust eine Tragödie von solchen Ausmaßen sei, daß kein Dramatiker oder Künstler sie jemals auszudrücken vermöchte. Während der sechs Kriegsjahre, in der Zeit des größten institutionalisierten Gemetzels, das die Menschheit kennt, wurden über eine Million jüdische Kinder ausgerottet. Hinter der Zahl der Getöteten, Eingekerkerten und Gefolterten stehen ergreifende persönliche Schicksale. Ein umfassendes Bild der Tragödie können die Zahlen allein selbstverständlich nicht vermitteln, und es ist zweifelhaft, ob das überhaupt möglich ist. Auf jedes Tagebuch, jede Zeugenaussage, die überliefert ist, kommen Hunderttausende von Opfern, die nie eine Chance hatten, gehört zu werden. Dennoch vermögen Schilderungen des kindlichen Spiels und Interpretationen seiner Bedeutung für verschiedene Bevölkerungsteile zumindest einen gewissen Einblick in die vielfältigen Ebenen menschlicher Erfahrungen im Holocaust zu gewähren. Auch können die Beschreibungen eine gewisse Erklärung der motivierenden Faktoren liefern, von denen die Reaktionen der Menschen in Streßsituationen generell bestimmt werden.

Allerdings übersteigt es oft die Fähigkeit selbst eines distanzierten Beobachters, angesichts der Greuel und der Ungeheuerlichkeiten eine analytische, wissenschaftliche Haltung zu bewahren. Für den Historiker, den Chronisten und den Erzähler gehört es zu den schwierigsten Aufgaben, über die Statistik hinauszugehen und den unbegreiflichen Zahlen Gesichter und

Worte zu verleihen. Bei einem solchen Vorhaben gilt es, kalte Tatsachen und bedrückende mündliche Berichte zu einer menschlichen Erzählung zu verknüpfen, die in der Lage ist, dem widerstrebenden Zuhörer die Hölle bis in ihre letzten Winkel zu zeigen. Die Objektivität wird, wenn man an einem solchen Projekt arbeitet, restlos untergraben, konfrontiert uns doch der Holocaust in eindringlichster Weise mit der Frage nach unserer eigenen Humanität, unseren Wertvorstellungen, und wirft er die Frage auf, wieviel Leid die Menschheit zuzufügen und zu ertragen vermag.

Die Quellen, in denen vom kindlichen Spiel während jener Zeit die Rede ist, sind zu spärlich, als daß man daraus Verallgemeinerungen über menschliche Erfahrungen schlechthin während des Holocaust ableiten könnte. Die Erforschung des kindlichen Spiels bietet in der Tat nur einen begrenzten Auszug aus der Geschichte des Holocaust. Umgekehrt gilt für das Spielen unter dem Holocaust, daß es in das Spielen überhaupt, ja selbst in das Spielen unter widrigen Umständen nur einen begrenzten Einblick gewährt. Es gibt viele Vietnams, Kambodschas und El Salvadors, die man ebenfalls erforschen muß, um das Spiel unter Streß besser zu verstehen. Dennoch reicht das, was uns der Holocaust an Erkenntnissen vermittelt, aus für ein besseres Verständnis des menschlichen Verhaltens unter extremen Entbehrungen und der Rolle des Spiels, das zu einem Medium wird, um den Anforderungen des Überlebenskampfes gerecht zu werden.

Die Schäbigkeit und Verkommenheit der Umgebung wurde durch das kindliche Spiel weder ins Licht gerückt noch versteckt. Das Medium des Spiels machte das, was die Kinder umgab, weder unsichtbar noch gastlicher. Die düstere Szenerie wurde vielmehr zu einem integralen Bestandteil ihrer Aktivität, einem Rahmen, dem sie im Holocaust nicht entrinnen konnten. Es stand nicht in ihrer Macht, den Hintergrund zu verändern, doch oft gelang es den Kindern mit Hilfe der Phantasie, sich über die Realität zu erheben. Oft bestand ihr Spiel in der Aufführung einer Tragödie mit Originaldarstellern – es präsentierte eine einzigartige, stark verdichtete Handlung. In dem umfassenden

Szenario der Nazis litten und ängstigten sich die Kinder, und die meisten von ihnen kamen um. Doch bevor sie starben, hielten einige von ihnen inne, um sich über ihr Leben zu äußern, um zu improvisieren, wie es echte Künstler tun. Sie schrieben Tagebücher und Gedichte, sie malten Bilder, und sie spielten Spiele. Sie wußten auch, daß sie der Endlösung nicht entgehen würden: »Weine nicht, Pista«, ermutigte ein kleiner ungarischer Junge seinen Freund auf dem Weg zu den Gaskammern, »hast du nicht gesehen, daß unsere Großeltern, unsere Väter, unsere Mütter und unsere Schwestern getötet wurden? Jetzt sind wir dran.«[1]

Spiel war im Holocaust nicht gleichbedeutend mit Freude und Glück – und konnte es auch nicht sein. Die Spiele, die die Kinder spielten, waren ein Mikrokosmos des Lebens, reduzierten dessen komplexe Probleme auf eine symbolische Handlung. Die Kinder spielten zwar, doch litten sie selbst in den »humansten« Lagern an zahlreichen psychischen Störungen. Starke Gewichtsverluste, bitteres Weinen, Bettnässen und psychische Regression – das alles läßt sich auf das Lagerleben zurückführen. Doch die Kinder reagierten darauf – zumindest anfangs – schöpferischer als die Erwachsenen, und sie erholten sich schneller davon. Die jungen Leute und besonders die Kinder besaßen keine starken Wurzeln in der Vergangenheit. Sie waren weniger stark an konventionelle Werte und Normen gebunden – sie schwebten, wie es ein Überlebender poetisch ausdrückte, wie ein »Blatt im Wind«. Es steht außer Zweifel, daß ihr Spiel erheblich dazu beitrug, daß sie sich an dic Holocaust-Existenz anpaßten.

Es sind noch einige Fragen offen. Was ist aus den ganz wenigen geworden, die überlebten? Wie sind diese Kinder mit den neuen Bedingungen und Realitäten der Zeit nach dem Holocaust fertig geworden? Hatten die spielerischen Aktivitäten während des Holocaust etwas mit ihrer Fähigkeit zu tun, ihr geistiges und emotionales Gleichgewicht wiederzufinden? Erst jetzt zeichnen sich allmählich Antworten auf diese Fragen ab, eine Folge entsprechender psychologischer Forschungen. Im Grunde gibt es aber sehr wenig Literatur über die Erfahrungen

18. Zwei ungarische Jungen auf der Rampe von Auschwitz, 1944. (Mit freundlicher Genehmigung des Simon Wiesenthal Center in Los Angeles, Kalif.)

der Kinder im Holocaust und über die Auswirkungen dieser Erfahrungen auf die weitere Entwicklung der Überlebenden.

Für die Kinder, die gerade den Schatten des Holocaust entronnen waren, war die Zukunft voller handgreiflicher Ungewißheiten, voller moralischer und geistiger Zweifel. Jahre der Entbehrung, der Angst und des Leidens haben sich mit ihren kurz- und langfristigen Auswirkungen unauslöschlich in die Seele der Überlebenden eingebrannt.[2] Es versteht sich von selbst, daß die unmittelbare Wirkung im allgemeinen am dramatischsten war. Ein Neunjähriger, der mit seiner Mutter aus einem Bunker herauskam, blickte sich verwirrt um: »Ich konnte nicht gehen, und die Sonne stach mir in die Augen... Die Freude über die Befreiung war so groß, daß mir die Kraft fehlte, wirklich das Glück zu empfinden, daß ich von nun an wie andere Kinder würde leben können.« Ähnlich herzzerreißend klingt die

Äußerung eines kleinen Mädchens, das unmittelbar zuvor mit seinem kleineren Bruder aus der Kanalisation von Lwow (Lemberg) hervorgekrochen war:

»Mein Bruder und ich, wir sahen nicht wie normale Kinder aus... Ich konnte von dem hellen Sonnenschein, den Blumen und allem, was es dort unter freiem Himmel gab, nicht genug bekommen. Doch mein Bruder Pawel weinte, er war ängstlich und zerrte uns in die Kanalisation zurück, weil er die normale Welt nicht gewohnt war. Ich kenne bis heute keine größere Freude, kein größeres Glück, als die helle, klare Welt, die mich umgibt, in mich hineinzulassen, jene Welt, in der die Sonne auch für mich scheint und die Blumen ihren Duft auch für mich verströmen.«

Den Schilderungen der Überlebenden kann man mit einer gewissen Vorsicht entnehmen, daß sich das Hochgefühl der Befreiung in den gerade befreiten Kindern mit einem Gemisch aus schäumender Wut und Frustration paarte. Nachdem sie jahrelang eingekerkert waren oder im Versteck gelebt hatten, war das wohl auch verständlich. Von einem unbändigen Drang erfüllt, rannte ein anderes kleines Mädchen nach der Befreiung die Hänge hinab, war dann aber, da es über ein Jahr nicht mehr draußen gewesen war, außerstande, den Hügel wieder hinaufzuklettern. Die erwachsene Frau erinnerte sich Jahrzehnte später noch an den Schmerz und »das Gefühl der Frustration und des Zorns, daß ich nun endlich laufen und machen konnte, was ich wollte, und [dabei] so sehr leiden«.[3]

Die Kinder, die eine Zeitlang im Versteck gelebt hatten, konnten ihre Erfahrungen nie vergessen. Ihnen erging es jedoch, sofern man in dem Leid und dem seelischen Schmerz Abstufungen vornehmen darf, nicht so schlimm wie ihren Altersgenossen, die überall in Europa die Konzentrations- und Todeslager der Nazis zu ertragen hatten. Für sie hatte es kein Entrinnen gegeben. Die Kinder beschäftigten sich nach der Befreiung ausschließlich mit dem Tod: Angst, Alpträume und nächtelanges Weinen waren Dauererscheinungen. Beeindruckender als alles, was psychologische Forschung über das Trauma herausfinden kann, war der Fall eines Jungen, der nach der Befreiung nur ein einziges Spiel kannte: Leichen bestatten. Diese Kinder waren unfähig, die üblichen Spiele zu spielen oder sich auf Spielkameraden zu beziehen. Ein Mädchen, das als Kleinkind nach Auschwitz gekommen war, wurde noch Jahre nach der Befreiung immer wieder von heftigen, unbeherrschbaren Wutanfällen gepackt: »Mitten im schönsten Spiel fiel sie plötzlich über andere Kinder her, schlug sie, kreischte und wurde dann wieder still und scheu.«[4]

Die jungen Häftlinge wurden außerdem von langfristigen Folgen heimgesucht, die bei vielen erst lange nach der Befreiung während einer psychiatrischen Behandlung zum Vorschein kamen. Eine junge Frau von Ende Zwanzig fand sich mit der unausweichlichen Tatsache ab, daß die Lagererinnerungen nie verblassen würden. »Mitten in einem Spiel« brach ihr plötzlich der kalte Schweiß aus. Sie mußte sich der Einsicht stellen, daß »es dafür [den Holocaust] keine Heilung gibt«. Latente Auswirkungen hatte das Leben in Ghettos, Lagern und Verstecken auch auf die Psyche der Kinder. Einer Überlebenden aus Belgien wurde im Gespräch mit mir schlagartig klar – und ihr Blick verschleierte sich, als sie davon sprach –, daß sie ihre Kindheit versäumt hatte und wegen dieses Versäumnisses nicht auf die Mutterschaft und normale Beziehungen zu ihren eigenen Kindern vorbereitet gewesen war. Sie erkannte, daß sie eine der Fähigkeiten, die Eltern besitzen müssen, die Kunst des Spielens, nicht erlernt hatte. Es spricht einiges dafür, daß es einen genetisch regulierten Antrieb gibt, der Eltern dazu bewegt, mit ihren Kindern zu spielen. Im Spiel versucht der Elternorganismus, ein angeborenes Wissen zu vermitteln, das die künftige Generation zur Informationsverarbeitung und zur Problemlösung befähigt. Das Medium des Spiels erlaubt den Eltern, an die Jungen die Fähigkeit weiterzugeben, in einer sich ständig wandelnden Welt ein physiopsychologisches Gleichgewicht herzustellen oder wiederherzustellen. Die Voraussetzungen für diese Prozesse waren im Holocaust natürlich nicht gegeben. Eine ähnliche, wenngleich nicht wissenschaftlich formulierte Botschaft ist den Äußerungen einer anderen Überlebenden über ihre Erfahrungen während des Holocaust und deren spätere Auswirkungen zu entnehmen:

»Ich weiß, daß ich überhaupt kein Gefühl für das Spiel habe, und ich habe gemerkt, daß das ein sehr großer Mangel gegenüber meinen eigenen Kindern ist, und ich glaube, daß meine Mutter eine wunderbare Erfahrung gemacht haben muß, denn – und ich beneide sie darum – sie kann all die Spiele mit meinen Kleinen spielen, und ich konnte ein bißchen Bildung mit ihnen machen, ihnen vorlesen, aber spielen konnte ich nicht, weil ich wohl nie gespielt habe, und ich bin überzeugt, daß man das Spielen lernt. Ich meine, man muß gespielt haben, um zu wissen, wie es geht.«[5]

Psychologen könnten mit gutem Grund bezweifeln, daß den Kindern in den Konzentrationslagern durch spielerische Aktivitäten die für ein Leben nach dem Holocaust erforderlichen Fähigkeiten und Werte vermittelt wurden. Wie Laborversuche an Primaten zeigen, führt soziale Isolation und ein damit verbundener Spielentzug stets zu fehlangepaßten Individuen, die irgendeine emotionale Störung aufweisen. Spielen schließt ein erlerntes Verhalten ein, zumindest was den Inhalt und den Gegenstand betrifft. Für die jahrelang hinter Stacheldraht eingesperrten Kinder war es tragisch, daß sie nicht die üblichen »kindlichen« Spiele spielen konnten. Als ein Erwachsener sich im KZ Berga-Elster die Mühe machte, Zehnjährigen zu erklären, worum es bei »Cowboys und Indianer« geht, waren die Kinder nicht beeindruckt – sie fanden das Spiel »blöd« oder »ekelhaft«. Ihr Spiel bestand darin, »dem SS-Mann zuzusehen«.

»Sie sahen zu, wie sie Menschen schlugen, traten, folterten und töteten. Für aggressive Spiele hatten sie wahrlich keinen Bedarf. Was in ihrer Phantasie vorging, fanden sie in der Realität wieder. Was andere Kinder in einer normalen Gesellschaft durch das Spiel ausagieren, *erlebten* diese Kinder *in der Realität*.«[6]

Diese Schilderung hat – sieht man einmal von den Traumata und Schocks ab, die diese Kinder durchlebten – etwas Beunruhigendes, bestätigt sie doch die Vermutung, daß eine ganze

Generation, so dezimiert sie auch war, durch das Spiel, das unter den Bedingungen des Holocaust möglich war, nicht auf die Nachkriegsrolle als Eltern vorbereitet wurde. Was die Überlebenden von sich berichten, beobachten Psychologen häufig bei Menschen, die als Kinder einen Unfall überlebt haben, der ihre Eltern das Leben kostete. Die Erkenntnis meiner Gesprächspartnerin wurde von zahlreichen Opfern bestätigt: Sie konnten mit ihren eigenen Kindern nicht spielen, weil sie selber nie zu spielen gelernt hatten.

Das Spiel sollte weder als eine harmlose, triviale Angelegenheit noch als ein nebensächlicher Vorgang betrachtet werden. Im Holocaust wurde es zu der instinkthaften Form, in der die Kinder das Absurde verstanden und sich auf das Irrationale einstellten. Mit seinen spezifischen Möglichkeiten der Konfliktlösung bot das Spiel den Kindern zugleich einen seelischen Mechanismus, der ihre Fähigkeit förderte, mit der psychischen und physischen Umgebung fertig zu werden. Daß es nicht die kostbarste aller Versprechungen, das Versprechen des Überlebens, bieten konnte, ist fast belanglos. Nichts konnte dieses Versprechen bieten. Die Kinder litten, weinten, legten ihren geschundenen Körper nieder und starben – gelegentlich spielten sie. In den wenigen Augenblicken, die ihnen gegeben waren, spielten sie mit der Heftigkeit und Verzweiflung dessen, der zum Untergang verurteilt ist. Ihr Bild steht uns unvergeßlich vor Augen.

Bilder helfen uns, die Welt, in der wir leben, zu verstehen, und Erinnerungen helfen uns, sie zu erhalten. Eines dieser Bilder sollten die Kinder sein, die vor dem Hintergrund zerstörter Häuser und glühender Himmel über den Lagern spielen. Sie sind Metaphern, die uns helfen können, die Tiefe des Bösen im Menschen zu begreifen. Die Geschichte ihres Spiels im Holocaust ist nur eine der vielen Geschichten – es gibt andere, die vielleicht niemals erzählt werden –, und auch dieses Bild ist ein wenig bruchstückhaft und unvollständig, doch zumindest gibt es einen Teil der Holocaust-Realität wieder. Es enthält jedoch ebenfalls die Botschaft, daß das kindliche Spiel ein Ausdruck der Humanität ist und daß Humanität und Inhumanität sich letzten Endes in den Kindern ausdrücken.

Die Bilder dieser leidenden, gequälten Kinder sind nicht an Zeit, Raum, Rasse und Glaubensbekenntnis gebunden. Sie erinnern uns daran, daß Kinder in allen Kriegen die wehrlosesten Opfer sind, die schweigend aus dieser Welt hinausziehen, wie es die kleinen polnischen Kinder in Auschwitz bei ihrem letzten Gang taten. Der Häftling Olga Lengyel konnte nicht vergessen, wie diese Kleinen »wankend in den Tod gingen«, resigniert, erschöpft, verängstigt und von weißen Flocken bedeckt: »Sie blieben stumm unter den Schlägen, stumm wie ebenso viele kleine Schneemänner.«[7]

Anmerkungen

Prolog

1 Zitiert in Rudolf Vrba und Alan Bestic, *I Cannot Forgive*, New York: Grove Press 1964, S. 54.
2 G. M. Gilbert, *Nuremberg Diary*, New York: Signet Books 1961, S. 354.
3 Die höchste Schätzung der Zahl der umgebrachten Kinder wurde mit 1.200.000 genannt in Mark Dworzecki, *Europa Lelo Yeladim*, Jerusalem: Yad Vashem 1958, S. 56; Kiryl Shoshnowski, *The Tragedy of Children under Nazi Rule*, Poznan: Zachodnia 1962, S. 70–75. In der Fachliteratur wird Theresienstadt abwechselnd als *Ghetto* und als *Lager* bezeichnet.
4 In seiner Studie des Holocaust spricht Lawrence L. Langer viele der mit der Erforschung des Holocaust verbundenen Schwierigkeiten der Geschichtsschreibung an, siehe *Versions of Survival: The Holocaust and the Human Spirit*, Albany: State University of New York Press 1982, S. 4–8; siehe auch die aufschlußreiche kritische Arbeit von Lucy S. Dawidowicz, *The Holocaust and the Historians*, Cambridge: Harvard University Press 1981.
5 Langer, *Versions of Survival*, S. 129.
6 Johan Huizinga, *Homo Ludens*, Reinbek: Rowohlt 1987, S. 22.
7 Dieses Zitat stammt aus dem »Warschauer Ghetto-Tagebuch« von Stanislaw Rózycki, das offenbar im Herbst 1941 entstanden ist. In der hier zitierten deutschen Fassung auszugsweise veröffentlicht in *Faschismus – Getto – Massenmord. Dokumentation über Ausrottung und Widerstand der Juden in Polen während des Zweiten Weltkrieges.* Hrsgg. vom Jüdischen Historischen Institut Warschau, Frankfurt am Main: Röderberg-Verlag 1962, S. 153.
8 Mihaly Czikszentmihalyi, »Some Paradoxes in the Definition of Play«, in *Play as Context*, hrsgg. von Alyce Taylor Cheska, West Point, N. Y.: Leisure Press 1981, S. 14–25.
9 Zitiert in Hermann Langbein, *Menschen in Auschwitz*, Wien: Europaverlag 1972, S. 37; ebenfalls in Langer, *Versions of Survival*, S. 6.
10 Thomas Keneally, *Schindler's List*, New York: Penguin Books 1983, S. 269; Gertrude Schneider, *Journey into Terror: Story of the Riga Ghetto*, New York: Ark House 1979, S. 118 f.; siehe auch Eric H. Boehm, *We*

Survived: The Stories of the Hidden and the Hunted of Nazi Germany, Santa Barbara, Calif.: Clio Press 1966, S. 270.

11 Huizinga, *Homo Ludens*, S. 56.

12 Siehe Robert Fagen, »Modeling How and Why Play Works«, in *Play: Its Role in Development and Evolution*, hrsgg. Von Jerome S. Bruner et al., New York: Basic Books 1976, S. 96–115; P. V. Gump und Brian Sutton-Smith, »Activity-Setting and Social Interaction«, *American Journal of Orthopsychiatry* 25 (1955): 755–60; S. B. Sells, »An Interactionist Looks at the Environment«, *American Psychologist* (1963): 696–702; Joseph Levy, *Play Behavior*, New York: John Wiley and Sons 1978, S. 124–35.

13 Paul Trepman, *Among Men and Beasts,* New York: A. S. Barnes 1978, S. 194. Trepman war ein enger Bekannter von Mira Jakubowicz.

Das Kind im Holocaust

1 Gideon Hausner, *Justice in Jerusalem*, New York: Harper and Row 1966, S. 163; siehe auch L. Poliakow, »The Mind of the Mass Murderer«, *Commentary* 12 (November 1951): 451–59.

2 Otto Ohlendorf machte seine Aussage vor dem Militär-Gerichtshof der Alliierten. Zitiert von Nora Levin, *The Holocaust*, New York: Thomas Y. Crowell 1968, S. 242f.

3 Drei eidesstattliche Erklärungen von Hermann Friedrich Garbe vom 10. und 13. November 1945 sowie Augenzeugenberichte über die Judenmassaker von Dubno und Rowno in der Ukraine. Siehe Levin, *Holocaust*, S. 265; zitiert von Endre Sós, *Europai Fasizmus és Antiszemitizmus*, Budapest: Magyar Téka o. J., S. 121f.

4 Es ist aufschlußreich, daß die Gestapo schon in einer Warnung vom Juli 1943 an die Juden des Ghettos eindeutig von der Todesstrafe für schwangere Frauen und ihre Angehörigen sprach. Ähnliche Maßnahmen gab es in Ghettos und Arbeitslagern in Polen, Litauen und Lettland. Eliezer Yerushalmi, *Pinkas Shavli*, Jerusalem: Yad Vashem 1958, S. 96f.

5 Zitiert von Shoshnowski, *Tragedy of Children*, S. 71; Stanislawa Leszczynska, »Report of a Midwife from Auschwitz«, und Janina Kosciuszkowa, »Children in the Auschwitz Concentration Camp«, in *Auschwitz, An Anthology on Inhuman Medicine*, Warschau: Internationales Auschwitz-Komitee 1971, 2: 181–227; Thomas Geve, *Youth in Chains*, Jerusalem: Rubin Mass 1981, S. 203. Daß es in Auschwitz-Birkenau, Buchenwald und anderen Lagern besonders ab 1943 Kinderblocks gegeben hat, steht inzwischen außer Zweifel. Siehe *Newsletter of the Jerome Riker International Study of Organized Persecution of Children*, Frühjahr und Herbst 1978.

6 Serge Klarsfeld, Hrsg., *Les enfants d'Izieu une tragédie juive*, Beate

Klarsfeld-Stiftung 1983; Keneally, *Schindler's List*, S. 259–63; siehe auch Yitshok Rudashevski, *The Diary of the Vilna Ghetto*, übers. von Percy Matenko, Tel Aviv: Shamgar Press 1973; und Yerushalmi, *Pinkas Shavli*, S. 302. Im Juni 1942 wußten bereits viele, daß Kinder vernichtet werden, wie die Notizen aus dem Warschauer Ghetto von Ringelblum beweisen (*Notes from the Warsaw Ghetto*, hrsgg. von Jacob Sloan, New York: Schocken Books 1974, S. 292f.).

7 Ben Edelbaum, *Growing Up in the Holocaust*, Kansas City: Ben Edelman 1980, S. 91f.

8 Abraham Levin, *Me-Pinkaso shel ha-More me-Yehudiyah*, Tel Aviv: Habikkutz Hameuchad 1969, S. 34.

9 Aus Rózyckis Tagebuch, zitiert in Keller, *Warsaw Ghetto in Photographs*, S. 129. Über die Zahl der Verhungerten gehen die Meinungen auseinander. Siehe Lucy S. Dawidowicz, *The War against the Jews, 1939–1945*, New York: Holt, Rinehart and Winston 1975, S. 214, und Isaiak Trunk, »Epidemics and Mortality in the Warsaw Ghetto, 1939–1942«, *YIVO Annual of Jewish Social Sciences* 8 (1953): 82–122.

10 Mary Berg, *Warsaw Ghetto Diary*, hrsgg. von S. L. Shneiderman, New York: L. B. Fischer 1945, S. 66.

11 Chaim A. Kaplan, *The Warsaw Diary of Chaim Kaplan*, New York: Collier Books 1973, S. 290; zitiert von Dawidowicz, *War against the Jews*, S. 215.

12 Halina Szwambaum, »Four Letters from the Warsaw Ghetto«, *Commentary* 31 (Juni 1961): 491. Aus Rózyckis Tagebuch, zitiert in Keller, *Warsaw Ghetto in Photographs*, S. 130.

13 Ähnliche Eindrücke verzeichneten viele Beobachter der Ghetto-Welt. Tosha Bialer, »Behind the Wall«, *Collier's*, 20. 2. 1943, S. 18. Was das Lodzer Ghetto angeht, siehe Lucjan Dobroszycki, Hrsg., *The Chronicle of the Lodz Ghetto, 1941–1944*, New Haven: Yale University Press 1984, S. 344, 470f.

14 Isaiah Trunk, *Lodzher Geto*, New York: YIVO Institute 1962, S. 343; Kaplan, *Warsaw Diary*, S. 322; siehe auch Ringelblum, *Notes from the Warsaw Ghetto*, S. 125.

15 David Rubinowicz, *The Diary of David Rubinowicz*, Edmonds, Wash.: Creative Options 1982, S. 61; Rudashevski, *Diary of the Vilna Ghetto*, S. 32.

16 Gespräch mit Daisy Miller, 10. April 1986.

17 Marie Syrkin, *Blessed is the Match*, New York: Alfred A. Knopf 1947, S. 181, Rudashevski, *Diary of the Vilna Ghetto*, S. 32.

18 Dawidowicz, *War against the Jews*, S. 212.

19 Trunk, *Lodzher Geto*, S. 340; Bernard Goldstein, *The Stars Bear Witness*, New York: Viking Press 1949, S. 62. Goldstein genoß als Führer des sozialistischen Arbeitervereins »Bund« in Polen großes Ansehen.

20 Berg, *Warsaw Ghetto Diary*, S. 87.

21 Für eine umfassende, objektive Darstellung der Funktionen und Aktivitäten der Judenräte in Osteuropa siehe Isaiah Trunk, *Judenrat: The Jewish Councils in Eastern Europe under the Nazi Occupation*, New York: Macmillan 1972. Die Tatsache, daß Rumkowski vor dem Krieg ein Waisenhaus geleitet hatte, erklärt vielleicht die Aufmerksamkeit und Zuwendung, die er Waisenkindern schenkte. Siehe Solomon F. Bloom, »Dictator of the Lodz Ghetto«, *Commentary* 7 (Februar 1949): 111–22, und Philip Friedman, »Two ›Saviors‹ Who Failed«, *Commentary* 26 (Mai 1958): 479–91.

22 Zwar erwähnt keine Quelle außer Kaplans *Warsaw Diary* (S. 184) einen »Kindermonat« im August 1940, aber eine kleinere Kampagne hat es wohl doch gegeben. Ringelblum stand ihr zunächst weit kritischer gegenüber als alle anderen Quellen, und er zeigt gegenüber dem Judenrat und seinen Initiativen eine klare politische Voreingenommenheit. Siehe *Notes from the Warsaw Ghetto*, S. 234.

23 Eine der besten Quellen über die sozialen Bemühungen in den Ghettos Osteuropas ist Trunk, *Judenrat*, 6. Kapitel.

24 Alexander Donat, *The Holocaust Kingdom: A Memoir*, New York: Holocaust Library 1978, S. 12. Die ursprüngliche Quelle war offenbar Emmanuel Ringelblum.

25 Rudashevski, *Diary of the Vilna Ghetto*, S. 92.

Das Spiel und die Gemeinschaft

1 Aus Rózyckis Tagebuch, zitiert in Keller, *Warsaw Ghetto in Photographs*, S. 130f.

2 Gerhard Schoenberner, *Der gelbe Stern. Die Judenverfolgung in Europa 1933 bis 1945*, Hamburg: Rütten & Loening 1960, S. 51.

3 Aus Rózyckis Tagebuch, zitiert in Keller, *Warsaw Ghetto in Photographs*, S. 130; H. Volikova, *I Never Saw Another Butterfly: Children's Drawings and Poems from Terezin Concentration Camp, 1942–1944*, New York: McGraw-Hill 1964; das sentimentale Lied wurde zitiert von Dawidowicz, *War against the Jews*, S. 208.

4 Éva Székely, *Sirni Csak a Gyöztesnek Szabad*, Budapest: Magvetö 1982, S. 28f.; Gerda Klein-Weissman, *All But My Life*, New York: Hill and Wang 1957, S. 43, 49; Yitzhak Arad, *Ghetto in Flames*, New York: Holocaust Library 1982, S. 95; Jacob Presser, *The Destruction of the Dutch Jews*, New York: E. P. Dutton 1969, S. 83–85; Kaplan, *Warsaw Diary*, S. 173, 220.

5 Presser, *Destruction of the Dutch Jews*, S. 89; Anny Latour, *The Jewish Resistance in France*, New York: Holocaust Library 1981, S. 38f.

6 Székely, *Sirni Csak a Gyöztesnek Szabad*, S. 28f.

7 Adam Czerniakow, *The Warsaw Diary of Adam Czerniakow*, hrsgg. von Raul Hilberg, Stanislaw Staron und Josef Kermisz, New York: Stein and Day 1979, S. 182.

8 Kaplan, der für Czerniakow keine Sympathie zeigte, beklagte ebenfalls den Verlust des Krasinski-Parks. Siehe *Warsaw Diary*, S. 352.

9 Dobroszycki, *Chronicle of the Lodz Ghetto*, S. 352.

10 Gerald Green, *The Artists of Terezin*, New York: Hawthorn Books 1969, S. 139.

11 Janina David, *Ein Stück Himmel*, München: Hanser 1981, S. 173.

12 Rachel Auerbach, *Be'hutzot Warsaw*, Tel Aviv: Am Oved 1946, S. 43.

13 Kaplan, *Warsaw Diary,* S. 220; Nachman Blumenthal, *Darko Shel Yudnrat*, Jerusalem: Yad Vashem 1962, S. 438, 452.

14 Emilia Gutman File, Genia Silkes Collection, YIVO Archives, New York; Berg, *Warsaw Ghetto Diary*, S. 148. Bergs Notiz wurde im Frühjahr 1942 niedergeschrieben, doch verbreitete sich diese Sitte mindestens ein Jahr früher; Kaplan, *Warsaw Diary*, S. 353.

15 Ringelblum, *Notes from the Warsaw Ghetto*, S. 188; David, *Ein Stück Himmel*, S. 247.

16 Zu den »Kinderecken« siehe Sarah Neshamit, *Ma'avako shel ha-Geto*, Lochamei Hagetaot: Hakibbutz Hameuchad 1972, S. 35, 77; Kaplan, *Warsaw Diary*, S. 294; Berg, *Warsaw Ghetto Diary*, S. 148.

17 Goldstein, *Stars Bear Witness*, S. 83.

18 Sylvia Rothchild, Hrsg., *Voices from the Holocaust*, New York: New American Library 1981, S. 254f.; Goldstein, *Stars Bear Witness*, S. 84.

19 Trunk, *Lodzher Geto*, S. 62; Adolf Berman, »Goral Hayeladim Be-geto Warsaw«, in *Sho'at Yehude Europah*, hrsgg. von Israel Gutman und Livia Rothkirchen, Jerusalem: Yad Vashem 1973, S. 294–308. Dieses Dokument wurde in den Ringelblum-Archiven hinterlegt, die alle dokumentarischen und literarischen Zeugnisse über die Vernichtung des polnischen Judentums während des Holocaust retten sollten. Zitiert in Aryeh Bauminger et al., *Hayeled ve-Havo'ar be-Shoah ve-be-Gevurah,* Jerusalem: Kiryat Sefer 1965, S. 55f. Siehe auch Jonas Turkow, *Haya hayta Warsaw Yehudit*, Tel Aviv: Tarbut Vehinuch 1969, S. 95f.

20 L. Brenner, *Widershtand un umkum fun Czenstokhover Geto*, Warschau 1951, S. 51–53; Kalmanowitch, »Diary of the Nazi Ghetto in Vilna«, S. 25; Korczak wird zitiert nach »Erinnerungen«, in *Das Recht des Kindes auf Achtung*, Göttingen: Vandenhoek und Ruprecht 1970, übers. von Armin Dross.

21 Auerswald in einem Memorandum für Dr. Madeazza, den stellvertretenden Bevollmächtigten des Generalgouverneurs, 24. November 1941, Yad Vashem Archives, Jerusalem, Mikrofilm-Sammlung JM 1112.

22 Berg, *Warsaw Ghetto Diary*, S. 147.

23 Trunk, *Lodzher Geto*, S. 343 (Dokument Nr. 115); Kaplan, *Warsaw Diary*, S. 353.

24 Kaplan, *Warsaw Diary*, S. 354.

25 Sara Zyskind; *Stolen Years*, Minneapolis: Lerner 1981, S. 89f.; Dobroszycki, *Chronicle of the Lodz Ghetto*, S. 49f.; Bendet Hershkovitch, »The Ghetto in Lodz (Litzmannstadt)«, *YIVO Annual of Jewish Social Sciences* 4 (1950): 94, in der Lodz Collection, YIVO Archives, New York.

26 Czerniakow, *Warsaw Diary*, S. 366.

27 Die Betreuerin war Mira Jakubowicz auf dem Spielplatz an der Grzybowska-Straße 21. Zitiert in Trepman, *Among Men and Beasts*, S. 193–95.

28 Philip Mechanicus, *Year of Fear: A Jewish Prisoner Waits for Auschwitz*, New York: Hawthorn 1968, S. 145, 150.

29 Josef Katz, *One Who Came Back: The Diary of a Jewish Survivor*, New York: Herzl Press 1973, S. 59; Schneider, *Journey into Terror*, S. 37.

30 Eli Bachner, »Be-Theresienstadt, be-Mahane ha-Mishpachti be-Auschwitz, bein ha-Sonderkommando, be-Buchenwald«, *Yalkut Moreshet* 22 (November 1976): 84; H. G. Adler, *Theresienstadt, 1941–1945*, Tübingen J. C. B. Mohr 1955, S. 553, 241; Jacob Jacobson, *Terezin: The Daily Life, 1943–1945*, London: Jewish Central Information Office 1946, S. 14.

31 Siehe Filip Müller, *Eyewitness in Auschwitz: Three Years in the Gas Chambers*, New York: Stein and Day 1979; Mary S. Constanza, *The Living Witness: Art in the Concentration Camps and Ghettos*, New York: Free Press 1981, S. 40; Bachner, »Be-Theresienstadt...«, S. 78f., 85; Hanna Hofmann-Fischel Report, S. 9; Yad Vashem Archives, Jerusalem; Vrba und Bestic, *I Cannot Forgive*, S. 181f.

32 Hanna Hofmann-Fischel Report, Yad Vashem Archives, Jerusalem; Günther Schwarberg, *Der SS-Arzt und die Kinder*, Hamburg: Stern-Buch 1979, S. 41ff.

33 Dank der heroischen Anstrengungen des Oeuvre de Secours aux Enfants wurden Hunderte von Kindern vor diesen Lagern gerettet. Siehe Latour, *Jewish Resistance in France*; Konzentrationslager Camp des Milles File, Leo Baeck Institute, New York.

34 Goldstein, *Stars Bear Witness*, S. 85.

35 Turkow, *Haya Hayta Warsaw Yehudit*, S. 96; Mark Dworzecki, *Yerushalayim D'Lita be-Meri va-Shoah*, Tel Aviv: Mifleget Poalei Eretz-Yisrael 1951, S. 219.

36 Vrba und Bestic, *I Cannot Forgive*, S. 182.

37 Der Eintrag vom 21. Juli entstand zwei Tage vor dem Beginn der Massendeportation. Czerniakow, *Warsaw Diary*, S. 364, 382.

38 Jacob Boas, *Boulevard des Misères: The Story of Transit Camp Westerbork*, Hamden, Conn.: Archon Books 1985, S. 72f.

39 Blumenthal, *Darko shel Yudnrat*, S. 166, 452; Trunk, *Judenrat*, S. 210; Dworzecki, *Yerushalayim D'Lita*, S. 228.

40 Hershkovitch, »Ghetto in Litzmannstadt«, S. 94; Lodz Collection, YIVO Archives, New York.
41 Yerushalmi, *Pinkas Shavli*, S. 239, 242, 279.
42 Siehe auch Kapitel 2 für eine Beschreibung der Gesundheitsaktion im Lager Plaszow. Bertha Ferderber-Salz, *And the Sun Kept Shining*, New York: Holocaust Library 1980, S. 96f.; zitiert in Dawidowicz, *War against Jews*, S. 307; David Wolf File, Genia Silkes Collection, YIVO Archives, New York.
43 Für eine Beschreibung von Janusz Korczaks letztem Gang siehe Yitzhak Zuckerman und Moshe Basok, Hrsg., *Sefer Milhamot Hagetoat*, Tel Aviv: Hakibbutz Hameuchad 1954, S. 98–100.
44 Fredka Mazia, *Re'im Ba-sa'ar*, Jerusalem: Yad Vashem 1964, S. 125–128 (ihre Befürchtungen waren leider allzu berechtigt; der Kindergarten wurde mit einer Razzia überzogen); Ferderber-Salz, *And the Sun Kept Shining*, S. 68.
45 Czerniakow, *Warsaw Diary*, S. 373f.
46 Kaplan, *Warsaw Diary*, S. 244. (Ähnliches empfand Gertrude Schneider im Rigaer Ghetto, siehe *Journey into Terror*, S. 118f.); Mechanicus, *Year of Fear*, S. 129, 159.
47 Levy-Haas, *Inside Belsen*, S. 17.
48 Saul Ash, »The Dignity of the Destroyed: Towards a Definition of the Period of the Holocaust«, *Judaism* 2 (1962): 166.
49 Levy-Haas, *Inside Belsen*, S. 15; Kalmanowitch, »A Diary of the Nazi Ghetto of Vilna«, S. 25f.; Czerniakow, *Warsaw Diary*, S. 376f.

Das Spiel und die Kinder

1 *Das Tagebuch der Anne Frank*, Frankfurt: Fischer 1955, S. 101, 112.
2 *Children's Drawings from the Concentration Camp of Terezin*, Prag: Staatliches Jüdisches Museum o. J., S. 14.
3 Dworzecki, *Yerushalayim D'Lita*, S. 232.
4 Christina Shigar File, Genia Silkes Collection, YIVO Archives, New York; Genia Silkes' Äußerungen wurden aufgezeichnet von Saul S. Friedman, *Amcha: An Oral Testament of the Holocaust*, Washington, D. C.: University Press of America, S. 137.
5 Levy-Haas, *Inside Belsen*, S. 249.
6 *Das Tagebuch der Anne Frank*, S. 112.
7 Zitiert in Azriel Eisenberg, Hrsg., *Witness to the Holocaust*, New York: Pilgrim Press 1981, S. 340f.; Bachner, »Be-Theresienstadt...«, S. 77ff.; Alfred Kantor, *The Book of Alfred Kantor*, New York: McGraw-Hill 1971, Anmerkungen zu Tafel 21.
8 Syrkin, *Blessed is the Match*, S. 182.

9 Christina Shigar File, Genia Silkes Collection, YIVO Archives, New York. Die Originalquelle liegt im Zentralarchiv der Jüdischen Historischen Kommission (Nr. 2352) in Warschau. Auch zitiert bei Eisenberg, *Witness to the Holocaust*, S. 341.

10 David Wolf File, Genia Silkes Collection, YIVO Archives, New York.

11 Nelly Toll, *Without Surrender: Art of the Holocaust*, Philadelphia: Running Press 1978, S. 94.

12 Ephraim Shtenkler, »What Happened to Me in My Childhood«, *Commentary* 9 (Mai 1952): 443.

13 Kaplan, *Warsaw Diary,* S. 156, 244; Ringelblum, *Notes from the Warsaw Ghetto*, S. 168.

14 Geve, *Youth in Chains*, S. 97.

15 Kitty Hart, *I Am Alive*, Bakerfield (England): Congi Books 1961, S. 92f.

16 Ota Kraus und Erich Kulka, *Bet Haroshet le-Mavet: Auschwitz*, Jerusalem: Yad Vashem 1960/61, S. 105.

17 Rudolf Höß, *Kommandant in Auschwitz*, München: DTV 1963, S. 132.

18 *Theresienstadt*, Wien: Europa-Verlag 1968, S. 96f.

19 Gespräch mit Daisy Miller, 10. April 1986.

20 Oskar Rosenfeld trug laufend zu den offiziellen Dokumenten des Lodzer Ghettos bei. Vielfach notierte er alltägliche Vorkommnisse im Ghetto. Zitiert in Dobroszycki, *Chronicle of the Lodz Ghetto*, S. 360f.

21 Ebda., S. 373f.

22 Die Geschichte des Kindes aus Kielce geht auf die Erinnerungen von Helen Rosenzweig zurück; Friedman, *Amcha*, S. 150; Sara Moskovitz, *Love Despite Hate*, New York: Schocken Books 1983, S. 139.

23 Zitiert in Ina R. Friedman, Hrsg., *Escape or Die: True Stories of Young People Who Survived the Holocaust*, Reading, Mass.: Addison-Wesley 1982, S. 61; Gespräch mit Gabriele Silten, 17. Februar 1986.

24 Gespräch mit Gabriele Silten, 17. Februar 1986; Gespräch mit Daisy Miller, 10. April 1986. Millers Familie wurde ein Jahr lang von Partisanen in den Hügeln der Toskana versteckt.

25 Mechanicus, *Year of Fear*, S. 150; Jacobson, *Terezin*, S. 12; David, *Ein Stück Himmel*, S. 274.

26 Donat, *Holocaust Kingdom*, S. 23; Gespräch mit Gabriele Silten.

27 Zitiert in Irving Halperin, *Messengers from the Death*, Philadelphia: Westminster Press 1970, S. 134.

28 Auerbach, *Be'huzot Warsaw*, S. 43; David Wolf File, Genia Silkes Collection, YIVO Archives, New York.

29 Sheva Glas-Wiener, *Children of the Ghetto*, Fitzroy (Australien): Globe Press 1983, S. 86.

30 Mark Dworjetski (Dworzecki), »Adjustment of Detainees to Camp and Ghetto Life«, *Yad Vashem Studies* 5 (1963): 198.

31 Tzvia Kuretzka File, Genia Silkes Collection, YIVO Archives, New

York. Murer erschien oft überraschend am Tor und ließ die Menschen durchsuchen. Tausende von Arbeitern erlebten dann jedesmal Alpträume. Eine genaue Beschreibung dieser Qual findet man in Masha Rolnik, *Ani Hayevet le-Saper*, Jerusalem: Ahiever 1965, S. 67; siehe auch Herman Kruk, *Togbukh fun vilner geto*, New York: YIVO 1961, S. 222, 237, 239, 245.

32 David Wdowinski, *And We Are Not Saved*, New York: Philosophical Library 1963, S. 49; Glas-Wiener, *Children of the Ghetto*, S. 87ff.

33 Glas-Wiener, *Children of the Ghetto*, S. 89.

34 Emilia Gutman File, Genia Silkes Collection, YIVO Archives, New York.

35 David, *Ein Stück Himmel*, S. XX: Ringelblum, *Notes from the Warsaw Ghetto*, S. 208.

36 Stephen N. Miller, »The Playful, the Crazy, and the Nature of Pretense« (Vortrag auf der Jahrestagung der American Anthropological Association 1973, S. 26); Ringelblum, *Notes from the Warsaw Ghetto*, S. 174.

37 Emma Gluck-La Guardia, *My Story*, New York: McKay 1961, S. 161.

38 Geve, *Youth in Chains*, S. 156f.

39 Im Gegensatz zu früheren Berichten scheint klar zu sein, daß es nicht nur im böhmischen Familienlager, sondern auch in Auschwitz-Birkenau mehrere (vielleicht zeitweilige) Kinderblöcke gab. Sie waren besonders unübersehbar in der zweiten Hälfte des Jahres 1944 (Gespräch mit Paula Lebovics); Bericht von Hanna Hofmann-Fischel in Yad Vashem, Jerusalem, auch zitiert in der amerikanischen Ausgabe von Schwarberg (siehe Anm. 3.32), *The Murders at Bullenhuser Dam*, Bloomington: Indiana University Press 1984, S. IX.

40 Zitiert von Langer, *Versions of Survival*, S. IX.

Das Spiel und der menschliche Geist

1 Friedrich Schiller, *Über die ästhetische Erziehung des Menschen, in einer Reihe von Briefen*, Stuttgart: Reclam 1965, S. 63 (Fünfzehnter Brief).

2 Silkes zitiert in Friedman, *Amcha*, S. 137.

3 Seit Kriegsende hat es unter Historikern heftige Auseinandersetzungen darüber gegeben, was den Widerstand ausmacht. Sie wurden von Historikern unterschiedlicher politischer Tendenz auf einer philosophischen Ebene geführt. Keiner von ihnen hat richtig erkannt, daß Trotz, Protest und Widerstand im Grunde psychologische Begriffe sind.

4 Kaplan, *Warsaw Diary*, S. 234f. Es kam vor, daß sich beispielsweise aus einer Theatervorstellung eine spontane Demonstration entwickelte (Dawidowicz, *Holocaust Reader*, S. 194).

5 Das Bildungswesen ist eines der unerforschten Kapitel des Holocaust.

Obwohl höhere Schulen gänzlich verboten waren, wurden in Warschau reguläre Abiturprüfungen abgelegt. Jacobson, *Terezin*, S. 14; Briefwechsel mit Thomas H. Mandl, einem Überlebenden von Theresienstadt, vom 3. Januar 1986.

6 Nakhman Korn, »Dertsiyungsproblemen un kinder-elnt in geto«, in *Das Bukh Fun Lublin*, S. 503–6; zitiert in Milton Meltzer, *Never to Forget: The Jews of the Holocaust*, New York: Harper and Row 1976, S. 99.

7 Kaplan, *Warsaw Diary*, S. 244f.

8 Ebda., S. 153f.

9 Glas-Wiener, *Children of the Ghetto*, S. 170.

10 Mechanicus, *Year of Fear*, S. 135.

11 »Gespräch mit einem, der als Kind den Holocaust überlebte«, geführt von Milton Kestenberg, Jerome Riker International Study of Organized Persecution of Children, New York, Brief vom 24. Februar 1986; Glas-Wiener, *Children of the Ghetto*, S. 89.

12 Zeugenaussage von Dr. Aaron Peretz im Eichmann-Prozeß, zitiert von Jacob Robinson, *And the Crooked Shall be Made Straight*, New York: Macmillan 1965, S. 123f.; Emilia Gutman File, Genia Silkes Collection, YIVO Archives, New York.

13 Manek Appelbaum File, Genia Silkes Collection, YIVO Archives, New York.

14 Flora Hogman, »Displaced Jewish Children During World War II: How They Coped«, *Journal of Humanistic Psychology* 23 (Winter 1983): 56f.

15 Robert Lifton und Eric Olson, *Living and Dying*, New York: Bantam 1975, S. 122f. Lifton definierte den Begriff der »Bewältigung« als »seelische Abstumpfung«. Ursprünglich wurde diese Definition von »Bewältigung« auf erwachsene Lagerhäftlinge von Auschwitz angewandt. Nach Ansicht von Joel E. Dimsdale ist »Bewältigung« jedoch ein sehr viel komplexeres Phänomen. Siehe »The Coping Behavior of Nazi Concentration Camp Survivors«, in *Survivors, Victims, and Perpetrators*, hrsgg. von Dimsdale, New York: Hemisphere 1980, S. 163–74.

16 Hanna Hofmann-Fischel Report, S. 16, Yad Vashem Archives, Jerusalem; Janusz Korczak, *Das Kind lieben*, Frankfurt am Main: Suhrkamp [2]1984, S. 243f. Diese Szene hat Korczak so stark beeindruckt, daß er sie zweimal notierte.

17 Geve, *Youth in Chains*, S. 122f. In der Holocaust-Literatur nehmen die psychologischen Interpretationen der Reaktionen von Erwachsenen auf den Holocaust breiten Raum ein, doch entsprechende Materialien für Kinder fehlen. So werden etwa in dem ansonsten gründlichen Werk von Dimsdale, *Survivors, Victims, and Perpetrators*, die Kinder, die den Holocaust überlebten, mit keiner Silbe erwähnt.

18 Christina Shigar File, Genia Silkes Collection, YIVO Archives, New York.

19 Zitiert in Eisenberg, *Witness to the Holocaust*, S. 345.
20 Kaplan, *Warsaw Diary*, S. 352.
21 Ringelblum, *Notes from the Warsaw Ghetto*, S. 202, 208.
22 Kaplan, *Warsaw Diary*, S. 182, 294; Kalmanowitch, »Diary of the Nazi Ghetto in Vilna«, S. 23, 42.
23 Ferderber-Salz, *And the Sun Kept Shining*, S. 96; Adler, *Theresienstadt*, S. 154; Shoshnowski, *Tragedy of Children under Nazi Rule*, S. 102ff.
24 *Theresienstadt*, S. 104, 107.
25 Tzvia Kuretzka File, Genia Silkes Collection, YIVO Archives, New York.
26 Katz, *One Who Came Back*, S. 113f.
27 Barry Spanjaard, *Don't Fence Me In!*, Saugus, Calif.: B & B 1981, S. 131f.
28 Korrespondenz mit Gertrude Schneider, 29. April 1986.
29 Jerome Riker International Study of Organized Persecution of Children, File BB-D/AA, S. 43; J. M. Robert und Brian Sutton-Smith, »Game Training and Game Involvement«, *Ethnology* 1 (1962): 116–85; siehe Gump und Sutton-Smith, »Activity-Setting and Social Interaction«, S. 755–60; Levy, *Play Behavior*, S. 124–35.

Sie spielen, bevor sie sterben

1 Eugene Heimler, »Children of Auschwitz«, in *Prison*, hrsgg. von George Mikes, London: Routledge and Kegan Paul 1963, S. 12.
2 Siehe R. E. Herron und Brian Sutton-Smith, *Child's Play*, New York: John Wiley and Sons 1971; J. J. Ellis, *Why People Play*, Englewood Cliffs, N. J.: Prentice-Hall 1973. Zur psychologischen und anthropologischen Dimension des Spiels gibt es eine umfangreiche und rasch wachsende wissenschaftliche Literatur.
3 Berg, *Warsaw Ghetto Diary*, S. 147; siehe Robert Plutchik, *Emotion: A Psychoevolutionary Synthesis*, New York: Harper and Row 1980, S. 324ff.
4 Reizel Korczak, *Lehavot be-Efer*, Tel Aviv: Sifriyat Hapoalim 1946.
5 Zitiert in einem Manuskript von Genia Silkes, »Der Yiddischer Lehrer in Warschawer Geto«, Genia Silkes Collection, YIVO Archives, New York.
6 David, *Ein Stück Himmel*, S. 307.
7 Mechanicus, *Year of Fear*, S. 87. Von einem ähnlichen Eindruck berichtet Saul Friedlaender aus einem französischen Waisenhaus für jüdische Kinder, *When Memory Comes*, New York: Farrar Straus and Giroux 1979, S. 72f.
8 Katz, *One Who Came Back*, S. 133; Schneider, *Journey into Terror*, S. 96f.
9 Mechanicus, *Year of Fear*, S. 82; David, *Ein Stück Himmel*, S. 335.
10 Lutek Stauber File, Genia Silkes Collection, YIVO Archives, New York.

11 Stanislaw Adler, *In the Warsaw Ghetto, 1940–1943*, Jerusalem: Yad Vashem 1982, S. 260. »Bergleute« nannte man im Ghetto die Kinder, die kleine Kohlebrocken und anderes brennbares Material zum Heizen und Kochen ausgruben. Trunk, *Lodzher Geto*, S. 344.

12 Dworzecki, *Yerushalayim D'Lita*, S. 329; Gespräch mit Gabriele Silten, 17. Februar 1986.

13 Mechanicus, *Year of Fear*, S. 166; Gespräch mit Gabriele Silten.

14 David, *Ein Stück Himmel*, S. 220. Siehe L. Garfunkel, *Kovno ha-Yehudit be-Hurbanah*, Jerusalem: Yad Vashem 1959, S. 249.

15 Tadeusz Borowski, *This Way for the Gas, Ladies and Gentlemen*, New York: Penguin Books 1976, S. 86. Man sollte beachten, daß im eigentlichen Lager Auschwitz fast nur nichtjüdische Häftlinge saßen. Die Juden wurden nach Birkenau gebracht und dort entweder in Arbeitskommandos eingeteilt oder in die Gaskammern geschickt. Es waren also ausschließlich nichtjüdische Häftlinge, die diese Spiele spielten und ihnen zusahen. Siehe auch Avraham Kohavi, »Na'ar ha-Mahanot«, *Yalkut Moreshet* 2 (Juli 1965): 11–12.

16 Goldstein, *Stars Bear Witness*, S. 82; Glas-Wiener, *Children of the Ghetto*, S. 208.

17 Jan Karski, *Story of a Secret State*, zitiert von Eisenberg, *Witness to the Holocaust*, S. 169f.

18 Peretz zitiert in Robinson, *And the Crooked Shall be Made Straight*, S. 122f.

19 Kaplan, *Warsaw Diary*, S. 290f.

20 Bruno Bettelheim, *Erziehung zum Überleben. Zur Psychologie der Extremsituation*, Stuttgart: Deutsche Verlags-Anstalt 1980, S. 73; Schneider, *Journey into Terror*, S. 118f.; siehe auch Boas, *Boulevard des Misères*, S. 72f.

21 Veronica M. Axline, *Play Therapy*, Boston: Houghton Mifflin 1947, S. 16.

22 Es ist weder Absicht noch Zweck dieses Buches, die Irrelevanz oder Angemessenheit gewisser Spieltheorien zu widerlegen oder zu bestätigen. Für einen Überblick über verschiedene Spieltheorien siehe Cheska, *Play as Context*; Levy, *Play Behavior*.

23 Karl Groos, *Die Spiele des Menschen*, Jena 1899.

24 Siehe D. W. Fiske und S. R. Maddi, Hrsg., *Functions of Varied Experience*, Homewood, Ill.: Dorsey Press 1961.

25 Endre Grastyán, *A Játék Neurobiológiaja*, Budapest: Akadémiai Könyvkiadó 1985.

26 P. K. Smith, »Does Play Matter? Functional and Evolutionary Aspects of Animal und Human Play«, *Behavioral and Brain Sciences* 5 (1982): 139–84; siehe auch George Eisen et al., *Understanding Leisure: An Interdisciplinary Approach*, Dubuque, Iowa: Kendall/Hunt 1988.

27 Jerome Riker International Study of Organized Persecution of Children, File BB-D/AA, S. 45; Brief von Judith S. Kestenberg, 11. Juni 1986.
28 Richard S. Lazarus, »Emotions and Adaptation: Conceptual and Empirical Relations«, in *Nebraska Symposium on Motivation,* hrsgg. von W. J. Arnold, Lincoln: University of Nebraska Press 1968.
29 J. H. Flavell, *The Developmental Psychology of Jean Piaget*, Princeton: Van Nostrand-Reinhold 1963, S. 49f.
30 Gespräch mit Gabriele Silten.
31 Verfaßt von Hanus Hachenburg in Theresienstadt; zitiert in *Children's Drawings from the Concentration Camp of Terezin*.
32 Glas-Wiener, *Children of the Ghetto*, S. 90.

Epilog

1 Olga Lengyel, *Five Chimneys: The Story of Auschwitz*, New York: Howard Fertig 1983, S. 111f. Einen beinahe identischen Dialog notierte Otto Wolken, »What I Think of Children...«, in *Auschwitz, An Anthology*, 4:15.
2 Renée Fodor, »The Impact of the Nazi Occupation of Poland on the Jewish Mother-Child Relationship«, *YIVO Annual of Jewish Social Sciences* 11 (1956/57): 270–85.
3 Christina Shigar File, Genia Silkes Collection, YIVO Archives, New York; Gespräch mit Daisy Miller, 10. April 1986.
4 J. Sarnecki, »Emotional Conflicts of People Born in Nazi Concentration Camps or Imprisoned There During Early Childhood«, S. 187; W. Poltawska et al., »Results of Psychiatric Examination of People Born in Nazi Concentration Camps«, in *Auschwitz, An Anthology*, 4:60, 187.
5 Gespräch mit Fern Loty, 17. April 1986; Jerome Riker International Study of Organized Persecution of Children, File BB-D/AA, 1/16/85, S. 36; siehe auch Eisen, *Understanding Leisure*, S. 61–89.
6 Siehe Perry Black, Hrsg., *Physiological Correlates of Emotion*, New York: Academic Press 1970; Heimler, »Children of Auschwitz«; in Mikes, *Prison*, S. 12.
7 Lengyel, *Five Chimneys*, S. 209.

Anhang A

Verzeichnis der in diesem Buch erwähnten Ghettos und Nazi-Lager

Die Ghettos und Nazi-Lager bildeten ein Geflecht aus vielfältigen Einrichtungen. Was sie unterschied, läßt sich den örtlichen Bedingungen, dem jeweiligen Kommandanten und den Plänen der Nazis für den betreffenden Ort zuschreiben. Die Ortsnamen sind, der jeweiligen Quelle folgend, in Jiddisch, Deutsch oder der Landessprache angegeben.

Ghettos

Bialystok – Polen
Kaunas [polnisch Kowno] – Litauen
Krakau – Polen
Lodz [während der deutschen Besetzung Litzmannstadt] – Polen
Lublin – Polen
Marysin – Vorort von Lodz mit beinahe dörflichem Charakter
Riga – Lettland
Siauliai [deutsch Schaulen] – Litauen
Sosnowitz – Polen
Warschau – Polen
Wilna – Litauen

Nazi-Lager

Durchgangslager
Drancy – Lager für französische und nichtfranzösische Juden, Frankreich
Gurs – Lager für nichtfranzösische Juden, Frankreich
Rivesaltes – Lager für nichtfranzösische und französische Juden, Frankreich
Vught – Lager für holländische Juden, Holland
Westerbork – Lager für holländische Juden, Holland

Arbeitslager
Plaszow – bei Krakau, Polen

Konzentrationslager
Berga-Elster – Außenlager von Buchenwald
Bergen-Belsen – in der Nähe von Hannover
Buchenwald – bei Weimar
Neuengamme – bei Hamburg
Ravensbrück – Frauenlager
Theresienstadt [tschechisch Terezin] – im Gebiet der heutigen Tschechischen Republik

Vernichtungslager
Chelmno – Lager in Zentralpolen; hier wurden die Bewohner des Lodzer Ghettos getötet
Treblinka – das Lager, in dem ein Großteil der Warschauer Juden umkam; Polen

Arbeits-/Vernichtungslager
Auschwitz-Birkenau – bei Krakau, Polen
Majdanek – bei Lublin, Polen

Anhang B

Personenverzeichnis

Adler, Stanislaw – Verantwortlicher der jüdischen Polizei im Warschauer Ghetto

Auerbach, Rachel – Tagebuchschreiberin im Warschauer Ghetto

Auerswald, Heinz – Nazi-Kommissar des Warschauer Ghettos

Bachner, Eli – überlebte als Kind im KZ Theresienstadt

Berg, Mary – junge Tagebuchschreiberin im Warschauer Ghetto, konnte während des Krieges nach Amerika entkommen

Borowski, Tadeusz – Schriftsteller, überlebte das KZ Auschwitz, beging 1951 in Warschau Selbstmord

Czerniakow, Adam – Vorsitzender des Warschauer Judenrates; beging im Juli 1942 Selbstmord, als die massenhafte Deportation der Warschauer Juden begann

David, Janina – überlebte als Kind den Holocaust; schrieb ein bewegendes Buch über ihre Erlebnisse im Warschauer Ghetto

Dworzecki, Mark – Historiker aus Wilna, überlebte den Holocaust

Eckerman, (?) – Mitarbeiter von Czerniakow im Warschauer Ghetto

Eichmann, Adolf – Nazi-Funktionär, der die Deportation der europäischen Judenschaft in die Todeslager organisierte; 1962 in Israel hingerichtet

Frank, Anne – junge Tagebuchschreiberin aus Amsterdam, in Bergen-Belsen umgekommen; ihr Tagebuch machte sie berühmt

Frank, Hans – Generalgouverneur des im besetzten Polen errichteten Generalgouvernements; als Kriegsverbrecher überführt, wurde er in Nürnberg hingerichtet

Gemmecker, Konrad – Kommandant des Lagers Westerbork; nach dem Krieg zu zehn Jahren Gefängnis verurteilt

Gens, Jacob – Leiter des Wilnaer Judenrates

Geve, Thomas – junger KZ-Häftling in Birkenau

Gluck-La Guardia, Emma – Schwester des Oberbürgermeisters von New York, Fiorello H. La Guardia, überlebte das KZ Ravensbrück

Goebbels, Joseph – Propagandaminister des Dritten Reiches; beging bei Kriegsende Selbstmord

Göth, Amon – Kommandant des Lagers Plaszow; wurde nach dem Krieg hingerichtet
Goldstein, Bernard – Führer des *Bund* in Warschau, überlebte den Krieg im Versteck
Greifenberg, (?) – Professor und Kunsterzieher im Warschauer Ghetto
Hart, Kitty – Auschwitz-Gefangene, Autorin
Heydrich, Reinhard – Leiter des Reichssicherheitshauptamtes, 1942 Opfer eines Attentats tschechischer Widerstandskämpfer
Hirsch, Freddy – Erzieher und Jugendleiter in Theresienstadt, dann im Familienlager von Auschwitz, beging 1943 Selbstmord
Höß, Rudolf – Kommandant von Auschwitz; als Kriegsverbrecher hingerichtet
Jakubowicz, Mira – Erzieherin und Betreuerin eines Spielplatzes im Warschauer Ghetto
Kalmanowitch, Zelig – Erzieher und Tagebuchschreiber aus Wilna
Kaplan, Chaim – Erzieher und Tagebuchschreiber im Warschauer Ghetto; in Treblinka gestorben
Karski, Jan – Kurier der polnischen Untergrundbewegung; in einem 1944 erschienenen Buch gab er eine gründliche Darstellung der Greuel
Katz, Josef – lebte im Warschauer Ghetto
Kautsky, Benedikt – Politiker, der in Auschwitz inhaftiert war
Kitel, (?) – Kommandant der Gestapo im Ghetto Wilna
Korczak, Janusz – bekannter Arzt und Erzieher in Warschau; starb mit den Kindern seines Waisenhauses in Treblinka
Kramer, Josef – Kommandant von Auschwitz II und Bergen-Belsen (»Bestie von Bergen-Belsen«); 1947 von einem britischen Militärgericht zum Tode verurteilt, hingerichtet
Krause, Wilhelm Karl – Kommandant des Rigaer Ghettos
Kulka, Erich – Überlebender von Auschwitz, Autor
Kuretzka, Tzvia – Überlebender des Wilnaer Ghettos
Leist, Ludwig – von 1940 bis zum Ende der deutschen Besetzung Stadtkommandant von Warschau; 1947 in Polen zu acht Jahren Gefängnis verurteilt
Lengyel, Olga – jüdische Ärztin in Auschwitz, überlebte das KZ
Levas, (?) – Chef der jüdischen Torwache im Wilnaer Ghetto
Levin, Abraham – Erzieher und Tagebuchschreiber in Warschau; in Treblinka gestorben
Levy-Haas, Hanna – Tagebuchschreiberin, aus Jugoslawien stammender Häftling von Bergen-Belsen
Mechanicus, Philip – niederländischer Journalist und Tagebuchschreiber in Westerbork; in Auschwitz gestorben
Mengele, Dr. Josef – Arzt und SS-Offizier; ab Mai 1943 Chefarzt des Frauenlagers im Vernichtungslager Auschwitz-Birkenau; als »Todesengel« berüchtigt. Verantwortlich sowohl für Selektionen als auch für barbarische

»medizinische« Experimente. Flüchtete 1949 zunächst nach Argentinien, später nach Paraguay und Brasilien, wo er vermutlich 1978 bei einem Badeunfall starb

Murer, Franz – Gestapo-Mann im Wilnaer Ghetto

Muszkat, Joseph – jüdischer Polizist im Wilnaer Ghetto; bildete aus Waisenkindern eine Kinderbrigade

Ohlendorf, Otto – SS-Einsatzgruppenführer; in Nürnberg als Kriegsverbrecher hingerichtet

Peretz, Dr. Aaron – Überlebender des Ghettos Kaunas

Remba, Nachum – Mitglied des Warschauer Judenrats; in Treblinka gestorben

Ringelblum, Emmanuel – Historiker; schuf im Warschauer Ghetto ein geheimes Archiv; im Versteck gestorben

Rosenfeld, Oskar – Tagebuchschreiber im Lodzer Ghetto

Rózycki, Stanislaw – Tagebuchschreiber im Warschauer Ghetto

Rudashevski, Yitshok – junger Tagebuchschreiber im Wilnaer Ghetto; in einem Arbeitslager gestorben

Rumkowski, Chaim – »Ältester der Juden« (Vorsitzender) des Lodzer Judenrats; wurde deportiert und in Auschwitz getötet

Schalkova, Malvina – schuf Gemälde in Theresienstadt; in Auschwitz gestorben

Silkes, Genia – Lehrerin im Warschauer Ghetto

Silten, Gabriele – Überlebende der Lager Westerbork und Theresienstadt

Székely, Éva – ungarische Olympia-Schwimmerin

Troller, Norbert – in Theresienstadt inhaftierter Künstler

Trunk, Isaiah – Erzieher im Lodzer Ghetto, überlebte den Holocaust

Vrba, Rudolf – Auschwitz-Häftling, konnte fliehen und die Welt auf die Massenvernichtung aufmerksam machen

Zabludowicz, Noah – Überlebender des Holocaust und Zeuge im Eichmann-Prozeß

Verzeichnis der Illustrationen

Bibliographie

Primärquellen

A. Befragungen und Korrespondenz
Beim-Langer, Adele. Brief vom 16. Juni 1986.
Kestenberg, Judith S. Briefe vom 24. Februar und 11. Juni 1986.
Lebovics, Paula. Gespräch am 20. Januar 1988.
Loty, Fern. Gespräch am 17. April 1986.
Mandl, Thomas. Brief vom 3. Januar 1986.
Milich, Esther. Gespräche am 7. November und 15. Dezember 1985.
Miller, Daisy. Gespräch am 10. April 1986.
Schneider, Gertrude. Brief vom 29. April 1986.
Silten, Gabriele R. Gespräch am 17. Februar 1986.
Trepman, Paul. Brief vom 6. Januar 1986.

B. Benutzte Archive
American Friends Service Committee Archives, Philadelphia.
Zentralarchiv der Jüdischen Historischen Kommission, Warschau: Zeugnisse von Kindern.
Beth Lohamei Hagetaot (Museum der Ghettokämpfer), Israel: Fotosammlung.
Bildarchiv Preußischer Kulturbesitz, Berlin.
Jerome Riker Foundation, International Study of Organized Persecution of Children, New York.
Leo Baeck Institute, New York: Eva Noack-Mosse, »Theresienstädter Tagebuch«; Konzentrationslager Camp des Milles File; Philantropin Collection.
Musée d'Histoire Contemporaine, Paris.
»Precious Legacy Project«, B'nai B'rith Klutznik Museum, Washington, D. C.
Rijksintituut voor Oorlogsdocumentatie, Amsterdam: Fotosammlung.
The Simon Wiesenthal Center, Los Angeles: »Situation polnischer Kinder und an polnischen Kindern während des Zweiten Weltkriegs begangene Naziverbrechen«, in *International Scientific Symposium*, 1979 File.
Yad Vashem, Jerusalem: Hanna Hofmann-Fischel Report; Foto-Archiv.
YIVO Archives, New York: The Lodz Collection; The Genia Silkes Collection.

Bücher

Abbels, Byers Chana, *The Children We Remember*. Rockville, Md.: Kar-Ben, 1983.
Adler, H. G., *Theresienstadt, 1941–1945*. Tübingen: J. C. B. Mohr, 1955.
Adler, Stanislaw, *In the Warsaw Ghetto, 1940–1943*. Jerusalem: Yad Vashem, 1982.
Arad, Yitzhak, *Ghetto in Flames*. New York: Holocaust Library, 1982.
Auerbach, Rachel, *Be'hutzot Warsaw*. Tel Aviv: Am Oved, 1946.
Auschwitz, An Anthology on Inhuman Medicine. 4 Bde. Warschau: Internationales Auschwitz-Komitee 1971.
Axline, Veronica M., *Play Therapy*. Boston: Houghton Mifflin, 1947.
Bauer, Yehuda, *The Jewish Emergence from Powerlessness*. Toronto: University of Toronto Press, 1979.
Bauminger, Aryeh, Nachman Blumenthal und Josef Karmish, *Ha-Yeled ve-Hano'ar be-Shoah ve-ha-Gevurah*. Jerusalem: Kiryat Sefer, 1965.
Belsen. Tel Aviv: Irgun Sheerit Hapleita, 1957.
Berg, Mary, *Warsaw Ghetto Diary*. Hrsgg. von S. L. Shneiderman. New York: L. B. Fischer, 1945.
Bettelheim, Bruno, *Erziehung zum Überleben. Zur Psychologie der Extremsituation*. Stuttgart: Deutsche Verlags-Anstalt, 1980.
Black, Perry, Hrsg., *Physiological Correlates of Emotion*. New York: Academic Press, 1970.
Blatter, Janet und Sybil Milton, Hrsg., *Art of the Holocaust*. New York: Rutledge, 1981.
Blumenthal, Nachman, *Darko Shel Yudnrat*. Jerusalem: Yad Vashem, 1962.
Boas, Jacob, *Boulevard des Misères: The Story of Transit Camp Westerbork*. New York: Archon Books, 1985.
Boehm, Eric H., *We Survived: The Stories of the Hidden and the Hunted of Nazi Germany*. Santa Barbara, Calif.: Clio Press, 1966.
Borowski, Tadeusz, *This Way for the Gas, Ladies and Gentlemen*. New York: Penguin Books, 1976 (dt.: »Bitte, die Herrschaften zum Gas!« in: ders.: *Bei uns in Auschwitz*. München: Piper 1982, SP 258).
Braun, Zivi und Dov Levin, *Toldoteha shel Mahteret*. Jerusalem: Yad Vashem, 1962.
Brietowitz, Jacob, *Through Hell to Life*. New York: Shengold, 1983.
Brenner, L., *Widershtand un umkum fun Czenstokhover Geto*. Warschau: 1951.
Bruner, Jerome S. et al., *Play: Its Role in Development and Evolution*. New York: Basic Books, 1976.
Cheska, Alyce Taylor, Hrsg., *Play as Context*. West Point, N. Y.: Leisure Press, 1981.
Children's Drawings from the Concentration Camp of Terezin. Prag: Staatliches Jüdisches Museum, o. J.

Cohen, Elie A., *Human Behavior in the Concentration Camp*. New York: Norton, 1953.
Constanza, Mary S., *The Living Witness: Art in the Concentration Camps and Ghettos*. New York: Free Press, 1982.
Czerniakow, Adam, *The Warsaw Diary of Adam Czerniakow*. Hrsgg. von Raul Hilberg, Stanislaw Staron und Josef Kermisz. New York: Stein and Day, 1979.
David, Janina, *Ein Stück Himmel. Erinnerungen an eine Kindheit*. München: Hanser 1980.
Dawidowicz, Lucy S., *The Holocaust and the Historians*. Cambridge: Harvard University Press, 1981.
–, *The War Against the Jews, 1933–1945*. New York: Holt, Rinehart and Winston, 1975.
–, Hrsg., *A Holocaust Reader*. New York: Behrman House, 1976.
Dimsdale, Joel E., Hrsg. *Survivors, Victims, and Perpetrators*. New York: Hemisphere, 1980.
Dobroszycki, Lucjan, Hrsg., *The Chronicle of the Lodz Ghetto, 1941–1944*. New Haven: Yale University Press, 1984.
Donat, Alexander, *The Holocaust Kingdom: A Memoir*. New York: Holocaust Library, 1978.
Dworzecki, Mark, *Europa Lelo Yeladim*. Jerusalem: Yad Vashem, 1958.
–, *Mahanot ha-Yehudim be-Estonia, 1942–1944*. Jerusalem: Yad Vashem, 1970.
–, *Yerushalayim D'Lita be-Meri va-Shoah*. Tel Aviv: Mifleget Poalei Eretz-Yisrael, 1951.
Eck, Nathan, *Ha-To'im be-Darkei ha-Mavet*. Jerusalem: Yad Vashem, 1960.
Edelbaum, Ben, *Growing Up in the Holocaust*. Kansas City: Ben Edelman, 1980.
Eisen, George et al., *Understanding Leisure: An Interdisciplinary Approach*. Dubuque, Iowa: Kendall/Hunt, 1988.
Eisenberg, Azriel, Hrsg., *Witness to the Holocaust*. New York: Pilgrim Press, 1981.
Ellis, James M., *Why People Play*. Englewood Cliffs, N. J.: Prentice-Hall, 1973.
Erikson, E. H., *Childhood and Society*. New York: Norton, 1950.
Erlichman-Bank, Sarah, *Bi-Yedei Teme'im*. Tel Aviv: Hakibbutz Hameuchad, 1976.
Faschismus – Getto – Massenmord: Dokumentation über Ausrottung und Widerstand der Juden in Polen während des Zweiten Weltkrieges. Herausgegeben vom Jüdischen Historischen Institut Warschau, Frankfurt/Main: Röderberg-Verlag 1962.
Feig, Konnylyn G., *Hitler's Death Camps: The Sanity of Madness*. New York: Holmes and Meier, 1979.

Ferderber-Salz, Bertha, *And the Sun Kept Shining...* New York: Holocaust Library, 1980.
Fiske, D. W. und S. R. Maddi, Hrsg., *Functions of Varied Experience*. Homewood, Ill.: Dorsey Press, 1961.
Flavell, J. H., *The Developmental Psychology of Jean Piaget*. Princeton: Van Nostrand-Reinhold, 1963.
Flinker, Moses, *Ha-Na'ar Moshe*. Jerusalem: Yad Vashem, 1958.
Frank, Anne, *Tagebuch*. Frankfurt am Main: S. Fischer, 1955.
Frankl, Victor E., *Man's Search for Meaning*. New York: Simon and Schuster, 1963.
Friedlaender, Saul, *When Memory Comes*. New York: Farrar, Straus, and Giroux, 1979.
Friedman, Ina R., *Escape or Die: True Stories of Young People Who Survived the Holocaust*. Reading, Mass.: Addison-Wesley, 1982.
Friedman, Saul S., *Amcha: An Oral Testament of the Holocaust*. Washington, D. C.: University Press of America, 1979.
Fromm, Bella, *Blood and Banquets: A Berlin Social Diary*. New York: Harper and Row, 1942.
Garfunkel, L., *Kovno ha-Yehudit be-Hurbanah*. Jerusalem: Yad Vashem, 1959.
Geve, Thomas, *Youth in Chains*. Jerusalem: Rubin Mass, 1981.
Gilbert, G. M., *Nuremberg Diary*. New York: Signet Books, 1961.
Glas-Wiener, Sheva, *Children of the Ghetto*. Fitzroy, Australia: Globe Press, 1983.
Glatstein, Jacob, et al., Hrsg., *Anthology of Holocaust Literature*. New York: Atheneum, 1975.
Gluck-La Guardia, Emma; *My Story*. New York: McKay, 1961.
Goldstein, Bernard, *The Stars Bear Witness*. New York: Viking Press, 1949.
Grastyán, Endre, *A Játék Neurobiológiája*. Budapest: Akadémiai Könyvkiadó, 1985.
Green, Gerald, *The Artists of Terezin*. New York: Hawthorn Books, 1969.
Groos, R., *Die Spiele des Menschen*. Jena 1899.
Grossman, Mendel, *With a Camera in the Ghetto*. Tel Aviv: Hakibbutz Hameuchad, 1970.
Gutman, Israel, *The Jews of Warsaw, 1939–1943*. Bloomington: Indiana University Press, 1982.
–, »Youth Movements in the Underground and the Ghetto Revolts«. In: *Jewish Resistance during the Holocaust*. Jerusalem: Yad Vashem, 1971.
Gutman, Israel und Livia Rothkirchen, Hrsg., *Sho'at Yehude Europa*. Jerusalem: Yad Vashem, 1973/74.
Halperin, Irving, *Messengers from the Death*. Philadelphia: Westminster Press, 1970.
Hart, Kitty, *I Am Alive*. Bakerville (England): Corgi Books, 1961.

–, *Return to Auschwitz*. New York: Atheneum, 1982.
Hausner, Gideon, *Justice in Jerusalem*. New York: Harper and Row, 1966.
Herron, R. E. und Brian Sutton-Smith, *Child's Play*. New York: John Wiley and Sons, 1971.
Hillesum, Etty, *An Interrupted Life: The Diaries of Etty Hillesum*. New York: Pantheon Books, 1983.
Höß, Rudolf, *Kommandant in Auschwitz*. Autobiographische Aufzeichnungen. Herausgegeben von Martin Broszat. München: DTV 1963.
Hrabar, Roman, Zofia Tokarz und Jacek E. Wilczur, *The Fate of Polish Children During the Last War*. Warschau: Interpress, 1981.
Huizinga, Johan, *Homo Ludens. Vom Ursprung der Kultur im Spiel*. Reinbek: Rowohlt 1987.
Jacobson, Jacob, *Terezin: The Daily Life, 1943–1945*. London: Jewish Central Information Office, 1946.
Kantor, Alfred, *The Book of Alfred Kantor*. New York: McGraw-Hill, 1971.
Kaplan, Chaim A., *The Warsaw Diary of Chaim Kaplan*. Hrsgg. u. übers. von Abraham I. Katsh. New York: Collier Books, 1973.
Karski, Jan, *The Story of a Secret State*. Boston: Houghton Mifflin, 1944.
Katz, Alfred, *Poland's Ghettos at War*. New York: Twayne Press, 1970.
Katz, Josef, *One Who Came Back: The Diary of a Jewish Survivor*. New York: Herzl Press and Bergen-Belsen Memorial Press, 1973.
Kelemen, Gábor L., *Gól A Halál Kapujában*. Budapest: Egyetemi Nyomda, 1981.
Keller, Ulrich, Hrsg., *The Warsaw Ghetto in Photographs*. New York: Dover, 1984.
Keneally, Thomas, *Schindler's List*. New York: Penguin Books, 1983.
Kinder im KZ. Berlin: Elefanten Press, 1979.
Klarsfeld, Serge, Hrsg., *Les enfants d'Izieu une tragédie juive*. The Beate Klarsfeld Foundation, 1983.
Klein-Weissman, Gerda, *All But My Life*. New York: Hill and Wang, 1957.
Klinger, Chaika, *Me-Yoman be-Geto*. Tel Aviv: Sifriyat Hapoalim, 1959.
Korczak, Janusz, *Das Kind lieben*. Frankfurt am Main: Suhrkamp 1984.
Korczak, Reizel, *Lehavot be-Efer*. Tel Aviv: Sifriyat Hapoalim, 1946.
Kotlar, Helen, *We Lived in a Grave*. New York: Shengold, 1980.
Kowalski, Isaac, *A Secret Press in Nazi Europe*. New York: Central Guide, 1969.
Kraus, Ota und Erik Kulka, *Bet Haroshet le-Mavet: Auschwitz*. Jerusalem: Yad Vashem, 1960/61.
Kren, George M. und Leon Rappaport, *The Holocaust and the Crisis of Human Endeavor*. New York: Holmes and Meier, 1980.
Kruk, Herman, *Togbukh fun Vilna Geto*. New York: YIVO, 1961.
Kuckler-Silberman, Lena, *One Hundred Children*. Garden City, N. Y.: Doubleday, 1961.

Kuznetsov, Anatoli, *Babi Yar*. New York: Farrar, Straus and Giroux, 1970.
Langbein, Hermann, *Menschen in Auschwitz*. Wien: Europaverlag, 1972.
Langer, Lawrence L., *Versions of Survival: The Holocaust and the Human Spirit*. Albany: State University of New York Press, 1982.
Latour, Anny, *The Jewish Resistance in France (1940–1944)*. New York: Holocaust Library, 1981.
Lazarson-Rostovsky, Tamar, *Yomana Shel Tamara*. Tel Aviv: Kibbutz Hameuchad, 1976.
Lazarus, Richard S., »Emotions and Adaptation: Conceptual and Empirical Relations«. *Nebraska Symposium on Motivation*. Hrsgg. v. W. J. Arnold. Lincoln: University of Nebraska Press, 1968.
Lengyel, Olga, *Five Chimneys*. New York: Howard Fertig, 1983.
Leonard, Wilbert M., *A Sociological Perspective of Sport*. Minneapolis: Burgess, [2]1984.
Levai, Eugene, *Black Book on the Martyrdom of Hungarian Jewry*. Zürich: Central European Times, 1948.
–, *Zsidósors Európában*. Budapest: Magyar Téka, 1948.
Levin, Abraham, *Me-Pinkaso shel ha-More me-Yehudiyah*. Tel Aviv: Hakibbutz Hameuchad, 1969.
Levin, Nora, *The Holocaust*. New York: Thomas Y. Corwell, 1968.
Levy, Joseph, *Play Behavior*. New York: John Wiley and Sons, 1978.
Levy-Haas, Hanna, *Inside Belsen*. Totowa, N. J.: Barnes and Noble, 1982.
Leyzer, Ran, *Jerusalem of Lithuania*. 2 Bde. New York: Laurate Press, 1974.
Lifton, Robert J. und Eric Olson, *Living and Dying*. New York: Bantam Books, 1975.
Mazia, Fredka, *Re'im ba-Sa'ar*. Jerusalem: Yad Vashem, 1964.
McGhee, P. E., *Humor: Its Origin and Development*. San Francisco: W. H. Freeman, 1979.
Mechanicus, Philip, *Year of Fear: A Jewish Prisoner Waits for Auschwitz*. New York: Hawthorn, 1968.
Meed, Vladka [Feigele Peltel Myendzizshetski], *On Both Sides of the Wall*. New York: Holocaust Library, 1979.
Meier, Lili und Peter Hellman, *The Auschwitz Album*. New York: Random House, 1981.
Meltzer, Milton, *Never to Forget: The Jews of the Holocaust*. New York: Harper and Row, 1976.
Mikes, George, Hrsg., *Prison*. London: Routledge and Kegan Paul, 1963.
Moskovitz, Sara, *Love Despite Hate*. New York: Schocken Books, 1983.
Müller, Filip, *Eyewitness in Auschwitz: Three Years in the Gas Chambers*. New York: Stein and Day, 1979.
Neshamit, Sarah, *Ma'avako shel ha-Geto*. Lochamei Hagetaot: Hakibbutz Hameuchad, 1972.

Nomberg-Przytyk, Sara, *Auschwitz: True Tales from a Grotesque Land*. Chapel Hill: University of North Carolina Press, 1985.

Piaget, Jean, *Play, Dreams, and Imitation in Childhood*. New York: Norton, 1962 (dt.: *Nachahmung, Spiel und Traum. Die Entwicklung der Symbolfunktion beim Kinde*. Stgt. Klett-Colta ^{2}1990).

Plutchik, Robert, *Emotion: A Psychoevolutionary Synthesis*. New York: Harper and Row, 1980.

Presser, Jacob, *The Destruction of the Dutch Jews*. New York: E. P. Dutton, 1969.

Ringelblum, Emmanuel, *Notes from the Warsaw Ghetto*. Hrsgg. v. Jacob Sloan. New York: Shocken Books, 1974.

Robinson, Jacob, *And the Crooked Shall Be Made Straight*. New York: Macmillan, 1965.

Rolnik, Masha, *Ani Hayevet Lesaper*. Jerusalem: Achiever, 1965.

Rosenblatt, Roger, *Children of War*. New York: Doubleday, 1983.

Rosenbluth, Martin, *Go Forth and Serve: Early Years and Public Life*. New York: Herzl Press, 1961.

Rothchild, Sylvia, Hrsg., *Voices from the Holocaust*. New York: New American Library, 1981.

Rubinowitz, David, *The Diary of David Rubinowitz*. Edmonds, Wash.: Creative Options, 1982.

Rubinstein, Erna F., *The Survivor in Us All*. New York: Archon Books, 1983.

Rudashevski, Yitshok, *The Diary of the Vilna Ghetto*. Tel Aviv: Shamgar Press, 1973.

Schiller, Friedrich, *Über die ästhetische Erziehung des Menschen, in einer Reihe von Briefen*. Stuttgart: Reclam 1965.

Schneider, Gertrude, *Journey into Terror: The Story of the Riga Ghetto*. New York: Ark House, 1979.

Schoenberner, Gerhard, *Der gelbe Stern. Die Judenverfolgung in Europa 1933 bis 1945*. Hamburg: Rütten & Löning 1960.

Schwarberg, Günther, *Der SS-Arzt und die Kinder. Bericht über den Mord vom Bullenhuser Damm*. Hamburg: Stern-Buch 1979.

Seidman, Hillel, *Yoman Ghetto Warsaw*. New York: Die Yiddishe Woche, 1957.

Shoshnowski, Kiryl, *The Tragedy of Children under Nazi Rule*. Poznan: Zachodnia, 1962.

Sós, Endre, *Európai Fasizmus és Antiszemitizmus*. Budapest: Magyar Téka, o. J.

Spanjaard, Barry, *Don't Fence Me In*. Saugus, Calif.: B & B, 1981.

Suhl, Yuri, Hrsg., *They Fought Back*. New York: Crown, 1967.

Syrkin, Marie, *Blessed Is the Match: The Story of Jewish Resistance*. New York: Alfred A. Knopf, 1947.

Székely, Éva, *Sirni Csak a Györztesnek Szabad*. Budapest: Magvetö, 1982.
Terezin. Prague: Concil of Jewish Communities in the Czech Lands, 1965. [dt. Ausgabe: *Theresienstadt*. Wien: Europa-Verlag 1968].
Terezin, 1941–1945. Prag: Staatliches Jüdisches Museum, 1983.
Toll, Nelly, *Without Surrender: Art of the Holocaust*. Philadelphia: Running Press, 1978.
Trepman, Paul, *Among Men and Beasts*. New York: A. S. Barnes, 1978.
Trunk, Isaiah, *Jewish Responses to Nazi Persecution*. New York: Stein and Day, 1979.
–, *Judenrat: The Jewish Councils in Eastern Europe under the Nazi Occupation*. New York: Macmillan, 1972.
–, *Lodzher Geto*. New York: YIVO Archives, 1962.
Turkow, Jonas, *Haya hayta Warsaw Yehudit*. Tel Aviv: Tarbut Vehinuch, 1969.
Tushnet, Leonard, *The Pavement of Hell*. New York: St. Martin's Press, 1972.
Vegh, Claudine, *I Didn't Say Goodbye*. New York: E. P. Dutton, 1979.
Volikova, H., Hrsg., *I Never Saw Another Butterfly: Children's Drawings and Poems from Terezin Concentration Camp, 1942–1944*. New York: Mc Graw-Hill, 1964.
Vrba, Rudolf und Alan Bestic, *I Cannot Forgive*. New York: Grove Press, 1964.
Wdowinski, David, *And We Are Not Saved*. New York: Philosophical Library, 1963.
Weinstein, Frida Scheps, *A Hidden Childhood, 1942–1945*. New York: Hill and Wang, 1985.
Weissberg, Alex, *Advocate for the Dead*. London: André Deutsch, 1958.
Wells, Weliczker Leon, *The Janowska Road*. New York: Macmillan, 1963.
Yerushalmi, Eliezer, *Pinkas Shavli*. Jerusalem: Yad Vashem, 1958.
Zuckerman, Yitzhak und Moshe Basok, Hrsg., *Sefer Milhamot Hagetaot*. Tel Aviv: Hakibbutz Hameuchad, 1954.
Zylberberg, M., *A Warsaw Diary, 1939–1945*. London: Hartmore, 1969.
Zyskind, Sara, *Stolen Years*. Minneapolis: Lerner, 1981.

Zeitschriften und Berichte

Ash, Saul, »The Dignity of the Destroyed: Towards a Definition of the Period of the Holocaust«. *Judaism* 2 (1962): 166–75.
Bachner, Eli, »Be-Theresienstadt, be-Mahane ha-Mishpachti be-Auschwitz, bein ha-Sonderkommando, be-Buchenwald«. *Yalkut Moreshet* 22 (November 1976): 75–96.

Beinfeld, Solon, »The Cultural Life of the Vilna Ghetto«. *Simon Wiesenthal Center Annual* 1 (1983): 5–26.

Bialer, Tosha, »Behind the Wall«. *Collier's*, 20./27. 2. 1943.

Bloom, Solomon F., »Dictator of the Lodz Ghetto«. *Commentary* 7 (February 1949): 111–22.

Dvorjetski (Dworzecki), Mark, »Adjustment of Detainees to Camp and Ghetto Life«. *Yad Vashem Studies* 5 (1963): 193–220.

Fodor, Renée, »The Impact of the Nazi Occupation of Poland on the Jewish Mother-Child Relationship«. *YIVO Annual of Jewish Social Sciences* 2 (1956/57): 270–85.

Friedman, Philip, »Two ›Saviors‹ Who Failed«. *Commentary* 26 (May 1958): 479–91.

Gump, P. V. und Brian Sutton-Smith, »Activity-Setting and Social Interaction«. *American Journal of Orthopsychiatry* 25 (1955): 755–60.

Hershkovitch, Bendet, »The Ghetto in Litzmannstadt (Lodz)«. *YIVO Annual of Jewish Social Sciences* 4 (1950): 85–122.

Hogman, Flora, »Displaced Jewish Children During World War II: How They Coped«. *Journal of Humanistic Psychology* 23 (Winter 1983): 51–66.

Kalmanowitch, Zelig, »A Diary of the Nazi Ghetto in Vilna«. *YIVO Annual of Jewish Social Sciences* 8 (1953): 9–81.

Kohavi, Avraham, »Na'ar ha-Mahanot«. *Yalkut Moreshet* 2 (July 1965): 7–20.

Krell, Robert, »Therapeutic Value of Documenting Child Survivors«. *Journal of the American Academy of Child Psychiatry* 24 (July 1985): 397–405.

»Letters from Jewish Children May Return to Haunt ›Butcher of Lyon‹«. *Los Angeles Times*, January 20, 1985.

Mayer Yogi, Paul, »Equality-Egality: Jews and Sport in Germany«. *Leo Baeck Institute Year Book* 25 (1980): 221–41.

Miller, Stephen N., »The Playful, the Crazy, and the Nature of Pretense«. Vortrag auf der Jahrestagung der American Anthropological Association 1973.

Moskovicz, Sarah, »Longitudinal Follow-up of Child Survivors of the Holocaust«. *Journal of the American Academy of Child Psychiatry* 24 (July 1985): 401–7.

Neuberger, Hirsch, »Be-geto Kovno«. *Yalkut Moreshet* 18 (November 1978): 149–62.

Neuman-Weiss, Leah, »Al Nashim Yehudiot be-Mahanot Germania«. *Yalkut Moreshet* 4 (December 1966): 47–69.

Poliakov, L., »The Mind of the Mass Murderer«. *Commentary* 12 (November 1951): 451–59.

Pudah, Feivel, »Hirhurim al Yehuda shel ha-Mahteret be-Geto Lodz«. *Yalkut Moreshet* 11 (November 1969): 59–67.

–, »Kan ha-Shomer ha-Tza'ir be-Geto Lodz«. *Yalkut Moreshet* 28 (November 1979): 7–39.
Robert, J. M. und Brian Sutton-Smith, »Game Training and Game Involvement«. *Ethnology* 1 (1962): 116–85.
Rothkirchen, Livia »Escape Routes and Contacts During the War«. In: *Jewish Resistance During the Holocaust*, Proceedings of the Conference on Manifestations of Jewish Resistance. Jerusalem, 1968.
Samuels, Gertrude, »Children Who Have Known No Childhood«. *New York Times Magazine*, 9. 3. 1947.
Sells, S. B., »An Interactionist Looks at the Environment«. *American Psychologist* 18 (1963): 696–702.
Shtenkler, Ephraim, »What Happened to Me in My Childhood«. *Commentary* 9 (May 1952): 442–46.
Smith, Peter K., »Does Play Matter? Functional and Evolutionary Aspects of Animal and Human Play«. *Behavioral and Brain Sciences* 5 (1982): 139–84.
Szwambaum, Halina, »Four Letters from the Warsaw Ghetto«. *Commentary* 31 (June 1961): 486–92.
Trunk, Isaiah, »Epidemics and Mortality in the Warsaw Ghetto 1939–1942«. *YIVO Annual of Jewish Social Sciences* 8 (1953): 82–122.
–, »Religious, Educational and Cultural Problems in the Eastern European Ghettos under German Occupation«. *YIVO Annual of Jewish Social Sciences* 14 (1969): 159–95.

Namenregister

Sachregister